全国船舶工业职业教育教学指导委员会推荐教材

船舶与海洋工程专业通识导论

主　编　谢　荣　张宏飞　王　滢
主　审　陈　超

哈尔滨工程大学出版社
Harbin Engineering University Press

内容简介

本教材是一门将专业教育、思想教育、就业教育等融为一体，帮助高职新生对所选专业进行解读的船舶与海洋工程装备类专业入门教材。

本教材由四个专题组成，内容包括：船舶工业认知、船舶专业认识、船舶专业学习、学业与职业规划。其中涉及船舶与海洋工程装备类专业相关的行业概况、人才培养目标、专业课程体系、专业学习方法和职业生涯规划等方面。

本书可以作为高职院校入门课程的配套教材，供船舶工程技术、船舶动力工程技术、船舶电气工程技术、船舶智能焊接技术、船舶舾装工程技术、船舶涂装工程技术、船舶通信装备技术、游艇设计与制造、邮轮内装技术、海洋工程装备技术等船舶与海洋工程装备类专业使用，还可作为航海技术、轮机工程技术等相关专业入门课程的配套教材。

图书在版编目(CIP)数据

船舶与海洋工程专业通识导论 / 谢荣，张宏飞，王滢主编. —哈尔滨 ：哈尔滨工程大学出版社，2023. 8
ISBN 978-7-5661-4085-2

Ⅰ. ①船… Ⅱ. ①谢… ②张… ③王… Ⅲ. ①船舶工程②海洋工程 Ⅳ. ①U66②P75

中国国家版本馆 CIP 数据核字(2023)第 164070 号

船舶与海洋工程专业通识导论
CHUANBO YU HAIYANG GONGCHENG ZHUANYE TONGSHI DAOLUN

选题策划 雷 霞
责任编辑 史大伟 刘思凡
封面设计 李海波

出版发行 哈尔滨工程大学出版社
社 址 哈尔滨市南岗区南通大街 145 号
邮政编码 150001
发行电话 0451-82519328
传 真 0451-82519699
经 销 新华书店
印 刷 哈尔滨午阳印刷有限公司
开 本 787 mm×1 092 mm 1/16
印 张 11. 5
字 数 290 千字
版 次 2023 年 8 月第 1 版
印 次 2023 年 8 月第 1 次印刷
定 价 38. 00 元
http：//www. hrbeupress. com
E-mail：heupress@ hrbeu. edu. cn

出版者的话

为全面贯彻落实《关于推动现代职业教育高质量发展的意见》,全国船舶工业职业教育教学指导委员会协同哈尔滨工程大学出版社,认真组织制订“十四五”船舶与海洋工程装备类教材规划,组织专家对各院校上报的“十四五”规划教材选题进行认真评选,力求使教材出版与教学改革和课程建设发展相适应,并对新形态教学模式的配套教材进行了探索,以充分体现职业技能培养的特点。在教材的编写上重视实践和实训环节内容,使教材内容具有以下三个特点:

(1)围绕育人目标。坚持正确的政治方向和价值导向,根据教育规律和专业课程设置特点,从培养学生学习兴趣和提高职业技能入手,教材内容围绕船舶与海洋工程装备生产实际和教学需要展开,形式上力求突出重点,强调实践,附有课程设置指导,并于每个模块设置德育导学环节,配套信息化教学资源,提高教材的可读性,提升学生学习兴趣和自学能力。

(2)突出国情赋能环节。教材结合高职教育教学的特点,突出我国海洋强国发展目标,注重理论与生产实践的结合,弘扬劳动光荣、技能宝贵、创造伟大的时代风尚,有针对性地设置教材内容,介绍我国海洋工程领域突出成就,并通过多媒体等形式,直观反映生产实践的最新成果。

(3)实现立体化教材体系。充分利用现代教育技术手段,构建数字教育资源平台,开发教学课件、音像制品、素材库、试题库等多种立体化的配套教材,教材内容设计逻辑严谨、梯度明晰,以直观的形式和丰富的表达充分展现教学内容。

教材出版是教育发展中的重要组成部分,为出版高质量的教材,出版社严格甄选作者,组织专家评审,并对出版全过程进行跟踪,及时了解教材编写进度和编写质量,力求做到作者权威、编辑专业、审读严格、出版精品。我们愿与兄弟院校一起,共同探讨、完善教材出版,不断推出精品教材,以适应我国职业教育的发展要求。

哈尔滨工程大学出版社有限公司

前　言

本教材旨在深入贯彻落实国务院《关于推动现代职业教育高质量发展的意见》的精神，以适应当前高等职业教育教学改革需要，同时针对学生对专业人才培养缺乏全面认识的现状，加强和改进对高职新生的专业认知与职业规划启蒙教育，增强学生专业学习的信心，科学规划自身发展，建设一门“船舶与海洋工程通识导论”课程，以帮助学生认识专业，更好地为自身职业生涯打下良好的基础。

全书共有四个模块，即船舶工业认知、船舶专业认识、船舶专业学习、学业与职业规划。教材立足于帮助高职相关专业的新生正确认识所学专业性质、明确专业学习目标、激发专业学习动力、掌握专业学习方法、科学规划未来职业。在内容的选择上，突出让学生感知未来就业岗位，紧密联系实际生活；在内容结构的安排上力求简明、合理。

本教材既适合作为高职院校船舶工程技术、船舶动力工程技术、船舶电气工程技术、船舶智能焊接技术、船舶舾装工程技术、船舶涂装工程技术、船舶通信装备技术、游艇设计与制造、邮轮内装技术、海洋工程装备技术等船舶与海洋工程装备类专业的教材，又可作为相关专业入门课程的配套教材。

本教材由江苏海事职业技术学院谢荣、扬子江船业有限公司张宏飞和江苏海事职业技术学院王滢主编；招商局金陵船舶（南京）有限公司陈超主审；威海海洋职业技术学院孙志，益阳职业技术学院刘屈钱，江苏海事职业技术学院周萍、陈慧、谢易参编，全书由谢荣负责总纂和统稿。

在本书的编写过程中，得到了招商局金陵船舶（南京）有限公司、扬子江船业有限公司、江苏省造船工程学会的大力支持，他们对教材的框架体系、内容安排提出了许多宝贵意见，在此表示感谢。

限于时间和水平，本书难免存在不足之处，敬请读者批评指正，以便修订时改进。

编　者

2023 年 6 月

课程设置指导

课程名称:船舶与海洋工程通识导论

适用专业:

船舶工程技术、船舶动力工程技术、船舶电气工程技术、船舶智能焊接技术、船舶舾装工程技术、船舶涂装工程技术、船舶通信装备技术、游艇设计与制造、邮轮内装技术、海洋工程装备技术等船舶与海洋工程装备类专业。

总学时:28

课程定位:

本教材适用于船舶与海洋工程装备类专业,是一门将专业教育、思想教育、就业教育等融为一体,帮助高职新生对所选专业进行解读的船舶与海洋工程装备类专业入门课程,为专业基础课程。

课程目标:

学习本课程,使学生了解自己所学专业方向及相关专业的行业概况,深化学生对所从事专业的认识和理解,明确自己就读专业方向的人才培养定位、主要课程、就业去向以及专业技能方面应该具备的基本知识和能力。同时,学会依据社会发展、职业需求和个人特点进行职业生涯规划,全面提高自身素质,提高自主择业、创业的能动性,更好地安排自己的大学生活。

课程教学基本要求:

在教学过程中应立足于加强学生对船舶与海洋工程装备类专业认知和职业规划能力的培养,通过教学不断提高学生的学习兴趣,激发学生成功成才的潜能。将教师讲解、讨论互动与解答指导有机结合,在“教”与“学”的过程中,不断提高学生对专业的认识。通过网络课堂,培养学生的自学能力,通过撰写参观报告和职业规划等方式,培养学生的口头表达能力和书面表达能力。

课程考核关注评价的多元性,结合提问、讨论、汇报、完成任务书、网络课堂答题等多种方式,完成本课程的考核。考核成绩由平时成绩、企业考察报告成绩和职业规划报告成绩三部分组成。

目　　录

模块 1　船舶工业认知 …… 1

专题 1.1　船舶工业范畴 …… 3

专题 1.2　船舶产品分类 …… 10

专题 1.3　海洋工程装备 …… 30

专题 1.4　现代造船工艺技术的发展 …… 35

专题 1.5　成功人士启示 …… 42

模块 2　船舶专业认识 …… 51

专题 2.1　现代船舶建造工艺流程 …… 52

专题 2.2　船舶结构 …… 59

专题 2.3　船舶动力装置 …… 69

专题 2.4　船舶电力系统 …… 92

专题 2.5　造船生产设计 …… 95

专题 2.6　船舶名企 …… 100

模块 3　船舶专业学习 …… 104

专题 3.1　船舶行业职业类型 …… 105

专题 3.2　专业人才培养模式 …… 107

专题 3.3　船舶与海洋工程装备类职业教育 …… 115

专题 3.4　专业学习资源 …… 125

专题 3.5　专业学习原理与学习方法 …… 128

专题 3.6　船舶名校 …… 139

模块 4　学业与职业规划 …… 145

专题 4.1　船舶企业文化 …… 146

专题 4.2　大学学业生涯规划 …… 148

专题 4.3　就业准备与职业选择 …… 153

专题 4.4　创业策略 …… 161

专题 4.5　职业规划设计 …… 163

参考文献 …… 172

模块 1　船舶工业认知

德育导学:

向海图强,领略建设海洋强国的"蓝色信念"

千百年来,人们热爱海洋,又敬畏海洋。今天,由于科学技术的飞速发展,人类正在迎来开发海洋、利用海洋的新时代。随着人类进入大规模开发利用海洋的时代,世界主要的涉海国家都出台了面向21世纪的海洋发展战略。

向海则国兴,闭海则国弱。我国是一个陆海兼备的发展中大国,当前中国经济已发展成为高度依赖海洋的外向型经济,对海洋资源、空间的依赖程度大幅提高,在管辖海域外的海洋权益也需要不断加以维护和拓展,这些都需要通过建设海洋强国加以保障。

海洋强国是指在开发海洋、利用海洋、保护海洋、管控海洋方面拥有强大综合实力的国家。十八大报告提出,提高海洋资源开发能力,发展海洋经济,保护海洋生态环境,坚决维护国家海洋权益,建设海洋强国。

中国海洋发展的大战略着眼于以下几个层次。

第一,海洋大战略是国家运用总体战略资源实现海洋战略目标的最高层次的国家战略。从国际方面看,以捍卫和维护国家主权完整和领土统一、解决与周边国家的海洋争端、维护和捍卫中国海洋权益、全面参与国际海洋制度和海洋秩序的建设为根本目标。从国内方面看,则是全面提升全民族海洋战略意识,科学合理地开发、利用和保护海洋,使海洋事业的发展服务于经济与社会的协调发展和全面进步。

第二,中国海洋发展大战略是一个包括海洋经济、海洋政治、海洋管理、海洋法律、海洋科技、海洋安全、海洋社会(文化)等若干战略,并彼此相互联系的系统的战略体系。海洋经济战略的功能在于通过海洋开发与利用,促进经济繁荣和社会的可持续发展;海洋政治战略的目标在于处理国际关系领域的海洋矛盾,是服务于维护国家海洋权益的总体外交战略和军事战略;海洋管理战略的功能在于借助计划、组织、领导和控制等手段,实现对在海洋开发利用活动中各种资源的合理配置;海洋法律战略的功能在于海洋法律制度的建设与完善,服务于国际和国内海洋秩序的建立与完善;海洋科技发展战略的功能在于寻求海洋发展的科学技术支撑,并协调科技与海洋发展之间的关系;海洋安全战略的功能在于应对海洋领域的传统军事安全以及形形色色的非传统安全威胁;海洋社会(文化)战略的功能在于继承和借鉴人类历史上海洋社会活动的经验与教训,构建人类与海洋互动关系的良性模式。

第三,当前中国的国家大战略有三种基本需求,即发展需求、主权需求和责任需求。发展和主权需求无须赘述。责任需求,即中国作为一个发展中的大国,应该成为在亚太地区乃至全球范围内有相当影响力、发挥建设性作用的国家,塑造负责任的地区和国际大国形象。就海洋大战略的发展需求自身而言,其目的在于最大限度地通过海洋的开发和利用来促进经济的发展,并提高海洋经济的国民经济贡献力,但它又必须避免海洋的过度开发和无序开发；就主权需求与发展需求、责任需求的关系来说，中国既需要从台湾问题、钓鱼岛问题、南中国海问题等出发发展中国的海权力量，维护国家统一和海洋权益等主权利益，同时又面临着规避与周边国家的潜在海洋冲突或由此产生的可能危及中国的发展需求。因此，如何最大限度地满足国家大战略的多种战略需求，并使主权需求、发展需求、责任需求的矛盾张力保持在最小的程度，是中国构建和实施海洋大战略的过程中所面临的重要战略课题。

进入21世纪以来，随着国际政治外交形势的风云变化，中国海洋权益面临错综复杂的形势，许多矛盾日益凸显，围绕资源争夺、岛礁主权、海域划界和通道安全的争端进一步加剧。维护海洋权益的形势出现了许多新的变化。在这样宏观的环境背景下，中国既要坚决维护国家海洋权益，又要注意建设和谐的海洋国际环境。

从我国的现实国情出发，中国特色海洋强国的内涵包括认知海洋、利用海洋、生态海洋、管控海洋、和谐海洋等五个方面。探索认知海洋是开发利用和保护海洋的先决条件。认知海洋，一是要强化海洋科学研究，二是要强化海洋专门人才的培养，三是要强化全民族的海洋意识。科学合理地开发利用海洋，发展壮大海洋经济是人类文明进步的重要标志，也是实现海洋资源环境可持续发展的必然要求。海洋生态文明是我国生态文明建设不可或缺的重要组成部分，美丽中国离不开美丽海洋。管控海洋，一是要完善海洋法律法规，二是要强化海洋综合管理，三是要提高海洋维权执法能力。和谐海洋是我国提出的倡议，虽然我国维护海洋权益的任务十分艰巨，但仍致力于使海洋成为沿海国家的合作之海、友谊之海，以共同维护海洋持久和平与安全为目的。

纵观历史，任何大国的崛起必然伴随其海洋化的进程。与世界其他大国对海洋的掠夺与侵袭不同，中国在走向海洋的过程中始终秉持敬畏之心。数百年前郑和船队所到之处，带给世界人民的是财富是友谊是和平。而当代中国海军护航编队为各国商船护航，中国"和平方舟"号医院船巡诊救护，都是在维护和平的方针下进行的。即便是在应对岛屿争端过程中，中国也始终保持着最大的和平诚意和最大的外交努力，面对挑衅和滋事，中国政府和军队表现出对和平的最大坚守。

21世纪是海洋的世纪。海洋事关国家安全和长远发展，世界主要海洋国家将海洋权益视为核心利益所在，并积极推行新一轮海洋经济政策和战略调整。中国作为世界第二大经济体，已发展成为高度依赖海洋的外向型经济，对海洋资源、空间的依赖程度大幅提高。中国是一个拥有300多万平方千米海域、1.8万多千米海岸线的大国，建设海洋强国、维护海洋权益是发展之要、民生之需，也是中国海洋权益维护和拓展的题中之意。

中国是一个海洋大国。海洋面积相当于陆地面积的三分之一，拥有1.8万多千米的海岸线。中国自古就有"舟楫为舆马，巨海化夷庚"的海洋战略和"观于海者难为水"的海洋意识。近几年，我国海洋经济规模持续扩大，根据中华人民共和国自然资源部中国海洋经济统计公报显示，2021年全国海洋生产总值90 385亿元，占沿海地区生产总值的比重为15.0%。其中，海洋第一产业增加值4 562亿元，第二产业增加值30 188亿元，第三产业增加值55 635亿元，分别占海洋生产总值的5.0%、33.4%和61.6%。当前，海洋在我国经济发展格局和对外开放中的作用更加显著，在维护国家主权、安全、发展利益中的地位更加显著，在国家生态文明建设中的贡献更加突出，在国际政治、经济、军事、科技竞争中的战略地位也明显上升。

专题 1.1　船舶工业范畴

船舶与海洋工程概述

船舶工业是制造各种船舶和海洋工程装备的工业，是为航运业、海洋开发及国防建设提供技术装备的综合性产业，对我国的钢铁、石化、轻工、纺织、装备制造、电子信息等重点产业发展具有强劲的带动作用。

1. 船舶工业发展历史

中国造船业有着悠久的历史，早在 3000 多年前就有了木板船，到汉代已广泛使用木帆船。中国古代航海家郑和就曾率领由 60 多艘大海船和许多辅助船组成的船队 7 次下“西洋”。

近代船舶的出现和发展主要源于动力的改革，第一艘用蒸汽机推动叶轮驱动的轮船是罗伯特・富尔敦于 1807 年研制的“克莱蒙特”号。1827 年约瑟夫・雷瑟尔在奥地利获得了螺旋桨推进器的专利。

中国近代船舶工业始于 19 世纪中期。1865 年安庆军械所制成中国第一艘轮船“黄鹄号”。1866 年左宗棠在马尾设立了福州船政局。

新中国建立后，我国有计划有重点地改建、扩建了江南、大连、沪东、上海、武昌第一批老的骨干船厂和地方中小船厂，同时新建了渤海、广州、黄浦等骨干船厂和众多的地方船厂。目前，在中国已形成了环渤海湾、长江三角洲和珠江三角洲三个世界级造船基地，产业集中度明显提升，上述地区前 10 家造船企业造船完工量占全国总量的 70%以上。

2003 年以来，我国船舶工业步入了快速发展轨道。产业规模不断扩大，造船产量快速增长，造船完工量、新接订单量、手持订单量已连续多年居世界前列。综合实力稳步提升，已经具备散货船、油船、集装箱船（以下称三大主流船型）的自主开发能力，在高技术高附加值船舶、海洋工程装备领域也实现了突破，大型船舶企业造船周期和质量管理达到国际先进水平。从 2010 年起，我国不仅是航运大国、海洋大国，更是世界第一造船大国。

从近十年中国造船业占世界造船市场份额的变化可以看出，中国造船业在全球市场上所占的比重正在明显上升，中国已经成为全球重要的造船中心之一。而国际制造业的产业转移趋势是中国船舶制造业发展面临的最大机遇，中国造船业将对韩、日的领先地位形成有力的挑战。但设计能力落后、配套产业发展滞后是我国船舶行业发展的主要瓶颈。短期内，国际及国内水运市场的繁荣为行业增长提供了有力的保障，而油价的持续高位运行以及钢铁等原材料价格的上涨则构成了行业运营的主要压力。国际产业转移的趋势已经把造船业的巨大机遇展现在中国企业的面前，在激烈的市场竞争环境下，如何规避各种风险，如何把握机遇，是与企业发展息息相关的问题。

2. 船舶制造产业

（1）船舶制造业概述

船舶制造业属于技术密集高、综合性强的大型装备制造产业。船舶作为“流动的国土”，相当于一个微缩的、完整的海上城镇，在船上不但要实现各种专业化的作业功能，还要保证船员的各项生活需求。因此，船舶工业除了总装制造外，还有庞大的配套体系，涉及大量复杂的设备和系统，如动力系统、机电系统、电子通信系统、专业化设备及系统等。

船舶制造业是指为水上交通、海洋开发和国防建设等行业提供技术装备的现代综合性产业,也是劳动、资金、技术密集型产业,对机电、钢铁、化工、航运、海洋资源勘采等上、下游产业发展具有较强带动作用,对促进劳动力就业、发展出口贸易和保障海防安全意义重大。

我国劳动力资源丰富,工业和科研体系健全,产业发展基础稳固,拥有适宜造船的漫长海岸线,发展船舶工业具有较强的比较优势。同时,我国对外贸易的迅速增长,也为船舶工业提供了较好的发展机遇。当前,世界船舶工业正在加速向劳动力、资本丰富和工业基础雄厚的区域转移,我国船舶工业有望成为最具国际竞争力的产业之一。

近年来,随着国家及各省市大力支持船舶制造业的发展,我国造船行业规模不断壮大。目前,全国船舶行业共有规模以上企业一千多家。其中,竞争力强大的大型船舶企业占少数,中小型船舶企业居多,在行业景气时发展较好,但中小企业较弱的风险抵抗力难以掩饰,特别是在金融危机的冲击下,船舶行业的整体盈利能力下降。另外,我国船舶制造业仍是金属船舶建造占绝对主体,修船业、专用设备制造等配套产业及海洋工程等相对滞后,且因发展进度较快,一些造船的主要原料和配件、专用设备等主要依靠进口,在一定程度上提高了我国造船业的成本。

为了提高我国船舶产业的集中度,增强整体竞争实力,提高行业风险抵抗能力,降低经营成本,我国积极支持大型船舶企业集团及其他骨干船舶企业实施兼并重组,推动大型船舶企业与上下游企业组成战略联盟或兼并成大型综合船舶集团,相互支持,共同发展,减少中间成本,提高流通效率。同时支持有条件的企业并购境外知名船用配套设备企业、研发机构和营销网络,打造大型船舶跨国企业,拓展国际市场。如中国船舶集团有限公司是2019年由原中国船舶工业集团有限公司与原中国船舶重工集团有限公司联合重组成立的特大型国有企业,有科研院所、企业单位和上市公司106家及34.7万多员工,拥有我国最大的造修船基地和最完整的船舶及配套产品研发能力,是全球最大的造船集团。

尽管我国造船能力已居世界前列,但整体技术水平不高、发展层级低的问题较为突出,一部分高技术、高附加值船舶仍未摆脱依赖国外设计的局面。船舶贸易主要是通过加工贸易的方式出口,船舶工业仍以赚取加工费为主,抗风险能力较弱。而且我国船舶专业设备发展相对较为落后,专业设备设计、制造能力不足,很多设备都必须从国外进口,这些成为我国船舶产业发展的瓶颈之一。

(2)船舶制造业的地位

①船舶工业水平是国家生产力发展水平的重要标志。制造技术是制造产品的专门技术,它的研究对象不是制造什么样的产品,而是怎样合理、优质、低碳、高效地制造出各种产品。因而制造技术是科技成果转化为生产力的最基本、最重要的手段,是科技生产力中最直接最活跃的生产力,制造技术水平是生产力发展水平的重要标志。而船舶工艺技术就是将船舶设计物化为船舶产品的专门的制造技术。

②造船工业是国防工业的重要组成部分。海军装备的发展与维持依赖于造船工业,造船能力也是一种国防能力的储备。一旦战争发生,船厂可以集中生产战舰,商船可以改成军辅船。

③造船工业能对国家的发展起推动作用。造船工业具有综合性的特点,它能带动关联工业部门同步发展。造船工业可以成为国家发展的推动力表现在以下三个方面:第一,造船是一个需求中等技术的工业,这与新兴工业化国家生产要素中人工成本的优势相一致,即技术问题并不是不可逾越的障碍,而劳动力密集型的造船工业为拥有大量廉价劳动力的

国家创造了更多的就业机会；第二，国际船舶市场特别开放，买船的客户遍布全世界，新创建的船厂由于人工成本低而能提供低价船舶，因此能在国际市场中站稳脚跟，不断为国家创造外汇；第三，造船是装配型的工业部门，与其他工业部门关系密切，它的发展能刺激一大批工业部门如钢铁工业、机械工业、电力工业等的发展，对于国家的工业化来说是至关重要的。

近年来，人们从第二次世界大战后日本、德国、韩国的快速发展中得到启示，各国越来越重视制造技术。目前，我国船舶工业面临着一个极好的发展时期。但是，我国船舶工业在生产经营能力、技术水平和运行机制等方面，与日本、韩国等造船强国相比，仍存在着较大的差距。产生这些情况的原因是多方面的，其中船舶制造技术尤其是关键技术未能全面突破是重要原因之一。

从技术角度来看，设计技术、制造技术和管理技术是支撑现代造船模式的“鼎立三足”，而信息技术则是这个“平台”的集控系统。当前的先进制造技术越来越与设计技术、科学管理技术和信息技术相互渗透以至深度融合，先进制造技术的核心地位更是日益显现。因此，为使我国造船业最终实现世界造船强国的目标，研究和突破一系列关键的先进制造技术是非常必要的。

(3)船舶制造业的作用

①发展船舶先进制造技术，有助于推进海洋强国战略的实施。船舶工业作为军民结合型产业，自新中国成立以来，不但建造了数量众多的各类民用船舶，还成功地开发研制出核潜艇、常规动力潜艇、导弹驱逐舰、新型护卫舰、航天测量船和一大批军辅船，为我国海防建设和发展做出了巨大贡献。大力发展船舶先进制造技术和造船工艺装备，既可以建造民船，亦可支持军船的研制，提高船舶质量，缩短生产周期。开展船舶先进制造技术创新，对于军船平时的快速研制、战时的快速批量制造，以及为海军打赢一场高技术海战具有重要战略意义。

②建立现代造船模式，能够支撑先进制造技术的发展。自1995年起，我国造船行业开始有组织推进传统造船模式向现代造船模式转换以来，船舶行业骨干企业已建立起以成组技术为主导的分道生产模式，这是现代造船模式的初级阶段。推进建立现代造船模式的实质是企业再造工程。现代造船模式是以中间产品组织生产为基本特征的总装造船模式，主要由统筹优化的造船理念、面向生产的设计技术、均衡连续的作业流程、严密精细的工程管理和高效合理的生产组织等基本要素构成。造船模式的进化是由更先进的主导技术促进的。因此，船舶先进制造技术是全面推进和建立现代造船模式的技术支撑和基础。

③提高造船生产力，有利于促进船舶出口，为我国提升国际竞争力。改革开放以来，我国船舶工业出口创汇取得了骄人的成绩，是国防科技工业出口创汇第一大户，其出口量的猛增和国际竞争力的提升虽有技术进步的因素，但主要是由资金投入和人口红利等因素所支撑的。我国每年的造船科技投入与日韩相比明显不足，特别是在船舶工艺技术和数字化制造技术的研究、高效自动化装备的研制以及专业工艺院所的条件保障建设等方面，投入明显不足。没有现代化的造船技术就没有现代化的船舶工业，也就没有强大的国际竞争力。因此，造船技术的现代化将会有效提升我国船舶工业的国际竞争力，从而提高船厂建造出口船的效率和质量，并大幅度地缩小与国外先进造船国家在造船技术领域的差距。

④拓宽船舶工业领域，可以促进海洋开发产业快速发展。21世纪是海洋世纪，随着世界科技、经济的发展，世界各国已将眼光从陆地转向海洋，海洋资源开发和海洋产业发展是

蓝色聚宝盆。海洋开发有着巨大的发展前景,这为船舶工业提供了一个全新的、广阔的高技术领域。新兴的海洋产业包括海洋空间利用(海上城市、海上工厂等)、海洋能源利用、深海采矿、深海油气开发、海洋生物医药等一系列产业,这些新兴产业需要大量海洋工程结构物,可为船舶工业提供极其广阔的发展空间。船舶工业作为面向海洋的装备工业,在海洋工程结构物的开发和生产方面具有天然的优势。随着海洋产业的高速兴起和我国对各种海洋开发装备、海洋结构物需求的大幅上升,船舶工业将面临一个重大的新的发展机遇。造船技术的发展将促进船舶工业承接海洋结构物,从而促进我国海洋产业的发展。

3. 船舶制造产业链

(1)船舶制造产业链组成

船舶制造产业链是各个产业部门之间基于一定的技术经济关联,并依据特定的逻辑关系和时空布局关系客观形成的链条式关联关系形态。船舶制造产业链的本质是一个具有某种内在联系的制造企业群结构,它存在两维属性:结构属性和价值属性。产业链中大量存在着上下游关系和相互价值的交换,上游环节向下游环节输送产品或服务,下游环节向上游环节反馈信息。

经过70多年的发展,我国现已形成完善的造船工业体系和成熟的船舶制造产业链。船舶行业产业链由上游的原材料及配套设施、中游船舶总装制造以及下游船舶服务等环节构成(图1-1)。

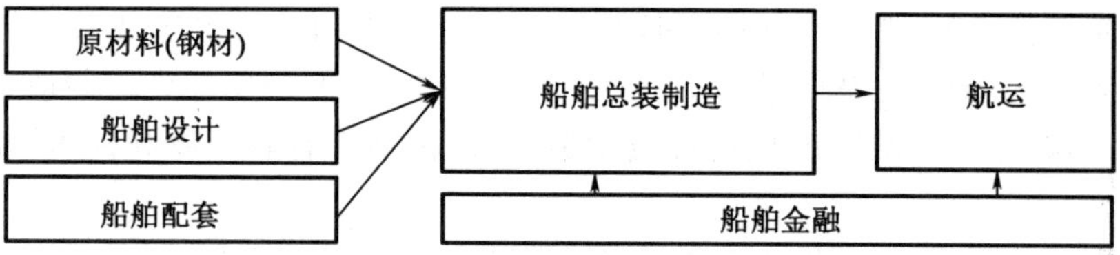

图1-1　船舶行业产业链

产业链上游主要是船舶制造的准备环节,包括原材料供应、船舶设计、船舶配套设施供应等。原材料供应主要是指钢材、合金材料以及特殊材料等;船舶设计可分为基础设计、详细设计等;船舶配套设施构成复杂,可分为船舶动力系统、船用电力电气系统、甲板机械、船用舾装设备、船用通信导航系统、船舶自动化系统、舱室设备、压载水系统、船用管系、专用设备等(船舶配套分类见表1-1),涉及软件制造业、机械加工制造业、电子元器件制造业等多个行业。

表1-1　船舶配套分类

分类	主要产品
船舶动力系统	主机、辅机、轴系及推进器系统
船用电力电气系统	船用发电机及发电机组、船用电动机、船用变电设备(变压器、整流器、励磁设备)、船用配电设备(配电箱、配电盘)、船用照明设备(各种灯具)、船用低压电器(开关、插座)、船用电控装置及测量设备(启动器、控制器、接触器)及其他船用电力电气设备

表 1-1(续)

分类	主要产品
甲板机械	船用装卸设备(克令吊、电梯、起重机)、锚设备(锚机、绞缆机)、舵设备、船用拖曳设备及其他船用甲板机械
船用舾装设备	救生设备(救生艇、筏、圈、衣)、船用系泊设备(锚、锚链)、船用关闭设备(舱口盖、天窗)、船用消防设备、舱室设备(门、窗、梯、厨房设备)、船用家具(含小五金)及其他船用舾装设备
船用通信导航系统	船用机电导航设备(罗经、计程仪、自动舵)、船用无线电导航设备(罗兰 C、电子海图、雷达)、船用天文导航设备(六分仪)、船用卫星导航设备(GPS、DGPS)、船用光学导航设备(夜视仪、望远镜)、其他船用导航设备、船用内部通信装置及船用外部通信设备
船舶自动化系统	机舱自动化控制装置、综合船桥系统及其他船用自动化设备
舱室设备	船用辅锅炉、船用空气压缩机、船用泵、船用空气调节装置、船用冷藏设备、船用通风机、油水分离机、船用造水装置(海水淡化装置)、船用热交换器及冷却器、船用空气瓶、船用环保设备(污水处理装置、焚烧炉)
压载水系统	舱底水系统、压载水系统
船用管系	船用阀门、船用法兰、船用管路附件及其他船用管路附件
专用设备	钻探设备、取样及探测设备、渔捞设备、拖曳设备及补给设备等

产业链中游是船舶总装制造环节,包括运输船、工程工作船、渔业船及其他船型制造等,其中运输船中的干散货船、油轮、集装箱船被誉为世界三大主流船型。

产业链下游主要是航运公司、租赁公司、船舶维修和港口码头等船舶服务环节。我国船舶工业供应链体系如图 1-2 所示。

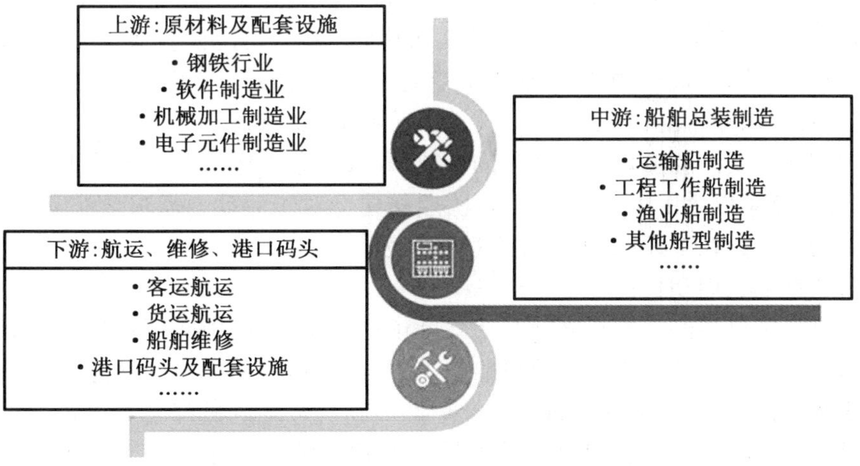

图 1-2 我国船舶工业供应链体系

从船舶建造成本构成来看,人工成本占到全船成本的 30%左右、钢材等原材料占全船成本的25%、设计管理成本占全船成本的5%、船舶配套占全船成本的40%左右。船舶配套和原材料占整船成本相当大的比重,可以说,船舶总装制造企业成本中约65%需要用于外购(图1-3)。

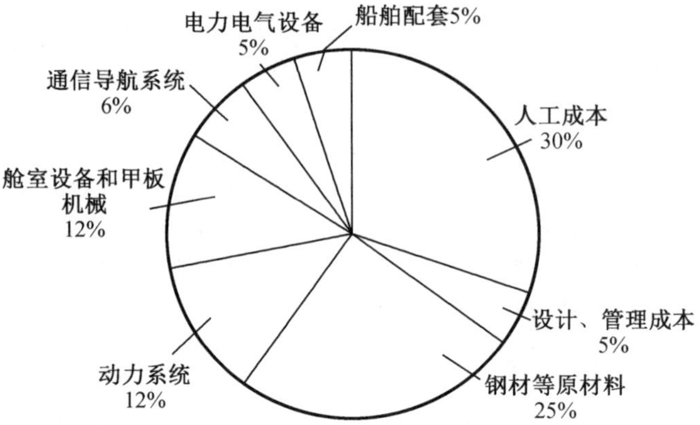

图1-3　单艘船舶成本基本构成

(2)船舶制造产业特征

①资金、技术、劳动力密集产业

船舶制造业属于典型的资金、技术、劳动力密集产业。船舶制造业生产条件要求高、固定资产投入和流动资金需求量大、技术工艺流程复杂、劳动力需求量大,因此船舶制造业存在较高的进入壁垒。

资金密集主要体现在两个方面,一是固定资产投入量大,船舶总装制造厂需要建在水岸旁边,对岸线长度、码头设施有一定的专业化要求,同时需要配备船坞、龙门吊等重型固定资产,前期固定资产投入量大。二是资金流动性要求高,由于单船成本较高,一艘超大型集装箱船单船价格可以达到1亿~2亿美元,船舶企业所需大量的流动资金用于资金周转、原材料购买等。因此,船舶制造业对于资金需求量非常大,对于资金流动性要求非常高。

技术密集主要体现为船舶建造是一项复杂的系统工程,在国民经济116个产业部门中,船舶制造业与其中97个部门发生关联,关联面达到84%。船舶尺寸庞大、结构复杂,由十余万个零件组成,船体、机械、电气等数十个专业工种直接参与施工。因此对于企业的生产管理、工艺流程要求非常高,对于员工的技术素质要求也较高。

劳动力密集主要因船舶订单个性化的特征,导致其难以像汽车一样采取流水线式的自动化生产方式,基本以手工生产为主。因此,船舶建造对于劳动力需求量非常大,一个大中型船厂需要的劳动力在1万~3万人左右(含外包工)。

②呈现典型的长周期特性

国际贸易量和世界经济增长之间存在高度正相关关系,而国际贸易量又是海运量的主要影响因素。海运量的变化直接导致对船舶需求量的变化,从而影响新船订单量。因此船舶市场对宏观经济高度敏感,几乎每一次全球性的经济金融危机都会导致船舶市场进入萧条期。此外,由于船舶生产周期长,世界经济的变化反映到船舶完工交付量存在一定的滞后性,一般滞后期约2年。

20世纪以来,世界船舶市场经历了4个明显的长周期,每次周期为30年左右。每个长周期中又有以10年为周期的中周期波动。二战以后,船舶市场在全球经济复苏的带动下进入了发展周期,但在第一次石油危机的影响下由繁荣转入衰退,此后在日本、中国经济交替快速发展的带动下,又迎来了新一轮的繁荣周期。此轮极度繁荣时期在2008年金融危机的影响下戛然而止,由于完工交付量的延时性,2011年为历史上船舶完工量的最高峰,全球完工量达到了1.66亿载重吨,此后完工量大幅下降。此轮受金融危机影响的船市危机已经长达10年。从2017年开始,新船交易量有所回升,但市场基本面缺乏强有力的经济发展动力支撑,当前船舶回暖可能是本次长周期中的一个中周期波动,船舶市场尚未进入到繁荣期。图1-4是1900—2017全球完工船舶量。

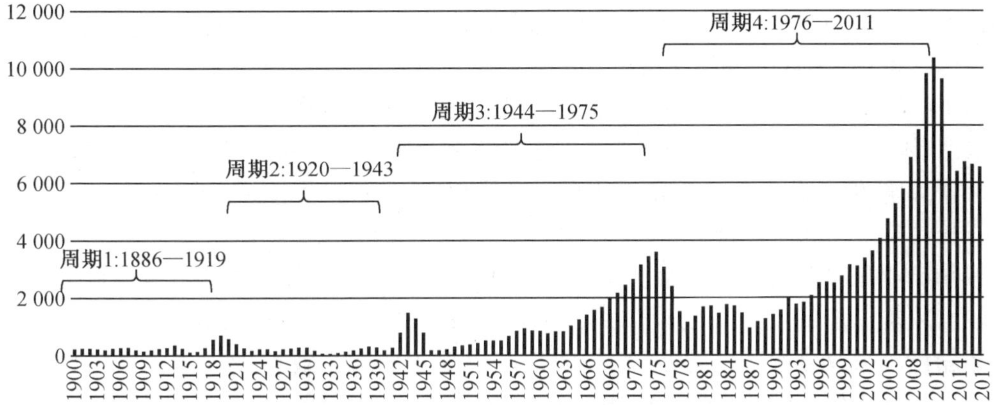

图1-4 1900—2017 全球完工船舶量(总吨)

③具有较为典型的生命周期特征

纵观近百年来世界造船业的发展历史,世界造船重心从先行工业化国家向后起工业化国家转移是一个基本规律。经验表明,船舶产业具有典型的生命周期特征,其导入阶段增长率大约为1%~3%,成长阶段为8%~30%,成熟阶段为4%~6%,而衰退阶段则在+2%~-10%的范围内波动。从世界造船业的发展历史和主要造船国家的更替来看,造船产业具有较为典型的生命周期特征(图1-5)。韩国近年来的完工量持续保持在4%的增长速度,已处于成熟阶段。我国造船业保持了较快的增长速度,具有典型的成长期发展特征。但其增长速度在减慢,具有成长期后期的特征,正在逐步进入成熟期。欧洲造船业无论从完工量的低增长,还是从承接订单数量的快速下降来看,都是典型的衰退期特征,而且衰退速度在加快。

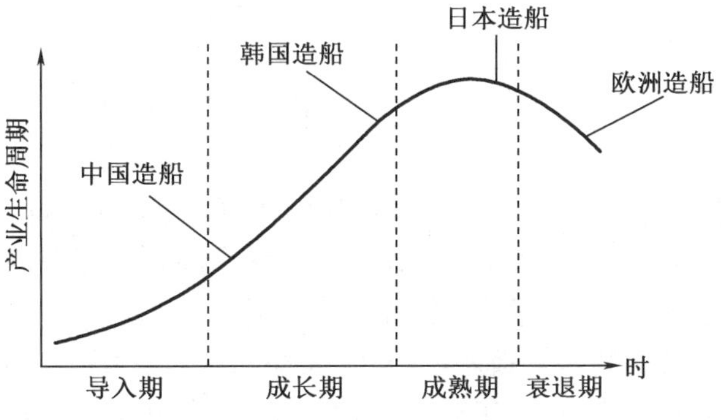

图1-5 造船产业生命周期

近年来,随着高新技术的迅猛发展,世界经济全球化、一体化的趋势和我国劳动力比较优势的显现,全球的第三次产业大转移已经开始,其中船舶制造业正在向我国转移,造船重心向我国转移已经成为发展过程的必然。

④市场竞争高度国际化

船舶制造业是我国最早走出去参与国际竞争的行业,也是国际化水平较高的产业。船舶行业的高度国际化体现在两个方面:一是相当一部分订单来源于海外客户,我国完工出口订单总额占船舶工业生产总值比重达到30%以上;二是主要竞争对手来自国际市场,我国船舶企业的竞争对手不仅仅来自国内,更多的竞争来源于日本、韩国的船舶企业。日本、韩国作为老牌船舶建造强国在船舶建造领域具有较强的技术、管理优势,中国船企与日韩船企在国际市场上的竞争相当激烈。

由于船舶市场高度国际化的特点,船舶交易一般以美元结算。因此,汇率变化对船舶企业盈利水平影响较大。若人民币升值则会压缩船舶企业的盈利空间。以一艘22000TEU集装箱船来计算,单船价格为1.6亿美元,若人民币升值5%,则损失利润约合人民币5 040万。

⑤长周期订单式生产模式

船舶产业是典型的订单式生产模式,生产周期较长,加之目前的首付款较低,船舶企业承担较大风险。船舶生产周期较长,从订单签约到最后完工交付往往需要2~4年的时间。由于船舶订单采取分阶段付款制,较长的生产周期为船舶企业增加了诸多风险,市场形势可能发生深刻改变,若船东中途出现撤单、弃单等情况将对船企带来巨大的损失。金融危机以来,航运市场萧条就导致很多船东出现撤单、弃单现象,而目前订单多采取大尾款的付款方式,即签约时首付款比例很低,仅为10%左右,船东出现撤单后,船企因收不到尾款,资金链出现断裂而破产的现象比比皆是。表1-2是我国几种典型船舶的建造周期情况。

表1-2　船舶建造周期

单位:d

船型	船厂名称	开工至上船台	上船台至下水	下水至交船	建造总周期
散货船(22.8万载重吨)	广船国际	161	203	131	495
油船(31.9万载重吨VLCC)	外高桥造船	170	110	173	453
集装箱船(8888TEU)	沪东中华	247	132	154	533
成品油船(8.3万载重吨)	长兴重工	294	176	145	615
LPG(2.2万载重吨)	江南造船	152	180	168	500

专题1.2　船舶产品分类

船舶主要是航行或浮潜于水域内的构筑物的统称,是用以执行作战、运输、工程作业、渔业、海洋开发、港口服务、体育竞技、游览观光和科学调查等任务的运载工具。船舶按不同的使用要求而具有不同的技术性能、装备和结构型式。

由于人类社会的发展和科学技术的进步,船舶已被广泛用于交通、运输、生产、海洋开发和军事活动。即使是同种船舶,在船型、结构、设备、使用性能等方面也不尽相同。随着科学的进步和经济的不断发展,船舶日趋专业化,各类新型船舶还在不断出现。

1. 船舶的分类

船舶是一种主要在水中运行的人造交通工具。一般民用船称为船，军用船称为舰，小型军用船舶称为艇或舟，其总称为舰船或船艇。船舶内部主要包括容纳空间、支撑结构和排水结构。船舶通常具有利用外在或自带能源的推进系统。船舶外形一般是有利于克服流体阻力的流线性包络，船舶材料随着科技进步不断更新，早期为木、竹、麻等自然材料，近代多采用钢材以及铝、玻璃纤维、亚克力和各种复合材料。图 1-6 为我国设计制造的最新一代 31 万吨绿色环保型氨燃料动力 VLCC 船型。

图 1-6　31 万吨氨燃料动力 VLCC 船型

由于各种船舶的用途、结构材料、航行状态和区域、动力装置及推进方式的不同，船舶分类的方式也很多。常用的分类方式有下列几种：按船舶的用途可分为民用船舶（运输船、工程船、渔业船、港口服务船、海洋开发船、体育游览船）和军用舰艇；按船舶的航区可分为海船（远洋船、近海船、沿海船）、港内船舶和江湖船舶（江湖船、内河船）；按航行状态分为排水型船（单体船、双体船、多体船）、滑行艇、水翼船、气垫船、掠海地效翼船、潜水船。此外，还有按船舶动力装置、船舶推进器形式、船舶材料、机舱位置和船舶主体数进行分类的船舶（图 1-7）。

船舶分类
- 用途
  - 军用舰艇
  - 民用船舶(运输、捕捞、科学调查、工程作业及海洋开发等)
- 航区
  - 海船
    - 远洋船
    - 近海船
    - 沿海船
  - 内河船：A、B、C级航区和急流航段
- 航行状态
  - 排水型船
  - 水动升力型船
  - 气垫压力型船
  - 空气动升力型船
- 其他
  - 动力装置
  - 推进器形式
  - 材料
  - 机舱位置
  - 主体数

图 1-7　船舶分类方式

2. 民用船舶

民用船舶是用于运输、捕捞、科学调查、工程作业及海洋开发等方面的船舶。民用船舶根据其业务用途分为：专门用于运载人员、货物车辆的运输船；专门从事某种水上或水下工程作业的工程船；从事海上捕捞和水产品加工的渔业船；专门从事海洋调查研究、海洋资源利用和海洋环境保护的海洋开发船；专门为航行和航道服务的工作船等(图 1-8)。

民用船舶

民用船舶
- 运输船：客船、客货船、货船(杂货船、散货船、集装箱船、滚装船、载驳船、油船、液化气船、化学品船、冷藏船、多用途船等)、旅游船、渡船、驳船等
- 工程船：挖泥船、起重船、打捞救助船、布缆船、敷管船、打桩船、浮船坞等
- 渔业船：网类渔船、钓类渔船、渔业加工船、渔政船、渔业调查船、冷藏运输船、特种渔船等
- 海洋开发船：海洋石油钻井装置、海洋地址勘探船、海底采矿船、海洋能源开发船、生物资源开发船、海洋调查船、深潜器等
- 工作船：破冰船、消防船、引航船、供应船、交通船、助航工作船、港作拖船、带缆船、海关艇等
- 其他：农用船、供电船、环境保护船、游艇等

图 1-8　民用船舶分类

民用船舶按照航行区域还可以分为海船和内河船；按照动力装置可以分为蒸汽动力船、柴油机船、燃气轮机船、核动力船、综合电力推进船等。目前我国已经具备除豪华邮轮以外的几乎全部船型的建造能力。从船舶制造企业的角度来看，一般将船舶分为三大主流船型和特殊船型两大类，三大主流船型即干散货船、油船和集装箱船，三大主流船型交付量较大。一般来讲，除三大主流船型以外的船舶被称为特殊船型。主要的特殊船型包括 LNG、LPG 等液化气船以及滚装船、挖泥船、豪华邮轮、冷藏船等，特殊船型需求量相较三大主流船型小很多。目前我们国家还没有完工交付的大型豪华邮轮，但是骨干船厂已经开始涉足豪华邮轮建造领域，部分企业豪华邮轮建造项目已经进入落地实施阶段。

民用船舶中应用最广泛、商业船队中吨位占比最大的是运输船中的干散货船、油船和集装箱船。此外，为了优化城市燃气结构和改善环境，近几年液化天然气船(LNG)占比也快速增长。同时，我国目前已成功交付中国首艘极地探险邮轮，同时又承接了近十艘大中型邮轮订单，致力于打造全球主要的邮轮制造商，推动实现“邮轮中国制造”的梦想。

(1)干散货船

干散货船主要运输铁矿石、谷物、煤炭、钢材等干散类货物。按照其吨位大小可以分为超大型矿砂船(图 1-9)、好望角型、巴拿马型(图 1-10)、大灵便型、灵便型。每一类船舶按其吨位的不同特点决定其运输货物的种类和航线，一般来讲，吨位较大的船型负责运输需求量大的铁矿石、煤炭、谷物等，主要航线为长距离航线；吨位较小的船型负责运输钢材、化肥、水泥、糖类等货物，主要在区域间运输。干散货船主要船型分类见表 1-3。

表 1-3 干散货船主要船型分类

船型	吨位	简介
超大型矿砂船 VLOC	≥20 万载重吨	VLOC 是 Very Large Ore Carrier 的简称，即超大型矿砂运输船。VLOC 是好望角型散货船的一种，专门从事铁矿石海上运输。典型船型吨位：25 万载重吨、30 万载重吨、40 万载重吨；主要航线：巴西—东亚、巴西—欧洲
好望角型 Capesize	≥10 万载重吨	因承运从澳大利亚至欧美的铁矿石需绕道好望角而得名。典型船型吨位：18 万载重吨、20.6 万载重吨、40 万载重吨等；10 万～12 万载重吨称为 Mini-Cap。主要航线：澳大利亚—东亚、巴西—东亚、非洲—东亚、澳大利亚—北美/欧洲等
巴拿马型 Panamax	6 万～8 万载重吨	通过巴拿马运河的最大型散货船，主要承运煤炭和谷物。典型船型吨位：6.4 万载重吨、7.6 万载重吨、8.2 万载重吨等。航线：印尼—中日韩印、澳洲—中日韩印、北美—中东等
大灵便型 Handymax	4 万～6 万载重吨	因配有起卸货装备，吨位比灵便型散货船吨位大而得名。典型船型吨位：4.5 万载重吨、4.8 万载重吨、5.1 万载重吨、5.7 万载重吨等；主要承运货物：煤炭、铝土矿、磷矿石、谷物等
灵便型 Handysize	1 万～4 万载重吨	因该船型吨位较小，配有起卸货装备，对航道、港口条件适应能力强，灵活性好，因此称为灵便型散货船。典型船型吨位：3.2 万～3.8 万载重吨。主要承运货物：钢材、化肥、水泥、糖类、煤炭、谷物等

图 1-9 40 万载重吨超大型矿砂船（VLOC）

图 1-10 巴拿马型散货船

(2)油船

油船主要运输原油等液体类货物,按照其运输货物种类可以分为原油船、成品油船和化学品船。每一类船型又可按照吨位进行细分,多数原油船吨位从 6 万~30 多万载重吨不等,吨位从小到大可分为巴拿马型、阿芙拉型、苏伊士型和 VLCC;成品油船吨位从 3 万~12 万载重吨不等,可以分为中程、远程Ⅰ型、远程Ⅱ型;化学品船主要用于全球范围内石油煤炭化工品、植物油、糖浆等液体化学品运输,吨位在 0.5 万~5.5 万载重吨左右。图 1-11 为 30 万载重吨 VLCC 原油船,图 1-12 为成品油船。油船主要船型分类见表 1-4。

表 1-4　油船主要船型分类

	船型	吨位	简介
原油船	VLCC	≥20 万载重吨	VLCC 是 Very Large Crude Carrier 的简称,又称"超级油轮",是原油运输的主力。早期载重吨多在 25 万载重吨左右,目前主要为 30 万~32 万载重吨。主要航线:中东—远东、中东—北美、中东—北欧、西非—亚洲等
原油船	苏伊士型 Suezmax	12 万~20 万载重吨	指能够满载通过加深前的苏伊士运河的最大型油船。早期设计吨位在 12 万~15 万载重吨,目前主要为 15.7 万~16 万载重吨。主要航线:中东—欧洲、北非—欧洲、加勒比海—北美、西非—北美等
原油船	阿芙拉型 Aframax	8 万~12 万载重吨	典型船型吨位:11.0 万~11.5 万载重吨。主要航线:加勒比海、地中海、北海、东南亚等区域航线
原油船	巴拿马型 Panamax	6 万~8 万载重吨	指能够通过巴拿马运河的最大型油船。典型船型载重吨:7.5 万~7.7 万载重吨。主要航线:美国沿海、黑海和远东地区的区域内航线
成品油船	远程Ⅱ型 LR2	10 万~12 万载重吨	载货量大,主要从事远程成品油运输。典型船型吨位:10.5 万~11 万/11.5 万载重吨。主要航线:中东—远东、中东—西非
成品油船	远程Ⅰ型 LR1	6 万~10 万载重吨	载货量较大,运营经济性较强。典型船型吨位:7.5 万载重吨。主要航线:中东—日本
成品油船	中程 MR	3 万~6 万载重吨	又称中型成品油船,港口适应性强,适合中短途航线运营。典型吨位为 5.0 万~5.2 万吨。主要航线:地中海沿岸、黑海—英国沿岸、加勒比海—美国沿岸
化学品船	—	0.5 万~5.5 万万载重吨	主要运输货物:石油煤炭化工品、植物油、糖浆等。典型船型吨位:3.7 万/4.5 万/5.0 万/5.2 万吨。主要航线:中东—欧洲、中东—亚洲、欧洲—北美各区域内航线

(3)集装箱船

集装箱船即为运输集装箱的船舶。根据其载箱量可以分为超巴拿马型、巴拿马型、亚巴拿马型和直线型集装箱船。由于超大型集装箱船在远距离运输方面具有经济性,目前建造的集装箱船订单大型化趋势发展越来越明显。集装箱船主要船型分类见表 1-5。图 1-13 为我国建造的 22000TEU 超大型集装箱船。

图 1-11　30 万载重吨原油船(VLCC)

图 1-12　成品油船

表 1-5　集装箱船主要船型分类(TEU 指标准集装箱)

船型	载箱量	简介
超巴拿马型	≥8000TEU	装载量巨大,总长超过 300 m,船宽 45 m 以上。主要航线:远东—欧洲航线,包括亚洲—地中海航线、亚洲—西北欧航线,亚太航线(至美国西海岸)有零星运营(14000TEU 以上集装箱船不能通过新巴拿马运河)。典型箱位:9200/13800/18000/20000/22000TEU
	5000~8000TEU	主要航线:该型集装箱船运营航线广泛,多数服务于东西干线(远东—欧洲),部分服务于南北航线(远东—南非、远东—西非、远东—南美)。典型箱位:6700TEU
巴拿马型	3000~5000TEU	为拓宽前能够通过巴拿马运河的最大船型。主要航线:亚洲区域内航线、南北航线。典型箱位:3800/4800TEU
亚巴拿马型	2000~3000TEU	主要航线:亚洲、美洲、欧洲内的区域航线。典型箱位:2200/2800TEU。
支线型	<2000TEU	主要航线:多数运营于地区性航线,特别是亚洲区域内,如上海—韩国、上海—香港、上海—新加坡等。典型箱位:1100/1700TEU

图 1-13　22000TEU 超大型集装箱船

2021 年 12 月 29 日，中国首制全球最大 24000TEU 集装箱船在中国船舶集团有限公司旗下沪东中华造船(集团)有限公司长兴造船基地一号船坞顺利出坞，标志着中国船舶工业在超大型集装箱船建造领域取得了又一重大突破(图 1-14)。

图 1-14　24000TEU 超大型集装箱船建造效果图

(4)液化天然气船

液化天然气，英文是 liquefied natural gas，简称 LNG。用于运输液化天然气的船就叫作 LNG 运输船(图 1-15)。LNG 运输船是在低温下(-163 ℃)运输液化气的专用船舶，是高技术、高难度、高附加值的“三高”产品，是一种“海上超级冷冻车”，被喻为世界造船业“皇冠上的明珠”，现只有美国、中国、日本、韩国和欧洲等少数几个国家的船厂能够建造这种船舶。

大型 LNG 运输船通常会装载数以万计立方米的液化天然气。众所周知天然气常温常压下是气态，在运输过程中必须经过低温、高压的处理让它变成液态。这样的话，LNG 运输船就相当于装载着大量的易燃易爆的不稳定危险品在海上航行，LNG 运输船对安全性能的严苛要求也是可想而知。

相比于一般的货轮，LNG 运输船的最大技术难点就在于它那不一般的货舱。LNG 货舱内胆使用的是一种俗称“殷瓦”的合金材料，殷瓦是一种镍铁合金，其成分为镍 36%、铁 63.8%、碳 0.2%，它的热膨胀系数极低，能在很宽的温度范围内保持固定长度不变。这种几乎没有热胀冷缩的合金材料也成为船舶工业中建造大型 LNG 运输船必不可少的材料，可以有效防止船体结构在超低温环境下出现冷裂。虽然殷瓦有着这样优良的特性,但用殷瓦来制造庞大的货舱可不是一件简单的事情。

图 1-15 液化天然气船(LNG)

我国自主设计建造的第一艘 LNG 运输船“大鹏昊”,是由上海沪东中华造船厂自主设计建造的当时世界上最大的薄膜型 LNG 运输船,船长 292 m、宽 43.35 m、型深 26.25 m,时速 19.5 kn(图 1-16)。“大鹏昊”整船装载 LNG 量为 14.7 万 m^3,全部汽化以后容量将达 9 000 万 m^3。

图 1-16 “大鹏昊”LNG 运输船

中国 LNG 运输船行业发展现状良好,迅速扩大的市场需求量为 LNG 运输船行业提供了基础,快速崛起的整体实力逐渐弥补起步较晚的劣势。到目前为止,中国多家造船厂已经具备建造 LNG 运输船的能力,并可以初步实现量产,具备了一定的国际化市场竞争力。

(5)大型邮轮

随着人类对美好生活向往的与日俱增,大型邮轮作为曾经的海上运输“超级巨无霸”,现在已成为集吃喝玩乐于一体的游客度假休闲的工具,也是人们现在旅游出行选择的主要方式之一。但由于近乎完美的设计和建造工艺要求,建造大型邮轮一直是我国造船业的一个远大目标。

2019 年 10 月 18 日,我国首艘国产大型邮轮在中国船舶工业集团有限公司所属上海外高桥造船有限公司正式开工点火钢板切割,全面进入实质性建造阶段。这艘大型邮轮,总吨位约 13.55 万 t,总长 323.6 m,型宽 37.2 m,最多可容纳乘客 5 246 人,拥有客房 2 125 间,这艘具有世界先进水平的大型邮轮开始实质性的设计建造,标志着我国大型邮轮工程进入正式实施阶段,将推动我国船舶工业登上新高地、实现高质量发展。

该邮轮庞大的上层建筑高达 16 层,生活娱乐区域拥有大型演艺中心、大型餐厅、特色餐馆、各色酒吧、咖啡馆、购物广场、艺术走廊、儿童中心、SPA、水上乐园等丰富多彩的休闲娱乐设施,是一座名副其实的豪华"海上移动度假村"(图 1-17)。

图 1-17　我国首艘国产大型邮轮效果图

大型邮轮被誉为造船工业"皇冠上最耀眼的明珠",是我国目前唯一尚未攻克的高技术船舶产品,直接体现了一个国家的综合科技水平和综合工业能力。大型邮轮的建造不但是我国船舶工业高质量发展的重要标志,而且能带动整个船舶乃至整个工业配套体系的提升,有力支撑我国船舶工业的转型发展。中国邮轮市场发展潜力巨大、前景广阔,全力推动中国首艘大型邮轮项目的实施,将助力中国邮轮产业全面腾飞,实现邮轮产业的"中国梦"。

3. 军用船舶

军用船舶是用于军事方面的船舶,通常称为军舰或舰艇。军用船舶根据其所担负的战斗任务又分为战斗舰艇和辅助舰船。战斗舰艇又可分为水面战斗舰艇和水下战斗舰艇(图 1-18)。

军用船舶

军用舰艇
- 战斗舰艇:
  - 水面战斗舰艇:航空母舰、巡洋舰、驱逐舰、护卫舰、鱼雷舰、导弹舰、猎潜艇、布雷艇、猎(扫)雷艇、两栖攻击舰艇、登陆舰等
  - 水下战斗舰艇:攻击型潜艇,弹道导弹潜艇、辅助潜艇等
- 辅助舰艇:供应舰、补给舰、运输舰、侦察舰、训练舰、修理船、救生船、交通船、医院船、浮桥舟、研究试验船、靶船等

图 1-18　军用舰船分类

(1)航空母舰

航空母舰,简称"航母",是一种以舰载机为主要武器的大型水面舰艇,可以供舰载机起飞和降落,就像一个大型的海上活动机场,是世界上最庞大、最复杂、威力最强的武器之一。现代航空母舰的主要任务是用舰载机夺取海战区域及近海陆缘的制空权和制海权。此外,

它可以承担多种多样的海上任务，包括非战争的军事行动任务。在和平时期，航母通常用于海洋搜救、防海盗、打击恐怖活动等。

航空母舰是一个国家综合国力的象征，有了航母以后，国家的海上力量将呈现立体化、体系化、综合化和信息化的提升，将一个国家的海上作战范围从近海推向中远海。

航空母舰通常与其他军舰组成航空母舰战斗群，一个航空母舰战斗群一般由一艘航母、两艘防空巡洋舰、4~6 艘防空反潜驱逐舰和 1~2 艘攻击型核潜艇组成（图 1-19）。航空母舰带来整个国家的军事力量，特别是海军力量编制体制、指挥体系以及后勤保障的变化，甚至于法规条令、作战理论等一系列变化，从而使国家海空力量出现结构性的调整和变化，所以它的意义和影响是巨大的。

图 1-19　航空母舰战斗群

现代航空母舰通常按满载排水量的大小分为大型航空母舰（6 万 t 以上）、中型航空母舰（3 万~6 万 t）和小型航空母舰（3 万 t 以下）；按动力装置可分为核动力航空母舰和常规动力航空母舰。

2013 年 11 月，大连造船厂举行了航母钢板的切割仪式，这意味着中国第一艘国产航母正式开工建造。2017 年 4 月 26 日，我国首艘自主建造的国产航空母舰“山东舰”在大连正式下水（图 1-20）。“山东舰”是基于对苏联库兹涅佐夫级航空母舰、中国辽宁号航空母舰的研究，由中国自行改进研发而成的，是中国真正意义上的第一艘国产航空母舰。

图 1-20　中国首艘国产航空母舰“山东舰”

2019年12月,随着山东舰正式服役,中国也宣布进入双航母时代。中国首艘国产航空母舰“山东舰”采用常规动力装置,搭载国产歼-15飞机和其他型号舰载机,固定翼飞机采用滑跃起飞式,舰上配有满足任务需要的各型设备,雷达、通信、武器等核心系统全部采用中国最新型号。

自20世纪50年代后,航空母舰成为世界前沿军事所公认的作战利器,受到世界各国海军的青睐。在美国等国家大型航空母舰发展的引领下,超音速飞机和核动力技术开始运用在舰船上,世界的航母技术日趋精湛,海上作战运用也越来越成熟,这进一步稳固了航空母舰在海洋作战中的霸主地位。如今,航母技术已经成为一个国家综合实力的象征,更是一个国家海上军事力量的中流砥柱。

(2)驱逐舰

驱逐舰是一种海上多用途军舰,其主要的职责是进行海上护航任务。现代驱逐舰装备有防空、反潜、对海等多种武器,既能在海军舰艇编队担任进攻性的突击任务,又能承担作战编队的防空、反潜护卫任务,还可在登陆、抗登陆作战中作为支援兵力,承担巡逻、警戒、侦察、海上封锁和海上救援任务以及提供无人舰载机的起飞和降落,有“海上多面手”称号。

现代驱逐舰以护航为核心,同时拥有侦察、巡逻警戒、布雷、袭击岸上目标等职能,广泛的作战职能使得驱逐舰成为现代海军舰艇中用途最广的舰艇。目前最具代表性的现代驱逐舰包括我国的055型驱逐舰(图1-21)、美国的朱姆沃尔特级驱逐舰(图1-22)等。

图1-21　我国055型驱逐舰首舰“南昌舰”

图1-22　美国的朱姆沃尔特级驱逐舰

2020 年,我国自主研制的 055 型驱逐舰首舰“南昌舰”正式入列服役。随着海洋军事的发展,现代驱逐舰的排水量越来越大。055 型驱逐舰是中国人民解放军海军第一款排水量超过一万 t 的驱逐舰,也是我国完全自主研发的新型万吨级驱逐舰,在防空、反导、反舰、反潜、信息感知以及对海打击能力等各方面相比于我国以往的驱逐舰均有了质的飞跃,是一艘代表着我国国家实力和海军战略的标志性战舰,是中国海军走向深蓝的利剑先锋。

055 型驱逐舰舰长 183 m,宽 23 m,满载排水量可达 12 500 t。055 驱逐舰十分注重隐身化设计,采用了一体化桅杆和封闭式舰首,具有一定的隐身能力。

055 型驱逐舰作为新一代超隐身多用途的超级战舰,几乎汇聚了最新研发的当今全部的前沿顶尖科技,除了运用了诸多新的技术和设计理念以外,更是中国海军第一款一服役就在平台和设计理念上达到世界先进甚至局部领先水平的舰船。055 型驱逐舰也是第一次在设计上实现远程攻防兼备的大潜力平台,其改进型号可再进一步加入电磁推进、电磁炮、激光近防技术及海基反导能力,其必然成为维护中国国家安全和海外利益的实力担当。

(3)护卫舰

护卫舰是以导弹、舰炮、深水炸弹及反潜鱼雷为主要武器的轻型水面战斗舰艇、护航、巡逻、警戒、侦察及支援登陆作战任务以及提供无人舰载机的起飞和降落。

护卫舰是以反舰及防空导弹、中小口径舰炮、水中武器(鱼雷、水雷、深水炸弹、反潜火箭弹等)为主要武器的中小型战斗舰艇。它可以执行护航、反潜、防空、侦察、警戒巡逻、布雷、支援登陆和保障陆军濒海翼侧等作战任务,曾被称为护航舰或护航驱逐舰。在现代海军编队中,护卫舰是在吨位和火力上仅次于驱逐舰的水面作战舰只,但由于其吨位较小,自持力较驱逐舰为弱,远洋作战能力逊于驱逐舰。

护卫舰和战列舰、巡洋舰、驱逐舰一样,也是一个传统的海军舰种,是当代世界各国建造数量最多、分布最广、参战机会最多的一种中型水面舰艇。目前最具代表性的护卫舰包括中国的 054 型护卫舰、瑞典的维斯比级巡逻舰、美国的濒海战斗舰等(图 1-23、图 1-24、图 1-25)。

054 型护卫舰是我国第一艘真正形成量产的隐身护卫舰,又称“江凯”级护卫舰。首舰于 1999 年 12 月在上海沪东船厂开工,2003 年 9 月 11 日下水,命名为马鞍山号。054 型护卫舰是迄今为止,中国海军设计最成功的主力水面战舰,拥有较强的防空及反舰能力。

图 1-23　我国的 054 型护卫舰

图 1-24 瑞典的维斯比级巡逻舰

图 1-25 美国的濒海战斗舰

2008 年开始服役的 054A 型护卫舰是 054 型的改进版,火力较 054 型护卫舰则强劲许多,为中国人民解放军海军装备的第一种区域防空型护卫舰。其前级 054 型护卫舰是为了避免对中国海军系列化造舰造成太大的空档,并提前验证舰体设计,作为后续本级舰设计改进的依据(图 1-26)。

图 1-26 我国的 054A 型护卫舰

在防空方面,054A 最大的改良就是以新的垂直发射防空导弹系统取代原本 054 使用的红旗-7 型。054A 舰首装有四组八联装垂直发射系统单元,系统配置为纵向 4 管,横向 8 管。红旗-16 防空导弹具备很强的多目标攻击能力,一个火力发射单元可以同时跟踪 8 个目标,并对其中 4 个进行攻击。而它可以攻击的目标种类众多,从高空飞行的飞机到低空飞行的巡航导弹,甚至是飞机投掷的精确制导武器,红旗-16 防空导弹都能够有效对抗。054A 型护卫舰作为中国目前最先进的隐身护卫舰,必将为祖国的海防事业发光发热。

(4)核动力潜艇

潜艇,有着“深海幽灵”的称号,而核动力潜艇更是把这种称呼发挥到了极致。毋庸置疑,核潜艇比常规潜艇更强大。就动力而言,核潜艇是由核反应堆作为动力能源,而常规潜艇一般均采用柴油或者其他燃油作为动力来源,这样一来,核动力潜艇运行时基本上不用浮出水面了。考虑到核潜艇的生产与操作成本,加上相关设备的体积与重量,只有军用潜艇采用这种动力来源。那么,核潜艇为何具有如此大的军事价值和魅力呢?

核潜艇是国之重器,是海洋大国展示军事力量的秘密撒手锏,是核大国最有效的战略核打击手段之一,拥有弹道导弹核潜艇的国家才称得上是真正具备核反击能力的国家。

核潜艇与常规潜艇相比最大的优势是隐蔽性强。由于使用核动力,无须上浮充电,可长时间在水下潜伏。这点对战略导弹潜艇来说是至关重要的。只有这样,才能保持核反击的能力,保持核威慑。核潜艇的第二个优点是高航速。由于核动力功率大,使核潜艇能在水下以 20 多节,甚至 30 多节的航速持续航行。这点对攻击型潜艇来说是基本要求。如果没有高航速,无法追击对方潜艇,也无法抢占有利阵位。第三,核潜艇可以搭载巡航导弹,巡航导弹的射程远,而且核潜艇的隐蔽性好、功率大,几乎可以说是航空母舰和大型军舰的克星,而普通的潜艇只能搭载一些普通的近程导弹,一般就是攻击一些常规的普通舰艇。而且更为重要的是核潜艇可以搭载洲际弹道导弹,射程可以覆盖世界上任何一个地方,一旦敌人向有核潜艇的国家进行核打击,核潜艇可以长时间潜伏在水下隐蔽自己,然后对敌人涉及军事、政治、经济等的战略目标进行毁灭性地打击。因此核潜艇是第二次核打击、核报复的最好选择了。核潜艇的出现和核战略导弹的运用,使潜艇发展进入一个新阶段。装有核战略导弹的核潜艇是一支具备水下威慑力的核力量,就算在陆上核攻击能力被摧毁的最坏情况下,核潜艇仍然能给予敌人致命一击。

世界上第一艘核潜艇是美国的“鹦鹉螺”号,1954 年 1 月 24 日首次开始试航,它宣告了核动力潜艇的诞生(图 1-27)。1976 年美国开始建造新一级俄亥俄级核潜艇,苏联为了抵抗美国海军的压力,不仅仅建造了世界上最大的潜艇军事基地,还建造出一艘全新的 941 型战略核潜艇。在冷战时期,美国海军攻击型核潜艇的基本使命是在大洋深处与苏联的核潜艇进行对抗,或者是在全球范围内对苏联核潜艇,特别是对苏联的弹道导弹核潜艇进行长期的跟踪与监视。

目前全世界宣称拥有核潜艇的国家有 6 个,分别为:美国、俄罗斯、中国、英国、法国和印度。其中美国和俄罗斯核潜艇数量最多。

我国核潜艇部队的日常活动以及其装备、组织外界知晓得都较少。中国的核潜艇从 20 世纪 70 年代开始起步,到目前为止已经发展了 3 代,其中第一代 091 型攻击核潜艇和 092 型战略核潜艇技术老旧,已经基本退役。第二代 093 型攻击核潜艇和 094 型战略核潜艇出现在 90 年代初。093 型攻击核潜艇是成熟的攻击核潜艇,已经多次执行太平洋和印度洋的巡航任务(图 1-28)。094 型战略核潜艇搭载射程 8 000 km 以上的巨浪 2 潜射弹道导弹,使我国具备了真正的洲际打击能力(图 1-29)。

图 1-27　世界上第一艘核潜艇“鹦鹉螺”号

图 1-28　093 攻击型核潜艇

图 1-29　094A 战略核潜艇

按照现在的情形看，我国核潜艇的快速发展已经超出了大多数国家的想象，如果再加上在建的 095 和 096 核潜艇，我国的水下核力量已经达到了不可低估的级别。未来，相信中国会以更加迅猛的速度，壮大中国的水下核力量。

4. 高性能船舶

高性能船舶是为突破常规船舶性能和适应特殊环境要求而开发的，具有某些特殊性能的船舶。它们具有高航速、浅吃水、耐波性、两栖性等特点。这些船舶多为短程高速小型船舶，主要用作内河和沿海客运、交通、观光、游览和救生等。

高性能船舶

经过多年的研究，常规排水型船舶性能已有很大的提高，但受船型的限制，高性能船舶的性能提高有一定的限度。例如：①航速受限。排水型船航行时除受摩擦阻力外，还会受到兴波阻力，前者由船的黏性引起，后者是由航行时波浪引起的。尤其是航行时,船的兴波阻力的增加比船速的增加要快得多,这是排水型船的航速增加受限制的一个主要原因。②耐波性较差。所谓耐波性就是当船舶在风浪中航行时,要具有足够的稳定性和船体结构强度,并能保持在一定的航速下安全航行的能力,排水型船虽然采用各种减摇装置,但仍无法适应一些特殊船舶所需要的平稳作业的要求。

飞机问世后,速度的提高引发了人们设想,如果船体的全部或部分脱离水面,既能大大减少船的阻力、提高航速,又能减少波浪对船舶的影响、提高耐波性。人们通过不断研究探索,研制出有别于排水型船的高性能船,如滑行艇、水翼艇、气垫船、冲翼艇、小水线面双体船等,这些高性能船尚处于不断研究和完善阶段。部分船型已达到实用要求,随着技术的不断进步,新的高性能船型仍将不断涌现。

(1)滑行艇

滑行艇(图 1-30)在静止及以较慢速度航行于水中时,艇体同排水型船一样由浮力支承(即静水力支承)。当艇高速行驶时,艇进入滑行状态,艇首在水动力作用下脱离水面,仅部分艇底与水面接触,静水浮力大部分由水动力所代替,从而支承面和浸湿面积随速度增长而减少,船的阻力相应减少,为提高航速创造了条件。由于滑行艇有很高的航速,故广泛用于运动艇、交通艇、巡逻艇、鱼雷艇、导弹艇等。滑行艇的主要缺点是耐波性较差,不适于在大风浪中航行,滑行状态时波浪对艇体有很大冲击,对结构也有破坏作用,因此滑行艇的发展受到一定的限制。

图 1-30 滑行艇

(2)水翼艇

水翼艇是指在艇体下面装有水翼的一种高速快艇。它是由滑行艇演变和发展产生的新船型。艇体与滑行艇相近,艇底加装水翼,水翼的断面呈机翼形状,运动时水翼受升力(即水动力)作用,当升力与排水量相等时,船体完全被抬出水面,只由水翼和支架与水接触,高速航行时可以大大降低阻力。

水翼通常可分为割划式水翼和全浸式水翼两类。

①割划式水翼

割划式水翼(图 1-31),通常为 V 形或阶梯形,也有环形的。航行时水翼的上部露出水面,其余部分浸没在水中。升力的大小随船的航速和水翼浸水面积而定。当艇体离水面过高时,水翼浸水面积减少,升力随之下降。所以这种水翼能依靠改变其浸水面积自动调节升力,不需其他附属设备,结构简单,但对波浪比较敏感。割划式水翼广泛地应用于小型水翼艇上,适用于风浪较小的航区。

图 1-31　割划式水翼艇

②全浸式水翼

全浸式水翼(图 1-32)的特点是水翼全部浸没在水中。较早的全浸式水翼浸深较浅,称为浅浸式水翼。浅浸式水翼接近水面,易受波浪的影响。深浸式水翼离水面较深,受波浪的影响较小,它的升力调节是靠改变水翼的攻角来实现的,一般装有自动控制机械,适用于耐波性要求较高的海洋军用水翼艇。水翼艇的航速一般为 45~50 kn。

图 1-32　全浸式水翼船

水翼艇的缺点是:艇体之下有水翼,不适用于浅航道,水翼宽往往大于船宽,靠码头有些不便,且为减轻主机质量常采用高速内燃机或燃气轮机,使用寿命短,对燃油要求高,经济性较差。

(3)气垫船

气垫船是通过鼓风机把空气送到船底下面,在船底形成空气垫以支撑船体质量的一种高速船舶(属空气静力支承型)。当气垫的压力高于大气压时,可将船体全部抬出水面。航行时气垫将船体与水面隔开,使船的阻力大大降低,航速可达 80~100 kn。气垫船有两种类型:全垫升式气垫船和侧壁式气垫船(图 1-33)。

图 1-33　气垫船的形式

①全垫升式气垫船

全垫升式气垫船的船底四周用柔性围裙封闭，用空气螺旋桨推进。这种气垫船具有两栖能力，可以在水面、陆地、沼泽地、冰面和沙滩上行驶，但耐波性和机动性较差，噪声大，空气螺旋桨推进效率低，限制了两栖型气垫船的大型化。另有采用超空泡水动力螺旋桨或喷水推进的气垫船，推进效率高、吨位大、噪声小，但不具两栖性。如图 1-34 所示为我国海军的“野牛”气垫船。

图 1-34　我国海军的“野牛”气垫船

②侧壁式气垫船

侧壁式气垫船是在两舷侧有刚性的侧壁插入水中，船的首尾端用气幕封闭，采用水动力螺旋桨或喷水推进(图 1-35)。侧壁式气垫船有较好的操纵性和稳定性，船只能在水面航行，无两栖能力。这种气垫船经济性较好，可向大型化方向发展。

图 1-35　侧壁式气垫船

(4)地效应船

气垫船是利用空气的表面静压效应获得空气对船体的支持力,地效应船是利用空气动力的地面效应得到支持力。掠海地效应船又称冲翼艇、冲压式气垫船或气翼艇。图 1-36 所示是我国自行研制的"信天翁 5"地效应船,2004 年首次装备我军边防船艇部队的地效翼边防巡逻艇,当时这个似船又似飞机的"怪物",成为水上巡逻执勤的一道独特风景线。

图 1-36　我国自行研制的"信天翁 5"地效应船

地效应船在航行时不与水面直接接触,只是贴近水面飞行。当艇高速运行时,迫使气流进入艇与水面之间,空气被强烈的阻滞,使翼面下的压力增高,形成动态气垫,使艇体支持在水面以上一定距离的空气中,完全摆脱了水面,航速进一步提高,可达 150~200 kn 以上。地效应船的外形类似飞机,而且也在空中飞行,所以很容易被误认为是一种超低空飞行的飞机。其实飞机同地效应船的飞行机理有很大差别,飞机利用飞行时机翼在空气中的升力来支持,地效应船利用空气的表面效应获得支持力,飞行区域为水面(或地面)以上 0~50 m,超低空飞机在该区域是无法较长距离地稳定飞行的,地效应船只有在表面效应区域内飞行才能显示出它的优越性。

地效应船是一种处于研究完善过程中的船舶,还有许许多多问题有待解决,苏联学者对地效应船的研究较为深入,在中小型地效应船的研究中已取得较大的进展,部分技术已应用于军用和民用,但技术有待于进一步完善。大型地效应船仍在研究中。

(5)小水线面双体船

小水线面双体船是 20 世纪 70 年代发展起来的一种高速新船型。它是半潜船船型中研究得最多的一种船型。研究表明,这种船型不仅耐波性优越,而且其他航海性能也较常规单体船型更佳,已引起人们的重视。

小水线面双体船由潜体、上体(包括桥体结构)和支柱三大部分组成,如图 1-37 所示。

潜体做成鱼雷状,上体是水面以上的平台结构,可按需要布置各种设备。上体和潜体间由截面为流线型的支柱连接。鉴于潜体没入水中,支柱的水线面较瘦削,能在航行时大大降低波浪的扰动力和兴波阻力。小水线面支柱使船的自摇周期显著延长,降低了波浪的影响,因而半潜小水线面双体船具有耐波性好、波浪中失速小、高速航行时阻力小、上甲板宽广、空间开敞等优点。但它吃水较深,船宽较大,易受航道的限制。这种船型在军用、民用方面都具有广阔的发展前景。

图 1-37 小水线面双体船

(6)高速穿浪船

高速穿浪船是 20 世纪 80 年代后期出现的一种由高速双体船和小水线面船概念复合而成的新型高性能船舶,发展非常迅速。这种新船型由浮体、支柱及中央艇体三部分组成,图 1-38 是我国自主研发建造的最大型全铝合金穿浪双体船“北调 990”号。

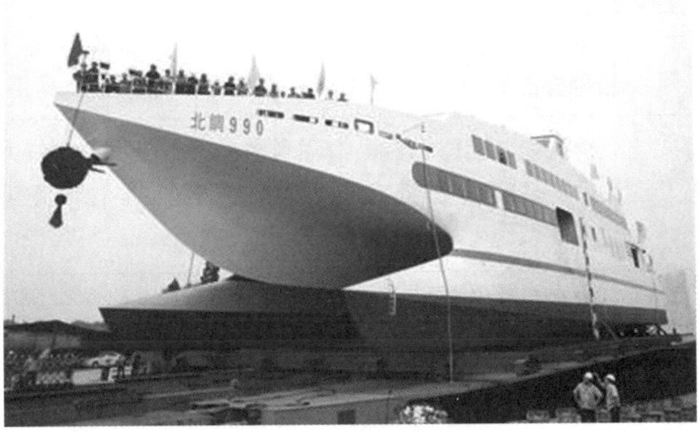

图 1-38 高速穿浪船

“北调 990”号穿浪双体船是我国最大最先进的 60 m 全铝合金穿浪双体船。该船于 2009 年下水,船总长 60 m,型宽 18 m,中间跨度达 11 m,型深 5.9 m,最大航速为 38 kn,为深 V 线性穿浪双体船,采用泵喷推进系统,是一艘无螺旋桨的可实现原地 360°旋转的高性能船。

高速穿浪船在静水和小风浪中航行时,中央艇体离开水面,依靠两浮体掠水滑行;在大风浪中,细长浮体穿浪,支柱割划波浪航行,酷似小水线面双体船在波浪中航行,耐波性能显著改善。这种船型保留了高速双体船高速、低耗、甲板面积宽敞之长处,融合了小水线面双体船高耐波能力的优点,又去除了双体船耐波性能差及小水线面双体船操纵控制系统和动力传递复杂的缺点,结构比小水线面双体船简单,建造和使用成本也随之下降。高速穿浪船出现后获得迅速发展,成为现代高性能船舶行列中重要的一员,是一种具有很大发展潜力的新船型。

实际上,由于船舶的用途很广泛,特性各不相同,其分类的方式也有很多种。如按船体材料可分为钢船、木船、铝合金船、玻璃钢船、水泥船等;按船的主体数目可分为单体船、双体船、三体船、五体船等;按机舱位置分为中机型船、中尾机型船、尾机型船;按主体连续甲板的层数可分为单甲板船、双甲板船、多甲板船等。

专题 1.3 海洋工程装备

1. 海洋工程装备定义

海洋工程装备有狭义与广义两个概念,狭义的海洋工程装备指海洋资源(主要是海洋油气资源)勘探、开采、加工、储运、管理、后勤服务等方面的大型工程装备和辅助装备。广义的海洋工程装备是人类开发、利用和保护海洋活动中使用的各类装备的总称,包括海洋油气资源开发装备、海洋矿产资源开发装备、海水综合利用装备、海洋生物资源利用装备、海洋空间资源利用装备、海洋可再生能源开发装备以及共性海洋基础设施装备等七大类(表 1-6)。

表 1-6　海洋工程装备的主要类别

序号	类别	主要装备
1	海洋油气资源开发装备	海洋油气勘探钻井装备、海洋油气生产储运装备、海洋工程船舶,以及这些装备的配套设备和系统
2	海洋矿产资源开发装备	物探船、海洋调查船、海洋科考船、海洋勘探船、潜水器、运输船、水力提升采矿系统、空气提升采矿系统、采矿船、穿梭潜浮采矿车系统及流体提升采矿系统
3	海水综合利用装备	海水直接利用装备、海水淡化装备、海水化学资源的综合利用装备等
4	海洋生物资源利用装备	海洋渔业装备、海洋药物和生物制品装备等
5	海洋空间资源利用装备	水面空间资源利用装备(海洋运输装备)、海面空间利用装备和海底空间利用装备等
6	海洋可再生能源开发装备	潮汐能、波浪能、海流能、温差能、盐差能、海洋生物质能以及离岸风能等可再生能源的开发利用装备
7	共性海洋基础设施装备	为海洋油气及矿产资源、空间资源、生物资源等海洋资源的开发提供必要基础需求的相关设施,包括海洋探测与监测装备、海上浮式核电站等

深耕海洋,装备先行。在当前全球经济快速发展的形势下,海洋工程装备的内涵和外延正在发生深刻变化。一方面,以海洋油气装备为主的传统海洋工程装备在市场和产业调整中孕育出了新需求;另一方面,海洋矿产资源开发装备、海水综合利用装备、海洋生物资源及空间资源利用装备、海洋可再生能源开发装备和共性海洋基础设施装备方兴未艾。海洋工程装备正在从狭义概念向广义概念转变,并将随着人类对海洋认知和开发范围的拓展不断丰富。

从更宏观的角度看,海洋工程装备属于海洋经济的范畴,在海洋经济中占据重要地位,为海洋产业的发展提供相关设备。随着“十四五”期间海洋经济增速不断提升,海洋经济在国民经济占比也逐步提升,海洋经济的快速发展也将带动海洋工程装备的需求。

按照海洋经济的三个产业划分,海洋工程装备制造业属于海洋第二产业,占比达40.4%。海洋第三产业是为海洋开发提供保障服务的新兴海洋产业,占比高达54.5%,与海洋工程装备制造业具有紧密的联系,按其内容可分为海洋信息服务、海洋技术服务和海洋社会服务(图1-39)。

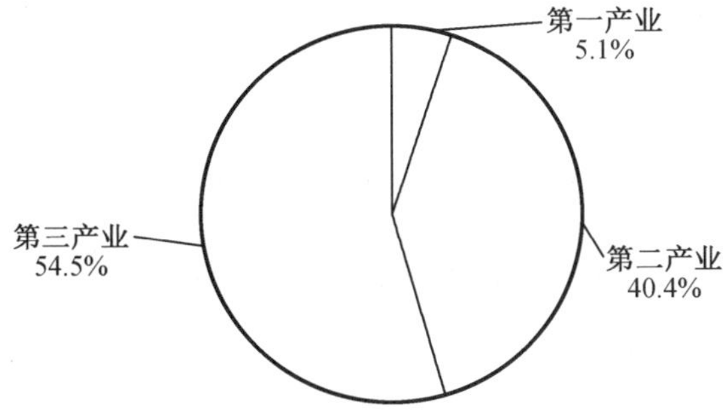

图1-39　海洋经济产业结构图

2. 海洋工程装备分类

海洋工程装备的范畴非常广泛,这里介绍的海洋工程装备特指海洋油气资源开发装备中的浮式装备,不含固定式生产平台等不能移动位置的装备。根据装备在海洋油气开发中的用途划分成油气勘探开发装备、油气生产储运装备、海洋工程支援船等三类,如图1-40所示。

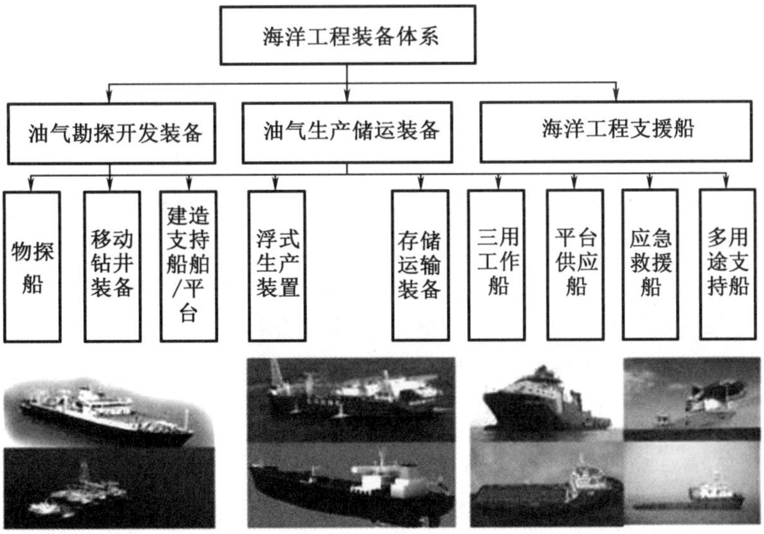

图1-40　海洋工程装备体系图

(1)油气勘探开发装备

油气勘探开发装备包括物探船、移动钻井装备(自升式钻井平台、半潜式钻井平台、钻井船等)、建造支持船舶/平台(起重船、铺管/铺缆船、风电安装支持船、辅助生活平台、多用途供应船、潜水支持船等)。

2012 年,我国自主设计建造的第六代深水半潜式钻井平台“海洋石油 981”在南海海域正式开钻。“海洋石油 981”深水半潜式钻井平台长 114 m,宽 89 m,面积比一个标准足球场还要大,平台正中是约五六层楼高的井架。该平台自重 30 670 t,承重量 12.5 万 t,可起降直升机(图 1-41)。该平台总造价近 60 亿元,是兼具勘探、钻井、完井和修井等作业功能的钻井平台。“海洋石油 981”代表了海洋石油钻井平台的一流水平,最大作业水深 3 000 m,最大钻井深度可达 10 000 m,标志着中国在海洋工程装备领域已经具备了自主研发能力和国际竞争能力。

图 1-41　海洋石油 981

(2)油气生产储运装备

油气生产储运装备包括浮式生产装置(海上浮式生产储卸油装置 FPSO、半潜式生产平台、张力腿式平台 TLP、立柱式平台 SPAR 等)和存储运输装备(浮式存储装置、穿梭油船、单点系泊装置等)。

2009 年 3 月,我国第一艘完全自主设计建造的 30 万吨级海上浮式生产储油船(FPSO)“海洋石油 117”在蓬莱 19-3 油田成功就位(图 1-42)。这是国内迄今为止设计的吨位最大、造价最高、技术最新的 FPSO 建造项目,标志着我国在 FPSO 领域的设计与建造已居世界先进行列。该船船体为双底双壳结构,船长 323 m,型宽 63 m,相当于 3 个标准足球场的面积。从船底到烟囱 71 m,相当于 24 层楼高。可日加工 19 万桶合格原油,储油能力可达 200 万桶原油,配有 140 人工作居住的上层建筑及直升机平台。该船设计寿命 25 年,通过安装在船首的软刚臂单点系泊装置,长期系泊于固定海域,25 年不脱卸,可抵御百年一遇的海况。中国已经成为全球最大的 FPSO 制造与应用国,所拥有的 FPSO 数量与总吨位均居世界首位。

(3)海洋工程支援船

海洋工程支援船包括三用工作船、平台供应船、应急救援船、多用途支持船(维修船、船员艇等)。

“海洋石油 681”三用工作船是我国新一代集深海抛锚、拖拽、定位及平台供应功能于一体的高端船舶(图 1-43),是为 3 000 m 深水钻井平台“海洋石油 981”建造的配套船舶,属国内首次建造，填补了我国在深水大型多用途工作船领域的空白。“海洋石油 681”斥资 7.4 亿元打造，总长 93.4 m，宽 22 m，深 9.5 m，使用柴电混合动力，是中国新一代集深海抛锚、拖拽、定位及平台供应功能于一体的高端船舶，具有对外进行消防、浮油回收功能及 ROV 水下机器人功能，代表国际海洋工程装备制造的最高水平。

图 1-42　海洋石油 117

图 1-43　海洋石油 681

三用工作船是为海上石油工程提供多种特点作业服务的深水作业三用型守护船，航行于无限航区/近海航区。船舶能低速巡航于海上石油平台附近，随时随地听候海上石油平台的召唤，能为海上石油平台提供多种物资和材料，能进行抛起锚作业及进行平台和大型船舶的拖运作业，并具有一级对外消防灭火作业能力、海面消除油污作业能力、营救作业能力，能搭载获救人员，以及对储油轮及到达的提油轮进行拖带和捞取油管作业，协助其进行提油。

3. 海洋工程装备产业特征

海洋工程装备是人类认识海洋、利用海洋、保护海洋的重要支撑力量。与陆上设施不同，海洋工程装备远离岸上基础设施在海上作业，需要长期承受海上极端环境并且应对各类突发状况，具有技术复杂、持续工作能力强等特点。海洋工程装备制造业是高端装备制造业的重要组成部分，具有知识、技术、资金、劳动力密集的特点，成长潜力大、综合效益好。总体来说，海洋工程装备产业具备如下特征：

（1）多领域技术高度集成、产业链长

海洋工程装备涉及油气资源勘探开发、船舶及海洋结构物设计、海洋环境保护、海洋探测等多个门类,集信息、新材料、新能源等新兴技术于一体,多学科交叉,知识技术密集。海洋工程装备是平台结构、钻采系统、生产模块、处理系统、生活模块、系泊及定位系统、动力系统、海事设备系统、通信导航系统等众多系统的集成,需要使用造船、冶金、机电、纺织、化工、能源、采掘、新材料等多个产业的产品,技术高度集成,产业带动性强。

(2)与船舶产业高度相关

海洋工程装备产业与船舶产业在建造工艺、生产设施、生产流程、技术特点等方面存在高度相似性,海洋工程装备很多都在船厂进行施工建造。但二者在环境要求、系统构成、规范标准等方面也存在较大差异,特别是由于海洋工程装备主要服务于海洋油气开发,需满足勘探、钻井、采油、集输、环保、生产生活保障等多种需求,集成度和复杂性远高于船舶。海洋工程装备产业与船舶产业对比如表 1-7 所示。

表 1-7　海洋工程装备产业与船舶产业对比

相关性	差异性
生产设施:大型船坞、滑道、岸线资源、大型场地、起吊、切割、焊接设备等,造修船设施可直接用于建造海洋工程装备	工作环境:海工装备需适应更恶劣的海洋环境,装备的耐受性、安全性和可靠性均高于一般船舶
生产流程:均采用模块化制造、集成制造、总装制造模式	系统构成:海工装备要满足钻井、采油、集输、环保、通信导航、生活等需求,集成度和复杂性远高于一般船舶
技术特点:设计、制造技术类似,技术检验机构也均为船级社	规范内容:有专门的海洋工程规范,如平台、单点系泊、深潜器、高压设备建造与入级规范
理论基础:流体力学、结构力学等基础理论	设计标准:除相关船舶标准外,还有石化设计标准,如 API 美国石油学会、ASME、BS 英国标准等

(3)多品种、小批量、定制需求高

海洋工程装备面向海洋油气开发的调查、勘探、开发、生产、储存和运输、拆卸等阶段,各阶段都会使用不同装备,而且在同一阶段内根据不同的海洋环境条件、作业要求,也会使用不同的装备,这使得海洋工程装备呈现出多品种、小批量的特征。以钻井装备为例,自升式钻井平台主要面向 150 m 以内的浅水海域,半潜式钻井平台主要面向深水且海况恶劣的区域,钻井船主要面向深水且海况较好的区域,而在欧洲北海、挪威海以及北冰洋海域,还要使用特殊定制的钻井装备。

(4)高技术、高风险、高价值、高可靠性

海洋环境复杂恶劣,海上作业的难度和风险明显比陆上增加了许多,海洋工程装备的造价很高,尤其是深水油气开发装备,技术集成度高、设计制造周期长、过程控制复杂、可靠性和安全性要求高、资金投入量大,动辄数亿甚至十几亿美元。

(5)全球化竞争与寡头垄断并存

总体上而言,海洋工程装备产业与船舶产业一样,是全球竞争的产业,主要海洋工程装备客户是开放的和全球化的,均为国际油田服务商和石油公司。由于海洋工程装备多为大型海洋结构物,价值量巨大,技术复杂,且数量不多,海洋工程装备制造业的主要参与者相对有限,如当今世界海洋工程装备总装主要由韩国三星重工、现代重工和大宇造船,以及新加坡吉宝岸外海事和胜科海事五大巨头主导。

专题 1.4 现代造船工艺技术的发展

1. 民船制造工艺技术的发展

(1)近代造船工艺技术的发展

从历史发展过程看,世界商船先后经历了木质船和钢质船时代。在进入钢质船时代以后,在船舶制造工艺上又先后经历了铆接时期和焊接时期。

在19世纪前半期,世界商船主要以自然力(风力)为动力,以木材为材料。但是发生在18世纪的工业革命直接推动了造船业的迅速成长。钢铁材料在船舶建造过程中的广泛应用以及船舶动力的革命性变革——蒸汽机的使用和推广,推动了船舶性能质的飞跃。

20世纪20—50年代开始,造船业引进焊接技术,从根本上改变了传统造船工艺,是造船发展史上的一次飞跃。第二次世界大战后,船舶产量大增,船厂采用流水定位生产组织方法,以及总段、分段造船法。同时,将轮机工程与造船分开,船厂向总装厂方向迈出了第一步,船体加工实现了机械化,如感光投影号料、光电切割、高频弯管机,以及初步采用半自动焊和自动埋弧焊等。

20世纪60—70年代,由于石油工业的发展,船舶趋向大型化和超大型化,所有传统的造船国家一方面对原有船厂进行大规模技术改造,另一方面选址建设新厂。同时出现了机械化加工车间、生产流水线、数学放样、数控切割、管子加工线、半自动焊、CO_2气体保护焊、超大型船台和船坞、双坞门系统、大型龙门吊等工艺技术和装备。图1-44是国内某大型船舶企业的900 t大型龙门吊。

图1-44 大型龙门吊

20世纪70年代后半期到80年代,油船市场开始衰退,世界航运业陷入不景气的局面。但先进制造技术和工艺并未停止发展,如在工艺方面及生产过程控制中采用数控和计算机技术是最显著的变革,如有数控切割、等离子切割、数控成形、高效焊接、精度控制、预制预装、机械化和生产流水线、高效喷涂等工艺技术和装备的应用,以及数控绘图和材料成本管理等实现计算机化。图1-45为大型船舶数据切割设备。

图 1-45　大型船舶数据切割设备

20 世纪 90 年代,造船界由于计算机集成制造系统(CIMS)的应用而改变了造船模式。同时,精益生产、敏捷制造和并行工程等先进制造技术理念,以及激光、仿真、虚拟、机器人等高新技术不断应用于造船业,使得分道和区域建造技术向设计制造一体化、计算机集成化、生产自动化、柔性化和模块化以及虚拟现实制造等方向发展。图 1-46 为使用 VR 虚拟技术参与船舶生产与船舶设计过程。

图 1-46　VR 虚拟技术在船舶生产过程中的应用

21 世纪,人类进入了知识经济和低碳经济时代,制造业将向绿色智能制造和清洁生产发展。IMO(国际海事组织)和 IACS(国际船级社组织)已制订了一系列保护地球海洋环境的新规则,除了原有的敏捷制造和智能技术以外,造船技术将以节能、减排、降耗技术为中心,向轻量化、低碳化、无害化及全生命周期制造技术等绿色智能造船技术发展。近几年来,网络、人工智能、计算机、新能源、大数据、信息物理系统得到了广泛的应用和发展,这加速推进了造船智能化的整体进程,使得智能造船向绿色化、高效化、无人化的发展成为了可能。图 1-47 为我国自主设计建造的 30 万 t 超大型原油船(VLCC)“凯征”号,该船于 2019 年交船,已申请 CCS 智能航行、智能机舱、智能能效、智能液货管理、智能集成平台五项智能符号。

图 1-47 30 万吨超大型智能船舶“凯征”号

(2)我国造船工艺技术的发展

中国是世界上最早拥有船舶的国家之一,早在公元前 2500 年,中国就制造出了舟楫。春秋战国时期,出现了专门造船的船宫。秦代的海船、汉代的百尺楼船,都体现出中国古代造船的高超技艺。唐代船体已经开始采用先进的钉接榫合的连接工艺,甚至出现了斜穿铁钉的平接技术,大大增强了船体的强度。到了宋代,出现了可制造载重 200 吨以上的大船,当时许多外国人都用“世界上最先进的造船匠”来形容中国的造船工。

我国造船业有着辉煌的历史,也有着近代落后于世界的经历。新中国成立后,我国重建造船工业体系。中国船舶工业的发展几经曲折与徘徊,造船技术水平有了较大提高,特别是改革开放以来,更是取得明显进展。我国造船工艺技术的发展经历了三个发展阶段:

①造船技术导入期

20 世纪 50 年代开始,为苏联造船技术导入期。导入苏联造船技术,使我国造船技术顺利实现了由铆接工艺到焊接工艺、由散装法造船转变到分段建造法的历史性转变。与此同时,我国按照苏联模式建立和完善了中国船舶工业的科研设计、生产、教学体系。

新中国成立初的十年内,造船业的底子薄、基础差,造船生产基本上以手工操作为主,造船业明显属于劳动密集型产业。为适应国防和国民经济发展的需要,我国全面引进了苏联的舰船制造技术。1957 年,我国根据苏联提供部分散装及舰艇设备转让制造的木质鱼雷快艇、鱼雷潜艇、蒸汽动力护卫舰、柴油机动力猎潜艇、扫雷艇等 5 种型号舰艇仿制成功,并投入批量生产。与此同时,民用船舶建造也取得了长足进步,不仅建造了一大批长江和沿海运输船舶,还开始建造万吨级远洋干货船。由于焊接技术的大量采用,船舶建造由整体散装法很快发展到分段造船,由铆接工艺过渡到焊接工艺,由实尺放样发展到比例放样,并研制了光电跟踪切割机等。

②自主技术形成期

20 世纪 60 年代至 70 年代,为自主造船技术形成期。在此期间,我国从船舶设计、造船技术、工艺文件和标准的制订,到造船材料、设备配套等都立足国内,初步形成我国自主的造船技术体系。另一方面,又表现为“国外有的,我国也要有”的跟踪型研发,但起点不高。

1960 年至 1966 年,我国船舶工业积极贯彻“调整、巩固、充实、提高”的八字方针,消化吸收苏联造船技术,加强专业化协作,提高配套水平,并制定了一系列技术标准。同时建设新型舰艇和导航仪表等工厂,成功研制导弹快艇、中型护卫舰,并着手研制核潜艇。在此期间,大连成功建造了3艘万吨级货轮,新中国自行设计建造的第一艘万吨级远洋货轮“东风号”在上海成功交付(图1-48)。在工艺技术方面,开始应用数学放样和光学号料,并着手水火弯板、钢材预处理流水线、电印号料、CO_2气体保护焊的研制工作,同时开展改进船体建造工艺流程并在某些阶段的局部区域采用流水作业,如T型材装焊线等。这些措施使造船生产过程的半机械化、机械化水平由20世纪50年代的15%提高到30%。

图1-48　万吨级远洋货轮“东风号”

③开放技术研究期

20世纪70年代后期开始,为趋向开放式的技术研究期。其重要标志是造船技术的发展开始由单项工艺技术的研究向系统性、关键性的综合研究转变,由被动跟踪型向主动选择型转变。因而,较为有效地提高了造船技术的总体水平。

20世纪70年代初,建成了研制新型舰艇的渤海造船厂和黄埔造船厂,1971年中国自行研制的第一艘051型导弹驱逐舰服役(图1-49)。1974年我国自行研制的第一艘核动力潜艇091型攻击核潜艇完成试航并交付海军使用,为中国海军增加了战略威慑力量(图1-50)。在民船方面批量建造了7 500吨级沿海客货轮,并开始进军海洋工程装备,成功建造了国内第一座自升式海上石油钻井平台。

从20世纪70年代后期开始,船舶工业在对外开放政策的引导下,进入了大发展时期,造船工艺技术水平也有了大幅度的提升。在国家提出的“船舶要出口”政策的指示下,船舶总公司系统骨干船厂非常重视学习国外先进的船舶制造技术和管理经验。对口交流、引进来和派出去,有力地推动和促进了我国造船技术的进步。多家造船企业购置了先进、高效的平面分段流水线、预处理流水线、数控切割机、各类高效焊机,和包括大型三辊弯板机在内各种先进加工设备,并先后从美国和瑞典引进计算机软硬件技术,如瑞典KCS的TRIBON软件和DEC工作站等,同时借鉴日本、韩国和美国等船厂生产管理技术。船舶总公司于1995年启动了在八大船厂建立现代造船模式的进程,对船厂内的生产组织、计划管理和工艺流程等按成组技术原理进行重组和调整,使其能够按照国际规范和标准建造出口船舶,这不仅大幅提高了造船生产效率,还使出口船舶的技术性能和质量得到国际船级社和船东的好评。图1-51是1981年中国第一艘出口船“长城”号下水仪式。

图 1-49 051 型导弹驱逐舰

图 1-50 091 型攻击核潜艇

图 1-51 “长城”号下水仪式

④综合技术发展期

进入 21 世纪，中国经济进入快速发展阶段，综合国力持续加强，船舶工业得到超常规发展。在国内外船舶市场强大的需求拉动下，按船舶工业中长期发展规划，渤海湾、长江口、珠江口三大造船基地建设全面启动。随着外企和民营等大量资金投入船舶行业，以及江苏、浙江和山东等省地方船厂的崛起，中国造船能力快速扩张，已具有全面建成世界造船大国和强国的能力和基础，造船技术和工艺装备水平有了长足的进步。2002 年由大连新船重工有限责任公司为伊朗国家油船公司建造的超大型油船（VLCC）“伊朗德尔瓦”号，是我国自行建造的第一艘 30 万吨级 VLCC，该船的顺利交付确立了中国造船业世界一流的地位（图 1-52）。

2. 军船制造工艺技术的发展

军船经过多年的发展，特别是第二次世界大战后，舰艇的种类和数量不断增加，性能不断提高。在发展大中型水面舰艇和潜艇方面，美国、俄罗斯、中国、英国、法国、德国、意大利、荷兰、日本、西班牙和瑞典等国均取得了显著的进展，使舰船大家族增添了许多新成员，包括：弹道导弹核潜艇、攻击型核潜艇、核动力航空母舰、轻型航空母舰、核动力导弹巡洋舰、导弹驱逐舰、导弹护卫舰、小型导弹护卫舰、导弹快艇、水翼艇、气垫船、地效翼船，还有各种攻击登陆舰艇、猎雷舰艇和航天综合测量船等都是这一时期出现的新型舰艇。进入新世纪以来,各种新概念舰艇更是层出不穷。

图 1-52 超大型油船“伊朗德尔瓦”号

航空母舰是迄今最大的水面舰艇。目前,中国、美国、英国、法国及俄罗斯在新一代航母的研制中,在船体建造技术方面均采用总段、区域和模块化建造技术。在舾装技术中广泛采用预舾装和区域模块化舾装技术,机舱 CAD/CAM 集成系统实现三维建模,并辅以虚拟仿真技术。同时,建造中采用了先进的精度控制、激光检测、高效焊接和绿色涂装等技术。

在众多舰艇中,潜艇的发展尤为突出。中国、美国、俄罗斯、德国、瑞典等造船先进国家在潜艇建造中均已实现了潜艇总段建造或潜艇模块化建造,主要以“分道作业”为特征的区域模块化建造法取代传统的系统导向建造法。号称 21 世纪最先进的“海狼”级核动力潜艇是由美国通用动力公司电船部和纽波特纽斯船厂采用区域模块化建造法建造的。区域模块化建造法是按照船的区域而不是按照船的系统将船分成许多模块,以模块为建造单位在车间内组装建造。区域建造法的最大优点在于能更好地组织工件流动和平行作业,最大限度地提高预舾装率。

3. 我国船舶工艺技术现状

新中国成立后,我国现代船舶建造业较以往已经有了很大的进步,一些先进的技术和科学的管理理念被应用到船舶建造中,大中型骨干船厂的船舶制造工艺在引进国外先进技术的基础上,结合造船的生产实践,经过总结改进和不断创新,在国际上基本上达到了中上游的水平。

我国于 20 世纪 80 年代从美国引进了“造船成组技术”理论和日本的造船生产设计方法,对船体分道建造技术、预舾装技术、精度控制技术、高效焊接技术等进行了初步研究与应用,分别取得一定效果。但造船整体技术水平按国际划分目前仅达到 3 级左右(共分为 5 级)的水平,即建造方式由“分段制造”向“分道制造”阶段过渡,船厂生产类型由劳动力密集向设备密集发展。目前,一些大型骨干船厂实施分道建造,平面分段和曲面分段分别在不同的车间内建造,形成部分中间产品分道建造,管系和铁舾件预舾装率为 85%左右。造船机械化、自动化率达 65%。船体分段无余量制造率达 70%以上,分段无余量上船台为 95%以上。船舶分段区域涂装和管件族制造技术仅在大型骨干船厂有所应用。

由此可见,我国造船技术水平已有了较大进步,但各项关键技术的衔接协调较差,某一单项先进技术获得的高效率被其他环节的低效率所抵消，工艺集成度有待提高。

(1)船体分段建造技术

目前，国内大型骨干船厂都先后引进了国外平面分段流水线，虽然机械化程度相当高，但还不是全自动化和流水生产型的。与国外先进平面分段流水线存在的主要差距是国内船厂的平面分段流水线尚未采用机器人，少数采用先进的单板自动装焊设备和高效率的多联纵骨自动双面角焊装置等技术设备，但还没有达到国际最先进水平。国内的曲面分段仍然采用手工装焊，周期长、效率低，国外已研制成标准曲面分段流水线，有些曲面分段的装焊已应用了机器人，国内外差距相当大。

(2)预舾装、单元舾装技术

日本从20世纪60年代就开始应用预舾装技术，目前已将部分铁舾件在中组立阶段装妥并跟踪涂装，同时预舾装范围不断扩大，并且还发展了“盆舾装”和“立体舾装法”，设备安装采用单元和模块方式，以及复合技能工种制，其预舾装率达90%以上。韩国正在进行预舾装能力改造，增大起吊能力、配置集配和总组场地。目前苏伊士(Suezmax)型油船的油舱分段预舾装率达100%，机舱分段预舾装率达80%。美国和欧洲一些造船国家广泛采用预舾装标准单元和模块舾装技术。

20世纪60年代至70年代，国内一些主要船厂先后尝试管系预舾装，采用“综合放样”、预制预装和一些小单元组装。80年代，船厂推行生产设计，开始区域舾装技术研究。目前，在各大船厂，分段、总段舾装、单元舾装等技术得到一定的应用，但预舾装率与国外先进船厂相比尚有差距。

(3)精度控制技术

国外先进造船国家，如日本、韩国、德国的造船企业在船体建造精度控制方面均达到很高水平。有的船厂已经做到从下料直到大合拢，实现无余量制造，并已从船体扩展到舾装、管系，达到了全方位无余量制造。

国内精度控制技术已开展多年，部分船厂精度控制已基本达到内部构件无余量下料，船舶主尺度能有效控制在误差标准范围内。

(4)焊接技术

国外先进造船国家焊接机械化自动化发展和应用迅速。首先是水平角焊全面实现机械化自动化，平面分段采用大型专用自动化焊接设备，实施流水线生产方式。其次，小构件采用自动化CO_2门架式焊接机器人群，而船台(坞)合拢采用全位置自动焊接装置。目前日本先进船厂焊接机械化自动化率已达90%以上。国内焊接机械化自动化率仅为65%，与国外差距较大。

(5)除锈、涂装技术

国内先进船厂与国外船厂相比，仍存在效率低、100%的二次涂装等问题，如：船舶涂料的消耗多于先进造船国家20%~30%，工时消耗为先进造船国家的3~4倍。这与国外拥有性能优良的抛丸预处理技术和二次涂装设备是分不开的。近几年来，国外抛丸预处理技术发展很快，采用了许多先进技术，如采用弯曲叶片取代直叶片，使其在同一转速下，抛射速度更高，并且在最低成本控制下，有最高的抛丸效率，具有节省能源、减少损耗、维护成本低、使用寿命长等优点。其叶片轴承在严重不平衡状态下寿命可以达到10万h，且噪声低。此外，在流水线上还采用了大量的自动测控系统，采用微机全自动控制技术，甚至可做到漆膜损伤自动修补。抛丸量控制采用五轴数控技术，从各个角度可以抛射，提高了抛丸处理质量。在分段涂装技术方面，日本、韩国，还有欧洲一些先进船厂都有功能完善的大型喷砂和涂装房，其对房内的环境温度、湿度、粉尘、漆雾等环保技术控制得很严格，可以全天候喷涂作业。美国和德国在军舰维修中，还建有封闭的、具备良好环境技术的专用工作房。

船舶舾装件的二次除锈工作量大，是生产中的一个关键所在。目前日本采用自动喷丸机对舾装件和管子进行自动喷砂的除锈方法，其除锈质量和除锈效率均较高，并可显著减轻劳动强度和对环境的污染。

此外，一些造船发达国家正在进行有关船体舷侧部除锈涂装机械化的试验研究。不久前，波兰海洋工程工艺设计研究所就成功研制出一种机械化的除锈装置，它可以沿着浮船坞的甲板移动，对船舷进行除锈作业。稍做调整，该装置即可用来进行涂装。该装置采用模块化系统结构，可根据除锈方法、船型及船坞的尺寸进行安装与调节，以达到理想的除锈、涂装效果。该装置使用方便，可大大降低工人的劳动强度。

(6)船体曲板自动化加工技术

国外早在20世纪70年代就开始了水火弯板自动加工技术和装备的研究。美国研制了用激光作为热源的简易自动水火弯板机。欧洲如西班牙、意大利、丹麦等试制过自动水火弯板设备，韩国汉城大学研制出了自动水火弯板加工系统。日本，在水火弯板加工计算机软件和自动化加工装置的研究方面取得了很大成功。国内已成功开发水火弯板加热信息及各种工艺参数的计算机专家系统。目前，软件已可用于实际生产。为了实现弯板加工的自动化，国内在计算机软件研究成功的基础上，已开始进行数控线加热弯板自动加工系统技术的开发和试验。

专题 1.5　成功人士启示

成功对每一个人来说，都是一件幸运的事，但成功也不是每个人都能获得的。要成功需要有一条漫长的路要走，在这期间是要经历许多挫折的。要获得成功必须先经历挫折，因为科学上的每一个真理都是在经历无数次的挫折和失败后才得出来的。挫折孕育着成功，而前提是坚定的信念和勇往直前的精神。

1. 匠心造航母的大国工匠——戴振涛

2019年由中华全国总工会举办的“大国工匠年度人物”发布活动，大连船舶重工集团有限公司军品总装二部钳工班长戴振涛获评2019年“大国工匠年度人物”(图1-53)。

十多年前，戴振涛接到了中国第一台航母阻拦机的安装任务。整整十年，反复地测量、计算、调整，这些枯燥单调的数据成了他最重要的工作。十年时间换来了上百万的数据，这个数据库是安装航母阻拦机最重要的支撑。

我国的第一艘航空母舰“辽宁舰”如今正在服役，航母阻拦机是一个帮助舰载机着舰的装置，就是用一根钢索拉住正在降落的舰载机。舰载机着舰时为了确保可以随时复飞，都是加速降落的。因此，要在三秒内将重达20多吨、时速高达250千米的舰载机在200米的甲板上停下来，阻拦机至关重要。

图 1-53 大国工匠戴振涛

如果把阻拦索想象成弹弓上的皮筋的话,阻拦机就是固定皮筋的弹弓底座。然而阻拦索的材质却不像皮筋一样可以伸缩,它要靠阻拦机中的导轨来帮它实现像皮筋一样的缓冲和拉力作用。如果导轨运行时发生一点不顺畅的情况,就可能导致严重事故。

航母阻拦机是一个占据了整个船尾的大型设备,每一根导轨都有数十米长,都必须达到每米水平精度不超过"一根头发丝六分之一"的误差。在设计图上,戴振涛标记出了最基础的数十个安装点。数十米对应头发丝的六分之一,要达到如此苛刻的精度要求,就必须通过拉线测量来实现。

由于阻拦索对导轨受力要求不均匀,所有受力节点都会有不同的数值。要达到精度要求,戴振涛在每一个安装点上都必须统筹考虑整个平面、直线、对称度和水平度,这就需要大量的测量数据做支撑。

为了得到最准确的数据,每次测量需要两小时,每天测量至少七次,其中还有两次测量只能在温度相对恒定的凌晨进行。时间换来了上百万的数据,这些数据是安装阻拦机最重要的支撑。接下来他还要进行大量复杂的运算,才能找到一个精确的安装参数,再根据这个参数利用垫片进行精度调整。

原本作为钳工的戴振涛,这十年时间,却更像是一位数学家,埋头扎进了一堆堆的数据中。研磨零件不再是他的主要工作,测量、计算、调整,再测量、再计算、再调整,这些枯燥单调的数据才是戴振涛最重要的工作。

2012 年 11 月 23 日,歼 15 战斗机第一次在辽宁舰的甲板上被阻拦索稳稳拉住,成功着舰。中国海军航空兵从此在我国首艘航母上安营扎寨,拥有舰载机战斗力的辽宁舰从此成为真正意义上的航母。

戴振涛说:能参与航母建造也是一生最值得骄傲的一件事情。良工方能成为巧匠,十年日复一日,不怕枯燥、不怕单调、恪尽职守、精益求精,铸就了工匠精神。一个国家、一个民族的发展,离不开各行各业劳动者的共同推动。也正是有许许多多像戴振涛这样的人,在平凡的岗位创造非凡的业绩,为中国制造高质量发展保驾护航。

2. 造岛神器设计师——何炎平

精卫填海,是中国上古神话传说之一,体现了华夏民族意志坚决、不畏艰难、锲而不舍的民族精神。今天,中国的工程师们建造了填海造陆的神器,正在让精卫填海的神话故事变成现实。

何炎平是上海交通大学船舶与海洋工程设计研究所所长,他带领团队研发设计了大型海上挖泥船“天鲸”号和“天鲲”号,被授予了“船舶设计大师”荣誉称号(图 1-54)。船舶设计大师是船舶与海洋工程设计科学技术方面的最高学术称号,为终身荣誉。

图 1-54　船舶设计大师何炎平

公元 2000 年之前,我国的大型挖泥船还是主要依靠从国外引进。而现在,我国不仅可以造出亚洲最大、最先进的绞吸挖泥船,而且整个中国的疏浚装备正在实现从中国制造到中国创造的转变。这个转变来自何炎平等数位中国船舶工程师不懈的努力。他不仅深度参与了系列大型挖泥船的自主研发,更见证了中国疏浚装备的崛起。

何炎平出生在湖北的一个农村,自己家里曾经先后有过好几艘木船,小木船不仅是儿时美好的回忆,也是他对船的最初印象。当年高考,他坚持填报了上海交通大学船舶与海洋工程系船舶工程专业。

大国重器打破国际垄断。2002 年,上海交通大学开始了海上大型绞吸挖泥船的研制,何炎平负责的是挖泥船的总体设计和专业疏浚设备技术协调工作。此前,国内尚无大型绞吸挖泥船的建造先例。何炎平所在的上海交大船舶设计研究所团队完全实现了绞吸挖泥船设计制造国产化并获得自主知识产权,为我国疏浚技术发展和远海开发战略提供强大的技术支撑和智力支持。

2004 年,国内首艘自主设计、自主建造的大型绞吸挖泥船“航绞 2001”建成,这为中国自主设计建造大型先进绞吸船积累了宝贵经验,也揭开了中国自主设计建造的序幕。

2010 年,由何炎平带领团队设计的“天鲸号”自航绞吸挖泥船(图 1-55),装机功率、疏浚能力均居当时的亚洲第一、世界第三,是当时世界上最大的三艘自航绞吸挖泥船之一,技术先进性和结构复杂程度在世界同类船舶中位居前列。2019 年 3 月,更强大的“天鲲号”正式投产,“天鲲号”船长 140 m,型宽 27.8 m,型深 9 m,设计吃水 6.5 m,挖深范围 6.5~35 m,设计每小时挖泥 6 000 m^3。“天鲲号”融合了当前世界最新科技,装配了当前国际最先进的自动控制系统,泥泵输送功率达到 17 000 千瓦,为目前世界上最高功率配置,最大排泥距离 15 000 m,泥泵远程输送能力居世界首位(图 1-56)。到如今,中国年疏浚量已超 16 亿 m^3,已经成为少数几个能够自主开展大规模吹填造陆和航道疏浚工程的国家之一。

图 1-55　“天鲸号”自航绞吸挖泥船

图 1-56　“天鲲”号自航绞吸挖泥船

虽然取得如此巨大的成就，何炎平却淡然地说：“这对我们来讲好像有点理所当然，其实不仅仅是疏浚装备行业，在很多其他行业也都有这样的表现，从大环境而言，国家非常重视知识和人才培养，重视综合国力的增加。当然，大家也是恰逢其时地尽了自己的努力。”

3.“蛟龙”探海首席潜航员——叶聪

“上九天揽月，下五洋捉鳖”，挑战深渊极限、探索深海世界，是人类千百年来的梦想。2020 年 11 月 19 日，由我国自主研制的全海深载人潜水器——“奋斗者”号成功坐底马里亚纳海沟 10 909 米深处，这是世界同类作业型潜水器最大下潜深度纪录（图 1-57）。在逐梦深蓝的路上，中国人又“潜”进了一大步。

叶聪，1979 年 11 月出生于湖北黄陂，毕业于哈尔滨工程大学船舶与海洋工程专业。2001 年进入中国船舶重工集团公司第 702 研究所工作，是“蛟龙号”载人潜水器首席潜航员、“深海勇士号”载人潜水器副总设计师、全海深载人潜水器总设计师，是我国载人深潜领域潜航员专业的开拓者和创始人。以他为代表的深潜团队献身国家深海事业，为锻造大国重器、实现“海洋强国梦”忘我奉献。

图 1-57　全海深载人潜水器“奋斗者”号

2018 年,党中央、国务院授予叶聪同志“改革先锋”称号。2021 年,中共中央授予他“全国优秀共产党员”称号。

叶聪是“7 000 m 载人潜水器”总布置主任设计师、质量师、建造师,也是潜航员教练,2005 年,叶聪参加中、美两国联合深潜活动,完成两次 2 200 m 深度的下潜任务,成为深潜领域的第一个中国人,亦成为中国载人深潜领域潜航员专业的开拓者和创始人(图 1-58)。

图 1-58　“蛟龙号”首席潜航员叶聪

2003 年,年仅 24 岁的叶聪被任命为“蛟龙号”总布置主任设计师,他成为该项目最年轻的主任设计师。那时,深潜在国内是空白,这个技术当时在国外也是封锁的,我们只有从一些外国的影视资料中学习。

2007 年 9 月,“蛟龙号”从图纸变为了现实(图 1-59)。“蛟龙”号研制成功后,作为主创设计人员的叶聪又担任试航员,2010 年 7 月 13 日,叶聪在南海成功试潜 3 795 m,从而被称为“中国首席潜航员”。“蛟龙”号先后深潜 42 次,其中 38 次由叶聪担任主驾驶,他被称为“最牛潜航员”。而不为外人所知的是,叶聪不仅是中国最年轻的载人潜水器主任设计师,潜水器最重要的设计图纸、每个设计阶段的潜水器总图也均出自他手。他还成为中国潜航员培训的主要教官。

图 1-59 深海潜水器“蛟龙号”

2011 年 7 月 25 日,叶聪驾驶着深海潜水器“蛟龙号”,首次向 5 000 m 深度大关挺进。2012 年 6 月 27 日,“蛟龙号”在进行的 7 000 米级海试第 5 次下潜试验中,最大下潜深度达到 7 062 米。本次下潜试验于北京时间 27 日 5 点 05 分开始,11 点 47 分,潜水器到达 7 062 米深度海底。下潜试验全程历时 695 分钟,进行了标志物布放、测深测扫等作业。

2016 年,我国又成功研制出第一台拥有自主知识产权的 11 000 m 级载人潜水器“奋斗者”,这使我国到达万米深海探索的人次、累计作业时间跃居世界第一。

在科研管理工作之余,叶聪也肩负好自己的社会责任,在大中小学、图书馆、科技馆等各类场合进行多次海洋科技科普讲座。在他看来,“能够增进社会大众对于海洋科技的了解,在学生、青年中播撒下‘蓝色海洋梦’种子,这也是船舶科技工作者义不容辞的使命!”

4. 深海钻井平台总设计师——沈志平

南海拥有丰富的油气资源,原油总储量 300 亿 t 以上,平均水深 1 140 m,石油资源量约占我国油气资源总量的三分之一,被誉为第二个波斯湾。以前因国外技术封锁以及国内自身深海装备制造条件不足,中国南海一直处于能源开采禁区。

沈志平,“海洋石油 981”的总设计师,就是这个看起来极其普通的上海男人与他的同事们,曾描绘了“海洋石油 981”这一重大深海油气资源开发装备的蓝图。

“海洋石油 981”深水半潜式钻井平台是中国首座自主设计、建造的第六代深水半潜式钻井平台(图 1-60)。平台于 2008 年 4 月 28 日开工建造,2012 年 5 月 9 日在南海海域正式开钻,是我国首次独立进行深水油气的勘探,标志着我国深水采油技术迈出了实质性的步伐,2014 年 8 月 30 日在南海深水区测试获得高产油气流,是中国海域自营深水勘探的第一个重大油气发现。

沈志平出生在上海一个普通工人家庭,他是恢复全国高考后的第一届大学生。1982 年毕业后进入科研单位“708 研究所”的第一件事,就是跟着设计总师绘制“勘探三号”半潜式钻井平台绝缘排料图。这培养了他扎实的舾装设计功底,也对后来他从事总体设计极其有益。

然而,在“海洋石油 981”面世前,中国海上钻井平台最大水深仅 505 m,而发达国家早已到 3 000 米。当时世界上的半潜式钻井平台已经发展到第六代,而我们却较长时间没有新的突破。2002 年,沈志平作为“新型多功能半潜式钻井平台”科研项目负责人,由此进入深海半潜式平台的研究领域。借着这个契机,他得以加入后来的“海洋石油 981”项目。

图 1-60 “海洋石油 981”深水半潜式钻井平台

“海洋石油 981”的甲板可变荷载刷新了世界纪录。包括钻杆、管套、隔水套管、泥浆等围绕钻井作业的各种器材的荷载能力,当时的世界水平是 8 000 t,基于各种考量,最终实际荷载实现了 9 000 吨,也是世界前列水平。

南海海域的风浪环境条件相比世界其他中等海况海域更为恶劣。之前世界上的深海半潜式平台还没有考虑过南海这样的特定环境条件。基于南海的特殊而复杂的海况,“海洋石油 981”考虑的是 200 年一遇的台风条件,这样对结构、稳性设计等要求更高。

沈志平接受采访时说,世界上类似的平台有 100 多座,但无一在服役时还要考虑抵御人为的干扰和攻击。在南海权益之争的背景下,“海洋石油 981”已经变成了“政治明星”。捍卫南海主权、开发南海油气资源需要更多的“海洋石油 981”。沈志平坦诚,自己是一个普普通通的技术人员,当然要为国家的事情出力。

5.“中国核潜艇之父”——黄旭华

黄旭华,中国工程院和中国科学院两院院士,中国核潜艇总设计师,是中国首批获得工程院院士称号的科学家(图 1-61)。一生致力于中国核潜艇研究和开发,创造了中国核潜艇史上的无数个第一,有“中国核潜艇之父”之称。

图 1-61 中国核潜艇总设计师黄旭华

黄旭华院士是著名船舶专家、核潜艇研究设计专家。1949 年毕业于上海交通大学船舶制造专业。1994 年当选为中国工程院院士。他从事核潜艇研制工作 30 多年，为中国核潜艇事业的发展做出了重要贡献。在核潜艇水下发射运载火箭的多次海上试验任务中，他作为中国核潜艇工程总设计师、副指挥，严格执行上级指示，处理了许多重大技术问题。他参与完成的中国第一代核潜艇获 1985 年国家科学技术进步特等奖，导弹核潜艇获 1996 年国家科学技术进步特等奖。他于 1989 年被授予全国先进工作者称号，2019 年被授予共和国勋章，2020 年获国家最高科学技术奖，2020 年 12 月入选 2020 中国品牌人物 500 强。

黄旭华 1924 年出生于广东海丰县一个乡医之家，原名"黄绍强"。1941 年夏初，黄绍强经兴宁、越韶关、奔坪石、掠湘南，经过整整两个月终于在 8 月初抵达桂林，并顺利通过桂林中学的入学考试，并改名"黄旭华"，取自"旭日荣华"。1944 年，黄旭华几经辗转到了重庆，进入国民政府为流亡学生开办的大学特设先修班。1945 年，黄旭华被保送到中央大学航空系，接着又以第一名考上国立交通大学。1949 年，黄旭华毕业于交通大学造船系，成为中共预备党员。1954 年，被选送参加苏联援助中国的多型舰船的转让制造和仿制工作。1958 年，任核潜艇研究室副总工程师。1966 年，黄旭华和一批技术人员进驻辽宁的葫芦岛。1970 年，他主持设计的中国第一艘核潜艇"长征一号"正式列入海军战斗序列。1983 年，他被任命为第一代核潜艇的总设计师。

当年作为中国第一代核潜艇参研人员，大家只参加过苏制常规潜艇的仿制工作，至于核潜艇是什么样的，谁都没见过。没有 90 cm 厚钢材的加工设备，潜艇专用的特殊钢板的研制工作也没有开始，直到中国第一颗原子弹的成功爆炸才解决了核动力问题。

黄旭华带领设计人员搞出了比常规流线型潜艇水下阻力更小的水滴形潜艇，同时解决了核潜艇的操纵性问题。从 1970 年到 1981 年，中国陆续实现第一艘核潜艇下水、第一艘核动力潜艇交付海军使用、第一艘导弹核潜艇顺利下水等目标，成为继美、苏、英、法之后世界上第五个拥有核潜艇的国家。1988 年，中国核潜艇水下发射运载火箭试验成功，又成为世界上第五个拥有第二次核报复力量的国家。

1988 年初，核潜艇按设计极限在南海作深潜试验。黄旭华亲自下潜水下 300 米，指挥试验人员记录各项有关数据，并获得成功，成为世界上核潜艇总设计师亲自下水做深潜试验的第一人。

长期以来，黄旭华不能向亲友透露自己实际上是干什么的，也由于研制工作实在太紧张，从 1958 至 1986 年，他没有回过一次老家探望双亲。直到 2013 年，他的事迹逐渐"曝光"，亲友们才得知原委。他隐姓埋名三十年，家人遭难他未能照顾、父兄逝世他没有送行，困窘批斗不堕其志、委屈误解不鸣其冤，舍小家顾大家，终以其铸就的国之重器换来家人的理解和敬佩。

感动中国予其的颁奖词为：时代到处是惊涛骇浪，你埋下头，甘心做沉默的砥柱；一穷二白的年代，你挺起胸，成为国家最大的财富。你的人生，正如深海中的潜艇，无声，但有无穷的力量。

许身深潜科研报国，为祖国做贡献而默默无闻的人，祖国和人民不会忘记。黄旭华寄语青年一代——高精尖是买不来、求不来的，只能立足国内、自力更生。他希望年轻人勤于奋斗，勇于创新，敢于担当，百尺竿头，更进一步。

模块一思考题:

1. 简述你所了解的中国船舶工业发展历程。
2. 简述你所了解的全球船舶工业发展历程。
3. 船舶建造技术与普通机械大类的其他专业技术相比,有何不同点?
4. 简述船舶制造业在国民经济发展中所处的地位和作用。
5. 船舶是如何进行分类的?
6. 谈谈日常生活中,你所了解的民用船舶产品。
7. 谈谈日常生活中,你所了解的军用船舶产品。
8. 谈谈日常生活中,你所了解的高性能船舶产品。
9. 结合实际谈一谈船舶工业所涉及的主要技术。
10. 海洋工程装备主要包括哪些产品?
11. 海洋工程装备制造有哪些产业特征?
12. 现代船舶工业的发展趋势有哪几个方面?
13. 船舶行业发展影响因素有哪几个方面?
14. 成功人士的成长经历和现状给你什么启示?

模块 2　船舶专业认识

德育导学：

大国重器，中国首制大型豪华邮轮横空出世

2021 年 10 月 18 日，在上海外高桥造船邮轮专用船坞内，随着船体最后一块拼图雷达桅吊装完成，中国首制大型豪华邮轮在开工两周年之际实现全船贯通。国内造船企业打造出又一大国重器，中国首次制造的大型邮轮横空出世，按计划这艘邮轮将在 2023 年 9 月底交付。

大型豪华邮轮被誉为造船工业“皇冠上最耀眼的明珠”，是我国目前唯一尚未攻克的高技术、高附加值船舶产品。大型邮轮建造是一个巨大的系统工程，其技术更复杂、设计建造要求更高，风险和挑战更多，直接体现了一个国家的综合科技水平和综合工业能力。中国首制大型邮轮零部件数量达到 2 500 万个，相当于 919 大飞机的 5 倍、“复兴”号高铁的 13 倍。这是一个巨大的系统工程，要严格管控每个细节，所有上船的材料设备都要称重，并且船上产生的建造废料在带下船前也要称重，因为稍许误差就有可能影响邮轮平衡，进而威胁数千名游客和船员的生命安全。

目前大型豪华邮轮的建造仍被垄断在欧洲造船企业手中。面对重重挑战，从零起步的中国首制大型邮轮走的也是开放合作的路。全球最大的豪华邮轮建造商意大利芬坎蒂尼集团已经与中国船舶工业集团有限公司达成合作，双方共同推进中国首艘国产大型邮轮的建造进程。而中国方面也是开足马力，全力以赴进军邮轮建造市场——中国政府已将邮轮建造列为制造强国战略的一项重要内容，首艘国产大型邮轮的建造任务则由中船集团所属上海外高桥造船有限公司承担。按照全球造船业产能转移的规律，结合中国目前的造船实力，不禁令人设想，借鉴国外经验，中国将会一步步主导邮轮建造市场，逐步成为全球商船建造强国。

2018 年 11 月，中船集团与美国嘉年华集团、芬坎蒂尼集团合作设计建造“2+4 艘”13.5 万总吨 Vista 级大型邮轮合同正式签署，标志着中国大型邮轮工程进入正式实施阶段，首艘邮轮计划于 2023 年 9 月交付。目前，芬坎蒂尼集团与上海外高桥造船有限公司正在紧锣密鼓地推进邮轮建造工作。

在芬坎蒂尼与中国船企的合作中，核心技术的转让是个绕不开的话题。对此，欧洲方面已有担忧：若芬坎蒂尼向中国输出、转移豪华邮轮建造技术，助力中国进入豪华邮轮市场，则可能威胁欧洲船厂在该领域的主导地位。众所周知，豪华邮轮的设计理念、建造工艺、运营管理等与普通商船存在较大差别，设计建造难度极大，需要企业具备严格的管理能力、前沿的研发设计能力和精湛的建造工艺，欧洲船企也是经过长期发展才取得了豪华邮轮市场的主导地位。在中国船企之前，日本三菱重工曾经尝试建造豪华邮轮，但终以巨额亏损收场。

自世界造船重心从欧洲转移至亚洲后，韩国和中国逐步崛起超过日本，成为主要的造船大国。经过多年的发展，中国造船实力突飞猛进，能够建造除豪华邮轮以外的任何船型。

芬坎蒂尼则看中了蓬勃发展的中国邮轮市场，有意在中国布局豪华邮轮建造产能。在此情况下，双方加强合作、携手共进，有朝一日中国船企崛起成为豪华邮轮建造市场的又一大主力，也并非不能成为现实。

我国船舶工业自新中国成立以来，经过70多年的建设发展，特别是改革开放以来，国家确立“建设世界第一造船大国”的战略目标，实现了超常规的跨越式发展，已经成为世界上最主要的造船大国，建成世界造船强国的目标不久定将成功实现。在建设造船大国和造船强国的进程中，科技创新和引领起到了决定性的作用。而造船工艺技术更是造船能力大幅提升、造船效率大幅提高的决定性因素。

专题 2.1　现代船舶建造工艺流程

1. 船舶总体建造程序

船舶建造是一项复杂的系统工程。它需要根据船舶产品性能和特点，结合船厂的实际工艺装备水平和生产环境等客观因素，制定建造方针或大纲，组织管理计划，落实主要工艺措施及目标，并且要确保在规定的时间内或者最短的时间内建造出符合技术标准、成本较低、质量较好的各型号的船舶，从而使船厂在保证船舶质量的前提下获得更高的利润。

船舶建造工艺流程

各船厂因管理体制和生产规模不同，其部门职能划分也不可能完全相同，每个企业在船舶建造过程中会有不同的工艺特点，但船舶总体建造程序大致相同。具体来说，船舶总体建造程序可划分为承接业务、报价决策、合同谈判、生产技术准备、船体建造、水下安装调试、试航交船、完工总结和售后服务九个阶段，如图2-1所示。

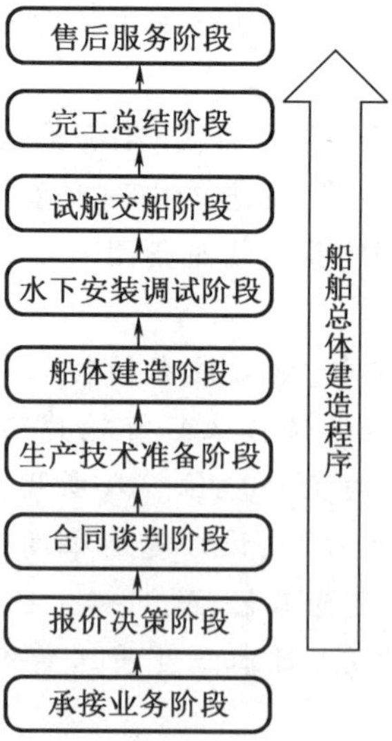

图2-1　船舶总体建造程序

(1)承接业务阶段

承接业务是船舶企业获取经营利润的基本保证。船厂的生产部门会根据场地、人员、设施、物流、环境等因素制订年度滚动生产计划,并据此制订年度接船指标;经营部门接受船东询价,并进行初步报价,编制报价表;经济师根据船厂的生产能力、设计能力、资产状况、财务状况、质量状况等各项指标对船厂的接受能力进行预测和评审。

(2)报价决策阶段

报价决策是船舶企业合理经营的关键步骤。经营部门根据设备厂商表进行设备询价,为二次报价做准备;设计部门针对设计要求与船舶设计院或设计公司进行洽谈;物资部门针对主要设备和原材料与厂商进行洽谈;质量管理部门就船检费与相关单位进行洽谈;经济师根据以上前期准备的资料对建造成本进行估算;经营部门根据报价资料编制二次报价表,最终呈报总经理审定生效,经营部门据此对外进行报价。

(3)合同谈判阶段

通常,船舶企业由总工程师对技术文件进行审核,并联合设计部门组织技术谈判,签订主要设备技术协议;总经济师对商务文件进行审核,并联合物资部门组织商务谈判,签订主要设备商务合同;财务部确定保函的基本格式;设计部门根据技术谈判的结果编制相关技术文件,与船舶设计院或设计公司预谈委外设计合同;经营部根据商务谈判的结果编制相关商务文件,组织总经理、总经济师、总工程师签订船舶生效合同和技术规格书,提交主要设备资料给船东确认,并对外发布合同生效通知;经营部门和设计部进行合同交底和技术交底;总会计师根据合同交底和技术交底资料编制财务预算表,呈报总经理批准。

(4)生产技术准备阶段

总工程师根据技术攻关项目确定技改负责人、实施方案和时间;总会计师对项目成本费用进行分解,下达成本指标,形成财务用款计划;项目经理对生产负荷进行平衡后编制单船大节点及设备纳期表;物资部门根据单船大节点组织全船的物资订货供应计划;生产部门编写建造方针,设计部门据此开始生产设计并制订供图计划;项目经理根据以上资料安排生产计划,安保部门据此制订安全生产措施,质量管理部门据此制订产品质量标准和质量控制点;项目经理确认开工条件;生产副总对生产前的准备工作进行审定后,下达开工令。

(5)船体建造阶段

设计主办确定船厂试验项目(如焊接试验、压模试验、管系焊接试验等),编制专项工艺给船东认可(如管系设计、加工、安装工艺、涂装工艺等)并编制设备进舱顺序图;单船负责人下发主要材料预估单,设计工作全面开始,同时下发详细的材料订货清单至物资部门;设计部门按照供图计划将图纸及材料下发至各生产车间;各生产车间根据设计部提供的图纸和材料按照生产计划组织生产;坞内项目总监和水下项目总监对下水状态进行检查和考核;水下项目总监制订船舶离厂前状态标准。

(6)水下安装调试阶段

项目经理部制订质量控制点标准;发电机与集控室进行系统安装;轴系校中完毕,进行应急发电机试验;舱盖系统、锅炉、辅机安装调试;分油机试验、甲板机械试验;居室内装、特种涂装、冷藏系统试验、封舱交验完毕;设计部编写系泊试验大纲;主机试验完毕,主机动车完成;机舱涂装、通导设备调试,内装、家具等安装完毕;项目经理部安排倾斜试验;设计部门准备稳性试验报告及装载手册认可。

(7)试航交船阶段

设计部门编写航行试验大纲;办理试航期间所需相关证书;水下项目总监负责试航准

备和编写试航大纲;项目经理部负责离厂前状态检查;项目经理部安排海上航行试验;试航回来后遗留工程扫尾(含船东意见处理);项目经理部核实工程项目清单;设计部门交完工图纸、工文件和完工资料给船东;物资部门提供质量保函出口核销单;经营部门与船东签署交船条款,交船。

(8)完工总结阶段

项目经理部编写交船完工总结,提交审查批准;水下项目总监对生产、质量、安全、成本、卫生进行总结分析;设计部门编写建造完工总结;总经济师、总会计师编写经营、财务总结分析,提交总经理审查批准;船舶完工,财务部门进行结算。

(9)售后服务阶段

财务部门负责收汇、还贷、出口核销、出口退税,并进行单船完工成本分析;物资部门编写单船物资管理总结;设计部门对底图进行修订并归档。

2. 船舶工艺技术

船舶工艺技术是指船舶建造中所采用的各种方法、技艺和过程等的总称。是船舶建造过程中采用的作业方法、操作技艺和流程的集成,是最终决定船舶性能、质量可行性和经济可承受性的关键因素,更是提高造船生产效率、促进造船生产向集约化及内涵式增长发展、提升船舶工业国际竞争力的重要支撑和基础。

随着现代科学技术的不断发展,造船工艺已成为一门系统性的学科。现代造船工艺以经济、合理、安全、高效为原则,广泛应用先进技术与成果,并与科学管理和信息技术深度融合,以达到多快好省地建造船舶的目的。不同类型的船舶,其建造工艺也不相同。往往是一代工艺、一代产品,不同的产品催生不同的工艺,而不同的工艺保证了不同船舶产品被成功制造出来。各个船厂由于船台、船坞、起重等设备能力上的差异,采用的造船工艺也有差别。造船工艺直接关系到造船的质量、周期和成本。

船舶的建造过程比较复杂,按照现代造船工艺学的观点,船舶工艺技术主要分为船体建造工艺、船舶焊接工艺、涂装工艺、舾装工艺、管系制造及安装工艺、起重运输工艺、安全与环保措施等,以下针对部分工艺进行介绍。

(1)船体建造工艺

船体建造是根据船舶产品性能和特点,将船用钢材制成船舶壳体的生产过程。船体建造工艺包括与船体建造有关的钢材预处理、放样号料、船体零件加工、部件装配与焊接、分段装配与焊接、总段装配与焊接、船台(坞)合拢、船舶下水等阶段所采用的各种工艺方法和过程的统称。从生产的顺序来划分,船体建造包括:原材料制成船体零件、零件组装成部件再组装成分段和总段、分段和总段装成船体等 3 个步骤。

(2)船舶焊接工艺

船舶焊接工艺包括焊接方法选择、工艺参数确定、焊接设备选择和焊接材料匹配、焊缝及材料无损检测等。

(3)涂装工艺

船舶涂装是对全船进行除锈、涂漆的生产过程。按作业阶段来分,船舶涂装可分为钢材表面预处理、分段除锈及底漆喷涂(即分段涂装)、下水前船体外部面漆涂装和交船前船舶进坞进行完工涂装等几个阶段(后两者统称为船上涂装)。涂装工艺包括除锈方法及等级、喷涂设备及涂料选定、涂料匹配、施工方式等。

(4)舾装工艺

船舶舾装是将各种船用设备、仪器、装置和设施等安装到船上的生产过程。按作业区域和专业来分,船舶舾装包括甲板舾装、住舱舾装、机舱舾装和电气舾装等工作内容。按工作地点和阶段来分,有内场预制舾装、外场分段舾装、船台舾装和码头舾装(后两者统称为船上船装)。舾装工艺包括区域舾装、单元模块舾装、分段舾装、船上舾装、上层建筑整体舾装等。

3. 造船作业主流程

船舶是作为水上交通、运输或作业等用途的工具。它是一个漂浮的建筑物,装有各种设备和仪器。欲使船舶完成预定的使命,除了精心设计之外,还应该精心建造。

(1)造船作业主流程的演变

造船作业主流程一般是指从钢料堆场和预处理、船体构件下料、加工、装焊(安装)到船台(坞)合拢、下水试航等主要工艺过程,如图 2-2 所示。在船厂新建或改造时都应力求这一流程最短,最好是直线形式,但由于各船厂客观存在的地形、岸线和水域情形各不相同,所以造船作业主流程的布置形式也不尽相同。

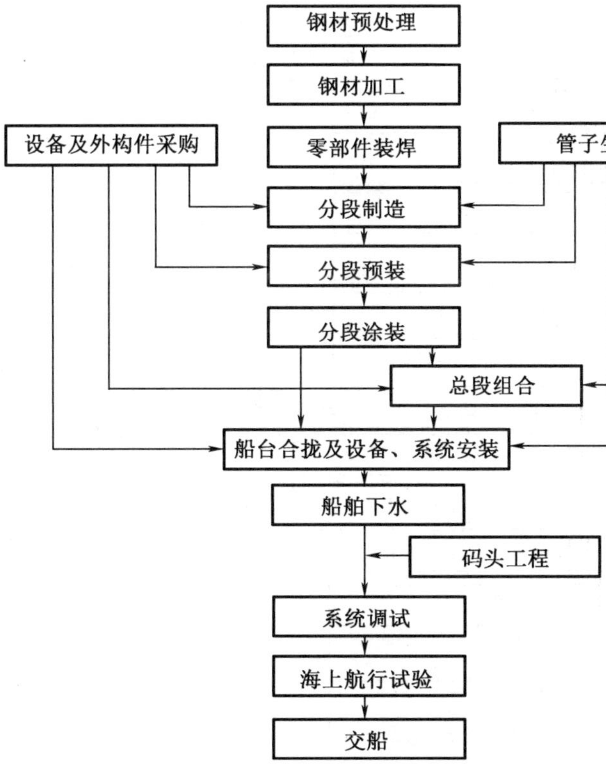

图 2-2　典型造船作业主流程图

20 世纪 70 年代,国外一些发达的造船企业在政府的鼓励下,开始了造船工业集中化的过程,其实质是船厂的生产方式由传统的“大而全”和“小而全”向造船总装化方向转变,这就是最早的造船总装化。造船总装化的优点:①政府鼓励投资提升造船能力;②产业高度集中,大公司兼并小公司;③一些“大而全,小而全”的传统船厂逐步被改造为充分利用其核心资源(船坞、船台)的总装厂。

初期造船总装化另一个特点就是在一个国家内形成几个大的企业集团,每个集团拥有4~6家船厂,每家船厂的专业分工范围较狭,形成所谓的专业化生产。即将船舶产品根据船厂特点组织生产,如有的船厂专门生产散货船、有的船厂专门生产油船,或者在船舶大小吨位上各厂有所侧重。这样分工的结果彻底改变了20世纪50—60年代庞大的造船企业万能生产的特点。实施造船总装化后,一个大型船厂只从事与造船直接有关的生产作业,由其他企业供应给船厂必需的配套设备和制品。初期造船总装化为后来组织标准型船舶大批量生产打下了基础。

(2)造船总装作业主流程

造船总装作业主流程是船厂在船舶建造中的作业程序(空间、时间、区域、所使用的设备等的顺序),按总装化原则设计布置的以船体为基础、舾装为中心、涂装为重点的壳舾涂一体化造船作业流程。总装作业主流程随着造船生产的发展,通过流程再造不断优化。

图2-3和图2-4为传统造船作业主流程和现代造船总装作业主流程。由两图对比可见,造船主流程由传统的船体建造流程为主流程,演变为壳舾涂融合为一体的造船主流程。

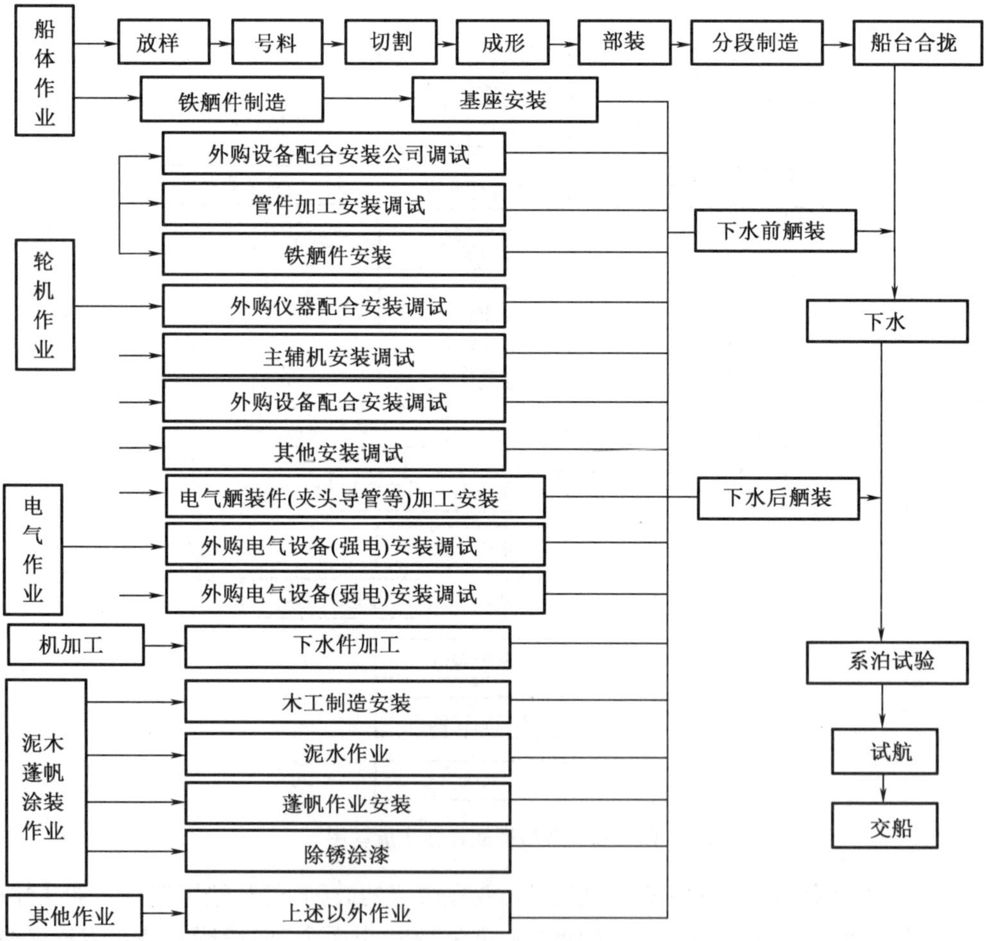

图2-3　传统造船作业主流程

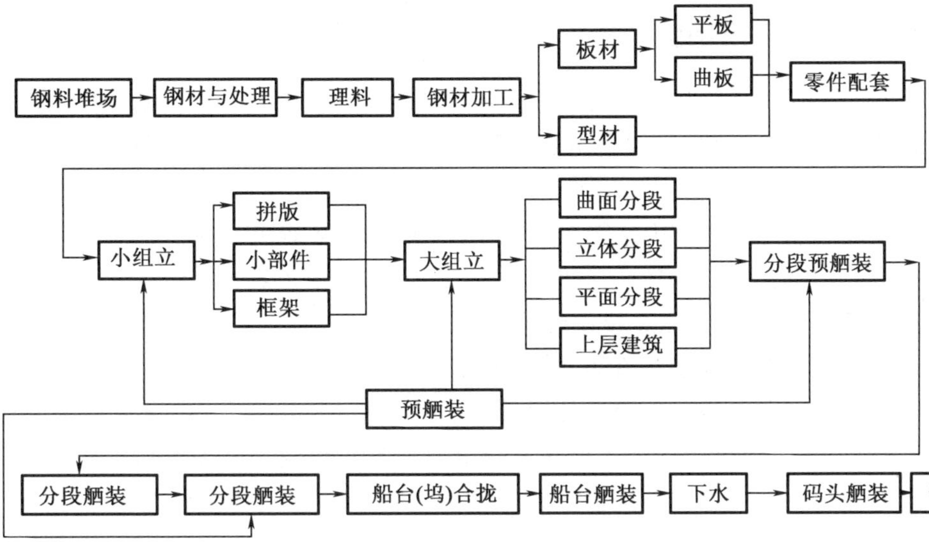

图2-4 现代造船总装作业主流程

为使各个生产作业区域布局合理,造船生产主流程应按照工序顺次流向下一个工序。其布置基本遵循以下几个原则:

①根据现代化船厂的车间和建筑物的布置原则,应选择最短和最方便的材料、零件、部件、分段,舾装件等物流路线,不使物件倒流、迂回和交叉。

②合理布局,功能分区明确,满足生产工艺流程要求,并要求采用流水化系列布置。

③确保各工序间能力的平衡,通过生产管理使各工序的工作量均衡化。为确保主流程的畅通和应对偶发因素,可在各工序间设立缓冲区,各工序有必要制订相对其他工序有一定独立性的生产计划。

④对船厂将来的发展应进行有远见的规划研究,并留有能适应其变化的余地。

(3)造船作业主流程布置类型

船厂造船作业主流程实际是以船体建造流程为主流程:钢料堆场→船体加工→船体装焊→船台(坞)→码头,主要有以下三种布置类型:

①"I"型布置

这种形式是按船体建造工艺流程布置车间和船台。这种形式运输途径最短,呈直线方式,是最理想的流程形式,对于那些厂区面对岸线有较大的纵深或濒临水域有狭长的岸线时非常适用。

②"L"型布置(含"T"型)

当厂区受到地形限制,如面对岸线纵深较小时,可将车间与船台(或船坞)布置成直角,呈"L"型。对于岸线纵深较小船厂,也有将建造船体的有关车间布置与船台(坞)成垂直的"T"型布置。

③"U"型布置

对于大多数中小型船厂而言,由于船厂场地纵深较小,而且岸线也有限,不能采用"I"和"L"型或"T"型布置时,最适宜的主流程就是"U"型布置。"U"型布置具有布置紧凑、场地利用率高的优点。因此,大型甚至超大型船企也多采用这种布置类型。

4. 现代造船模式发展趋势

随着现代造船模式和造船技术的发展，造船方法经历了整体散装→分段建造→总段建造→巨型总段建造这几个时期，呈现出由繁到简的过程，而造船作业主流程也显现出由长变短的趋势。

国内对于造船总装化研究应用始于20世纪改革开放后的80年代初，各骨干船厂在承接出口船舶任务的同时，引进了国外先进船厂的设计制造理念和管理技术。也引进了国外较合理的建造模式，其中包括造船总装化理念。

20世纪90年代以来，我国船厂在推进建立现代造船模式的过程中，在体制、机制转变中，从"大而全、小而全"传统模式转变为主辅剥离，成立钢材预处理中心、船体零件加工中心、船体分段制作中心、管业制作中心（公司）、舾装件分厂、舾装模块、单元制作中心、涂装公司等一系列专业化公司。船厂在推进造船总装化过程中，减轻了负荷，船厂可将精力放在企业发展战略上，如制定船厂发展规划和经营策略、建立现代造船模式、缩短造船周期、提高船舶建造核心资源的利用率等能有效提高企业核心竞争力的战略层面。图2-5为典型的优化总装作业主流程。

企业实现造船总装化将有利于形成精干的造船总装化作业体系，其主要业务除了船台（坞）大合拢、码头舾装和试航交船外，其余如产品设计、钢料加工、部件组装、分段制作、总段制造、舾装件生产、管系加工、单元制造、模块制造、涂装等都可以实行市场化运作、以工程计划为导向的协同作业（图2-6）。届时万人以上的大厂可以缩减到千人规模，且生产效率大大高于现有的水平。

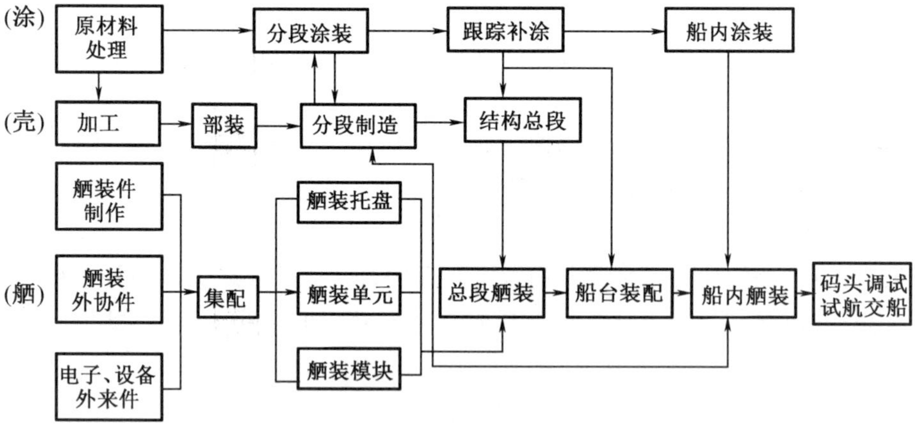

图2-5　典型的优化总装作业主流程

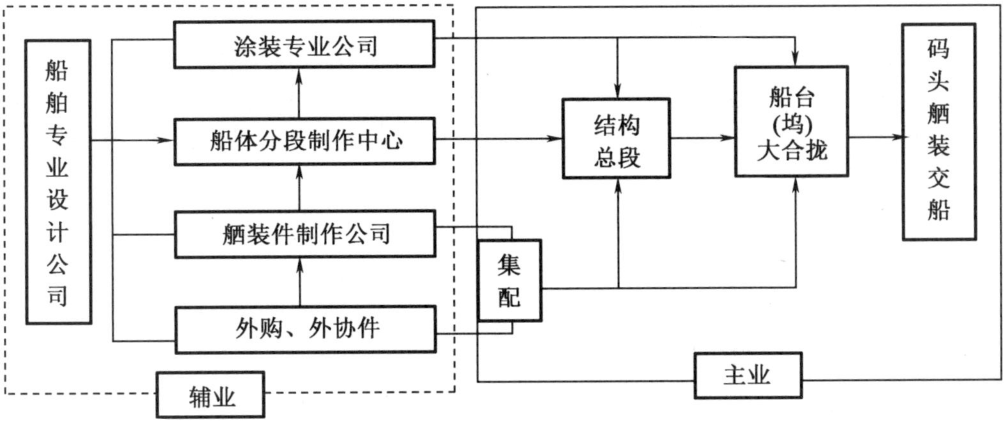

图 2-6 船舶建造总装化目标流程简图

专题 2.2 船舶结构

1. 船体的基本组成

船体结构形式依据船舶的类型而定，一般来说大致可分为主船体和上层建筑两部分。主船体部分有船首、船中、船尾，上层建筑部分有艏楼、桥楼、艉楼及甲板室。

船体结构

主船体是船体结构的主要部分，是由船底、舷侧、上甲板围成的水密的空心结构。其内部空间又由水平布置的下甲板、沿船宽方向垂直布置的横舱壁和沿船长方向垂直布置的纵舱壁分隔成许多舱室。货船上通常有货舱、机舱、艏尖舱和艉尖舱等。艏、艉端的横舱壁也叫艏尖舱舱壁和艉尖舱舱壁，如图 2-7 所示。

船体是由钢板和骨架组成的长箱形结构，整个船的主体可分为若干板架结构，如甲板板架、舷侧板架、船底板架和舱壁板架等，如图 2-8 所示。各个板架相互连接，相互支持，使整个主船体构成坚固的空心水密建筑物。

板架结构通常是由板和纵横交叉的骨材和桁材组成，骨材和桁材可增强板对外力的抵抗能力，如图 2-9 所示。其中较小的骨材数目多、间距小，较大的桁材数目少而间距大。根据较小骨材布置的方向，板架结构可分为纵骨架式、横骨架式和混合骨架式三种类型。

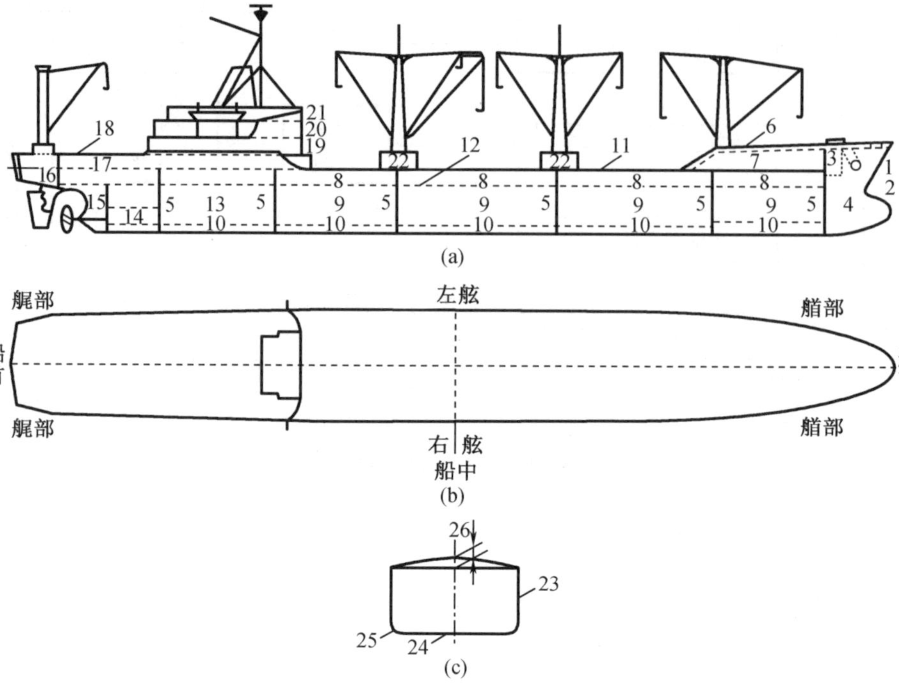

1—艏柱；2—球鼻艏；3—锚链舱；4—艏尖舱；5—横舱壁；6—艏楼甲板；7—艏楼；8—甲板间舱；9—货舱；10—双层底；11—上甲板；12—下甲板；13—机舱；14—轴隧；15—艉尖舱；16—舵机舱；17—艉楼；18—艉楼甲板；19—艇甲板；20—驾驶甲板；21—罗经甲板；22—桅屋；23—舷侧；24—平板龙骨；25—舭部；26—梁拱。

图 2-7　船体的基本组成

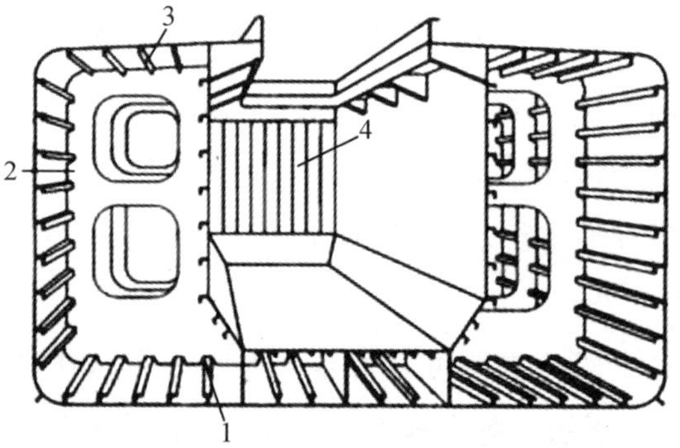

1—底部板架；2—舷侧板架；3—平面板架；4—舱壁板架。

图 2-8　组成主船体的板架

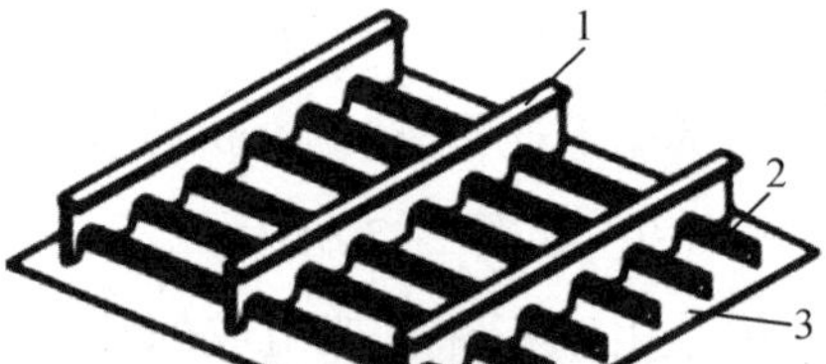

1—桁材；2—骨材；3—板。

图 2-9　板架结构

2. 典型剖面结构

(1)杂货船结构

杂货船通常采用混合骨架式船体结构。在货舱区设有两层以上的甲板，底部为双层底结构。其中上甲板和双层底是纵骨架式结构，下甲板和舷侧是横骨架式结构。上甲板和下甲板上开有较大的货舱口，舱口角隅或舱口两端中心线处设有支柱，有的设置半纵舱壁或舱口悬臂梁。

图 2-10 所示为杂货船货舱区横剖面结构。

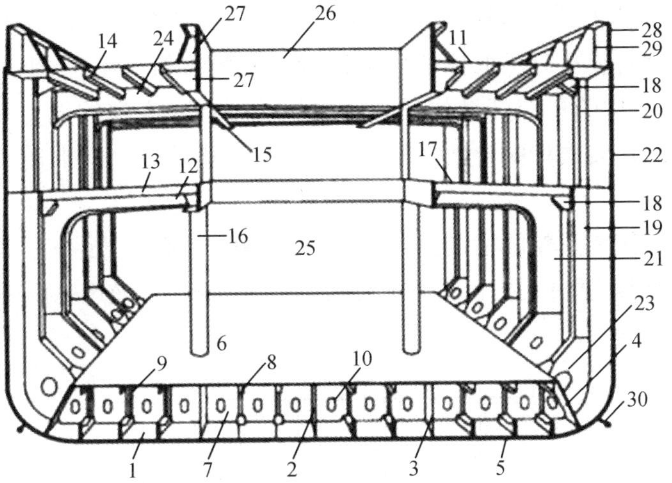

1—船底板;2—中底桁;3—旁底桁;4—内底边板;5—船底纵骨;6—内底板;7—肋板;8—内底纵骨;9—加强筋;10—减轻孔;11—上甲板;12—强横梁;13—横梁;14—甲板纵骨;15—甲板纵桁;16—支柱;17—下甲板;18—梁肘板;19—舱内肋骨;20—甲板间肋骨;21—强肋骨;22—舷侧外板;23—梁肘板;24—舱口端横梁;25—横舱壁;26—舱口围板;27—肘板;28—舷墙;29—扶强肘板;30—舭龙骨。

图 2-10　杂货船货舱区横剖面结构

(2)散货船结构

散货船也是混合骨架式船体结构,只有一层全通甲板,底部为双层底,甲板下面靠两舷有两个顶边舱,双层底舭部处有向上倾斜的底边舱,便于货物装卸。甲板和舷顶部、双层底和舷侧下部是纵骨架式结构,舷侧中部为横骨架式结构。

图 2-11 所示为装运谷物和煤的散货船货舱区横剖面结构。

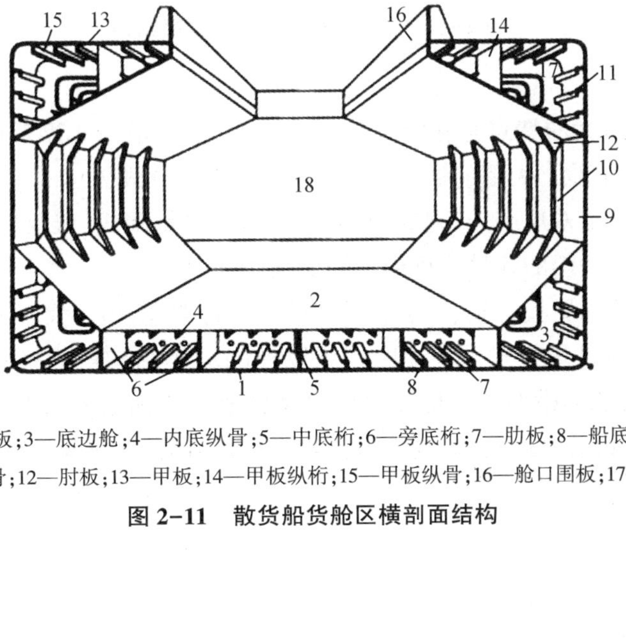

1—船底板;2—内底板;3—底边舱;4—内底纵骨;5—中底桁;6—旁底桁;7—肋板;8—船底纵骨;9—舷侧外板;10—肋骨;11—舷侧纵骨;12—肘板;13—甲板;14—甲板纵桁;15—甲板纵骨;16—舱口围板;17—顶边舱;18—横舱壁。

图 2-11　散货船货舱区横剖面结构

(3)集装箱船结构

集装箱船的结构与一般的货船不同,它的货舱口宽度几乎与货舱宽度一样大,对船体的抗弯、抗扭和横向强度都很不利,在结构上应采取补偿措施。其船体基本结构形式为双层底和双层舷侧结构,且在双层舷侧的顶部设置有效的抗扭箱结构,也可用双层底和具有抗扭箱或其他等效结构的单层壳结构代替。在船的顶部和底部的强力部分均应采用纵骨架式,在其他部位纵骨架式和横骨架式均可采用,两个货舱口之间的舱口端横梁和甲板横梁应给予加强。

图 2-12 为集装箱船货舱的横剖面结构,其中抗扭箱的甲板及双层底采用纵骨架式结构,舷边舱内为横骨架式结构,桁板肋骨上开有人孔或减轻孔,舷边舱内设有平台甲板。

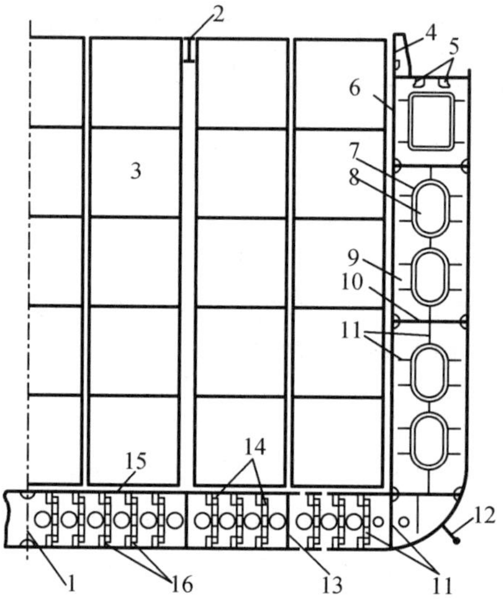

1—中底桁;2—纵桁;3—集装箱;4—舱口围板;5—甲板纵骨;6—纵舱壁;7—围绕扁钢;8—人孔;9—桁板纵骨;10—平台甲板;11—加强筋;12—舭龙骨;13—旁底桁;14—内底纵骨;15—内底板;16—船底纵骨。

图 2-12 集装箱船货舱的横剖面结构

(4)油船结构

油船结构布置最大的特点是在货油舱内设有纵舱壁,沿海小型油船,中线处设一道纵舱壁,分左右两个货油舱。大型的油船设 2~3 道纵舱壁,分成 3~4 个货油舱。

双壳油船货油舱由双层底、双壳舷侧、甲板和隔离空舱围成,双层底内和双壳内不允许装货油和燃油。双壳油船的几种典型中剖面如图 2-13 所示。

双壳油船货油舱的甲板骨架、双层底骨架应为纵骨架式,船长大于 190 m 时,舷侧、内壳和纵舱壁一般也应为纵骨架式。货油舱区域以外的船体结构可为横骨架式或纵骨架式。图 2-14 所示为双壳油船横剖面结构。槽形中纵舱壁将货油舱分为左右两个舱室,底部为纵骨架式双层底,并设有底边舱,舷侧为纵骨架式双壳结构,甲板则为纵骨架式单层结构。

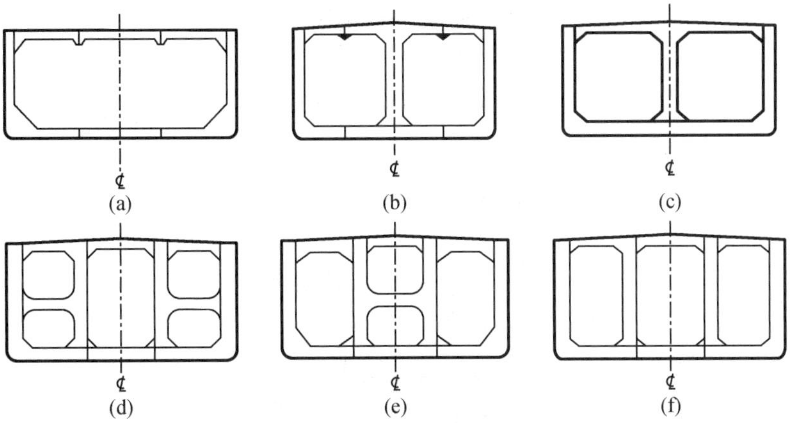

图 2-13　双壳油船典型中剖面

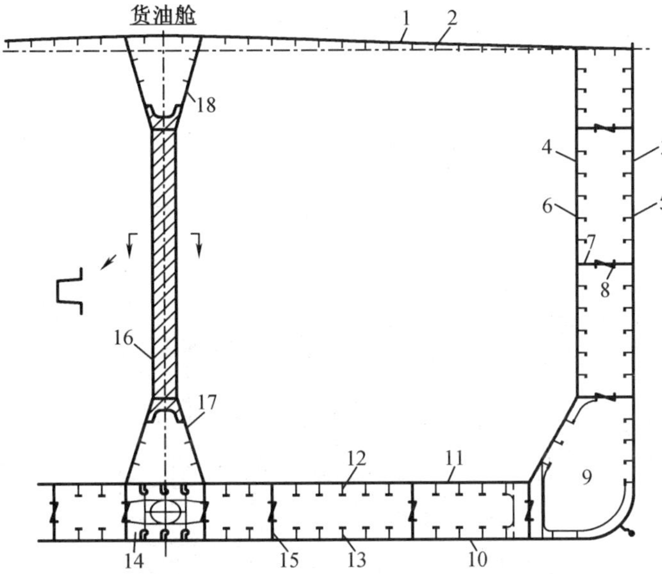

1—甲板板；2—甲板纵骨；3—舷侧外板；4—内壳板；5—舷侧纵骨；6—内壳板纵骨；7—开孔平台；
8—平台纵骨；9—底边舱；10—外底板；11—内底板；12—内底纵骨；13—船底纵骨；
14—箱形中底桁；15—旁底桁；16—槽形纵舱壁；17—底凳；18—顶凳。

图 2-14　双壳油船横剖面结构

(5)客货船结构

客货船的特点是甲板层数多、房舱多、围壁多，甲板两旁及房舱间设有走廊。旅客和船员舱室大部分设在水线以上的甲板上。图 2-15 是单一横骨架式沿海小型客货船的横剖面结构。

(6)内河船结构

内河船受航道和吃水的限制，船长较短，船型宽而扁平，吃水浅，因此大多数中小型的内河船舶都采用单一横骨架式结构。图 2-16 所示为内河小型货船的横剖面结构。其甲板、底部和舷侧均采用横骨架式单层结构，底部略向两舷升高。

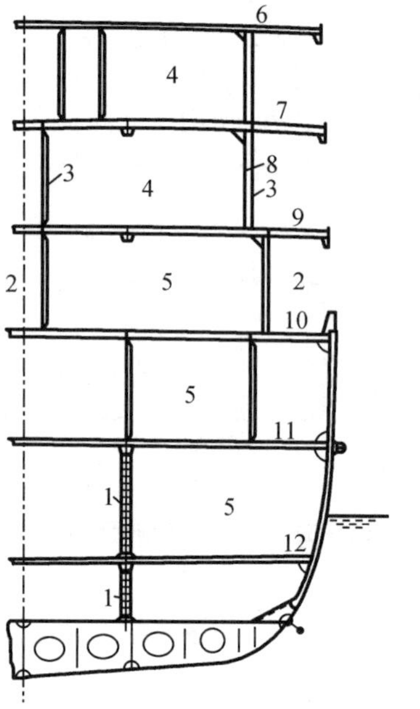

1—支柱；2—走廊；3—围壁；4—船员舱；5—客舱；6—罗经平台；7—驾驶甲板；
8—扶强材；9—艇甲板；10—上甲板；11—下甲板；12—平台甲板。

图 2-15　沿海小型客货船的横剖面结构

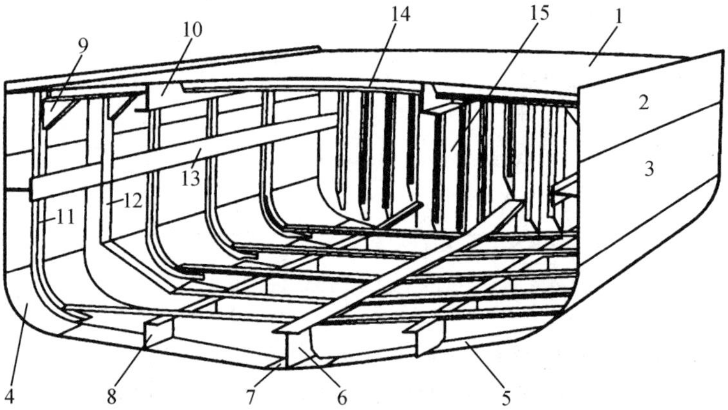

1—甲板板；2—舷顶列板；3—舷侧板；4—舭列板；5—船底板；6—中内龙骨；7—平板龙骨；8—旁内龙骨；
9—梁肘板；10—甲板纵桁；11—肋骨；12—强肋骨；13—舷侧纵桁；14—横梁；15—横舱壁板。

图 2-16　内河小型货船的横剖面结构

3. 船体外板与甲板

(1) 船体外板

外板是构成船体底部、舭部及舷侧的外壳板，船壳通常为流线型曲面形状。作用是保证船体水密，使舰船具有漂浮及运载能力。它作为船梁的组成部分，是保证船体的总纵强度的一部分，并与船底及舷侧骨架一起，承受并传递各种横向载荷，共同保证船体的局部强度和刚性。

船体外板与甲板

外板由一块块钢板对合焊接而成,钢板长边通常沿船长方向布置。长边与长边相接的纵向接缝叫边接缝,短边与短边相接的横向接缝叫端接缝,如图 2-17 所示。

钢板逐块端接而成的沿船长方向的连续长条板称为列板,若干个列板组成船体外板,各列板名称如图 2-18 所示。位于船底的各列板统称为船底板,其中位于船体中线的一列板称为平板龙骨。由船底过渡到舷侧的部分称为舭部,该处的列板称为舭列板。舭列板以上的外板称为舷侧外板,其中与上甲板连接的舷侧外板称为舷顶列板。生产图纸中,一般称平板龙骨为 K 列板,相邻列板为 A 列板,接下来是 B 列板,依次类推,直至舷顶列板为列板。

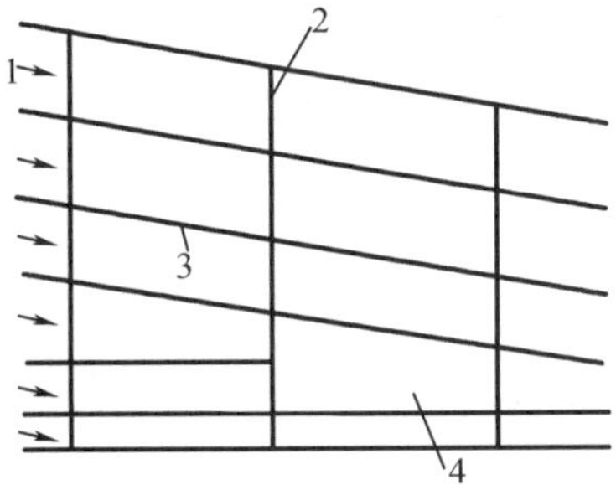

1—列板;2—端接缝;3—边接缝;4—并板。

图 2-17　接缝与列板

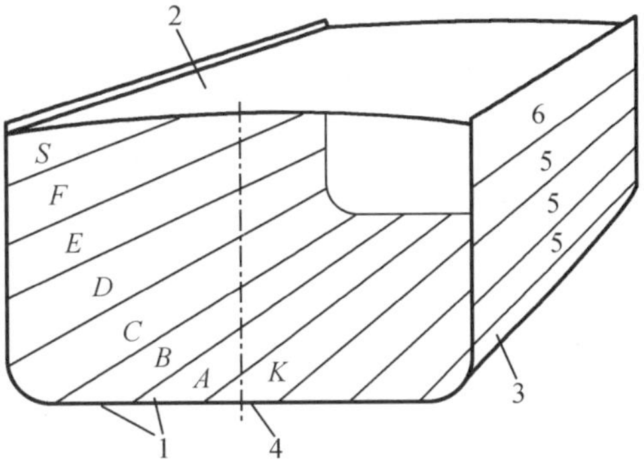

1—船底列板;2—上甲板;3—舭列板;
4—平板龙骨;5—舷侧列板;6—舷顶列板。

图 2-18　列板的名称

(2)甲板

甲板是船体的重要构件,是船舶结构中位于内底板以上的平面结构,用于封盖船内空间,并将其水平分隔成层。甲板是船梁上的钢板,将船体分隔成上、中、下层,如图 2-19 所示。

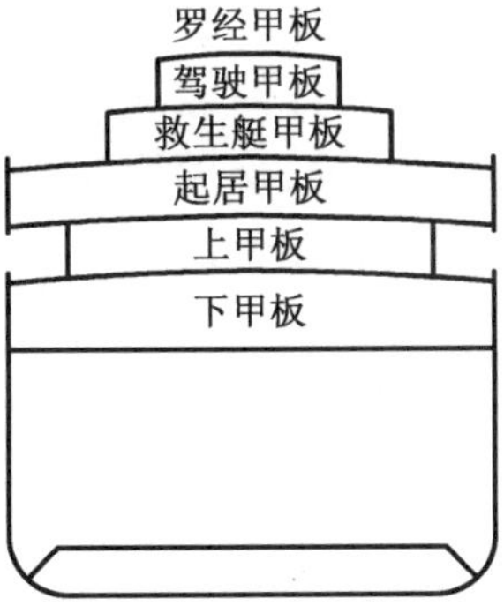

图 2-19　船舶甲板

最上一层船首尾的统长甲板称上甲板。这层甲板如果所有开口都能封密并保证水密,则这层甲板又可称主甲板,在丈量时又称为量吨甲板。少数远洋船舶在主甲板上还有一层贯通船首尾的上甲板,由于其开口不能保证水密,所以只能叫遮蔽甲板。主甲板以下的各层统长甲板,从上到下依次叫二层甲板、三层甲板等。在主甲板以上均为短段甲板,习惯上是按照该层甲板的舱室名称或用途来命名的，如驾驶台甲板、救生艇甲板等。木质甲板驳中部舱面板也称甲板，一般是活动式。

为了减少上浪及迅速排除积水，船舶上甲板通常为曲面形状，且艏艉窄中部宽，船长方向中部低于艏艉端，船宽方向中间高于两舷。上甲板边线沿纵向向艏艉端升高的曲线称为舷弧，上甲板沿横向的拱形称为梁拱。非露天甲板和平台，则可做成平直的。

甲板与外板和舱壁板共同组成供各种用途的舱室。上甲板作为船体的水密顶板，遮蔽舱室空间，有些船舶的上甲板上也载货。下甲板和平台甲板分层安置设备及各种装载物。上甲板通常是强力甲板，参与船体的总纵强度。同时，甲板板与甲板骨架一起承受并传递各种横向载荷。下甲板和平台板则主要保证局部强度。

甲板板由许多钢板合并焊接而成，钢板的长边通常沿船长方向布置，且平行于甲板中线。沿甲板边缘与舷侧邻接的一列甲板板称为甲板边板，甲板边板因需保持一定的宽度，故沿舷边呈折线形状。在艏艉端，由于甲板宽度减小，甲板列板的数目也要相应地减少，也可以将钢板沿横向布置。此外，在大开口之间也可将钢板沿横向布置，如图 2-20 所示，图中数字为板厚。

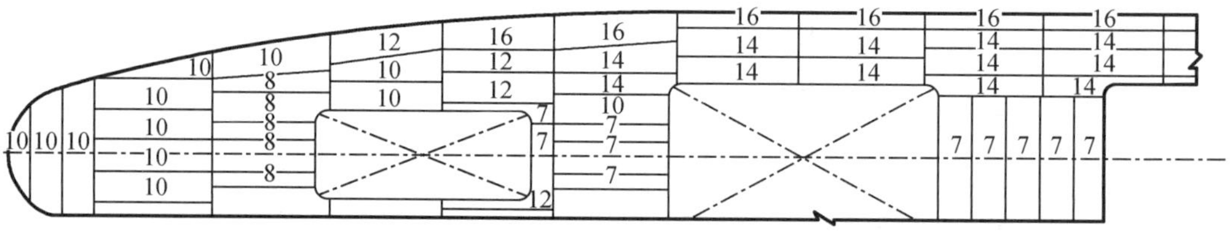

图 2-20　甲板板的布置

4. 船舶首尾端结构

船舶首尾位于船舶的最前端和最后端，线型变化复杂，主要受局部外力作用，因此结构与船体中部有很大不同。

(1)船首结构

船首结构也包括船底、舷侧、甲板等部分，船首最前端有艏柱，船体两舷结构在此相会合。从艏柱到防撞舱壁之间的舱室叫艏尖舱。由于船首线型比较尖瘦，艏尖舱内不宜装载货物，一般作为压载舱，防止船体纵倾。艏尖舱内设有锚链舱，用来存放锚链。艏尖舱上面的空间，一般作为放置工具和设备的储藏室。

船首形状与船舶的用途和性能有关。船舶首端所采用的形状不同，其内部结构就不完全相同。船舶首部形状主要有如图 2-21 所示的 5 种形式。

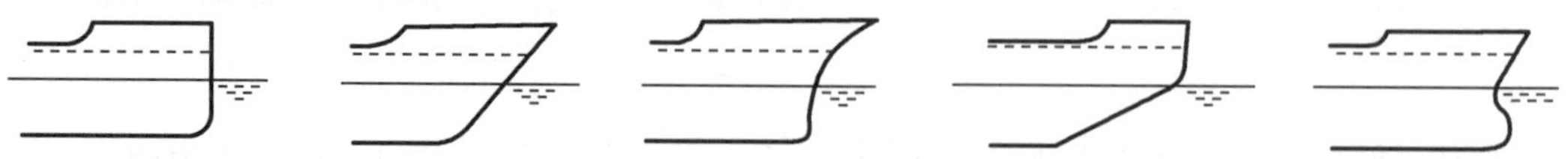

(a)直立型艏　(b)前倾型艏　(c)飞剪型艏　(d)破冰型艏　(e)球鼻型艏

图 2-21　船首形状

船舶在波浪中航行时，艏部甲板上浪、舷侧和底部受波浪的冲击，波浪对船体产生动压力，这些力的作用部位约在四分之一船长范围内。波浪冲上甲板和对船底的砰击作用常对船体首端结构造成严重损害，必须采取加强措施。

从艏柱至防撞舱壁肋位上均设升高肋板，其高度逐渐升高。艏尖舱内的肋骨要求延伸至上甲板，肋骨间距不超过 600 mm。每隔一挡肋位设置上下间距不大于 2 m 的强胸横梁，沿每列强胸横梁必须设置舷侧纵桁。如图 2-22 艏端结构所示。

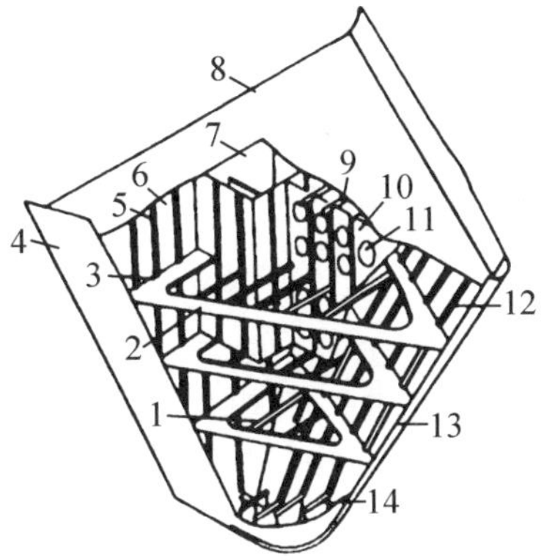

1—强胸横梁；2—舷侧纵桁；3—水平桁；4—外板；5—扶强材；6—艏尖舱壁；7—锚链舱；8—甲板；9—横梁；10—制荡舱壁；11—减轻孔；12—肋骨；13—艏柱；14—升高肋板。

图 2-22　艏端结构

(2)船尾形状

船尾形状常见的主要有图 2-23 所示的几种。

①椭圆型艉。船的尾部有短的艉伸部，折角线以上呈椭圆体向上扩展，端部漏出水面较大，桨和舵易受破坏。过去民用船多采用这种艉型，现在仅在某些驳船上可以看到。

②巡洋舰型艉。具有光顺曲面的艉伸部，艉部大部分浸入水中，增加了水线长度，有利于减小船的阻力，并有利于对舵和螺旋桨的保护。这种艉型曾经在巡洋舰和民用船上都用得较多，但由于施工麻烦，越来越多的船采用削平的巡洋舰艉型。

③方型艉。艉部有垂直或斜的尾封板，其他仍保留巡洋舰尾的特点。艉部水流能较平坦地离开船体，使航行阻力减小，艉部甲板面积较大，有利于舵机布置，并能防止高速航行时艉部浸水过多。方型艉施工简单，但倒车时阻力偏大。方型艉大多用于航速较高的舰艇及许多货船上。

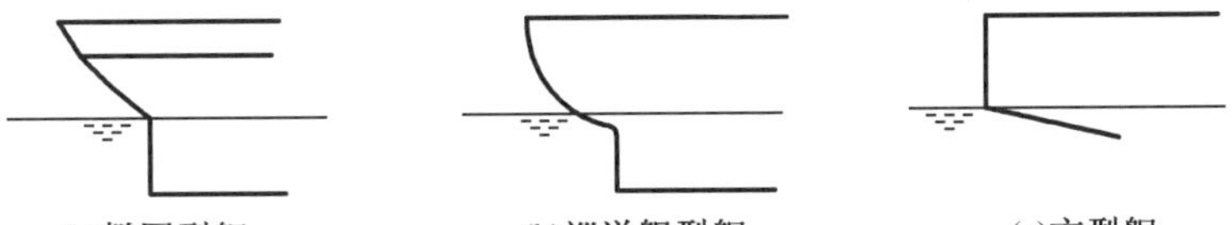

(a)椭圆型艉　(b)巡洋舰型艉　(c)方型艉

图 2-23　船尾形状

船尾除受静水压力外，还承受舵和螺旋桨的质量及螺旋桨运转时的水动压力。螺旋桨工作时产生周期性脉冲振动，机舱在船尾时，主机功率大的船常产生激振，严重时会造成局部结构的破坏。因此艉端结构应有较好的防震加强措施，典型结构如图 2-24 所示。

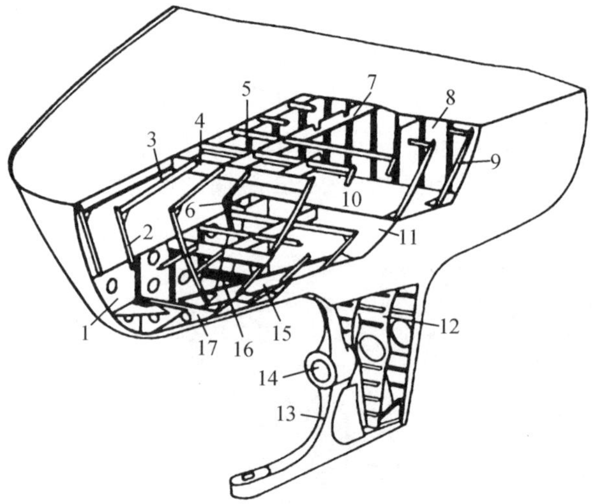

1—制荡舱壁;2—斜肋骨;3—斜横梁;4—强横梁;5—横梁;6—舵杆管;7—甲板纵桁;8—横舱壁;9—肋骨;10—舵机舱平台;11—艉尖舱壁;12—艉升高肋板;13—艉柱;14—轴毂;15—舷侧纵桁;16—强胸横梁;17—肋板。

图 2-24　巡洋舰型尾端结构

5. 上层建筑

上层建筑是指上甲板以上的各种围蔽建筑物,它有船楼和甲板室两种形式。

船楼是指两侧伸至船的两舷或距舷边的距离小于船宽的 4%的上层建筑。根据所在的位置分为艏楼、桥楼和艉楼,见图 2-25(a)。

甲板室是指宽度较该处的船宽小,其侧壁位于舷内甲板上的围蔽建筑物。甲板室根据所在的位置分为中甲板室和艉甲板室,见图 2-25(b),艏甲板室极少采用。

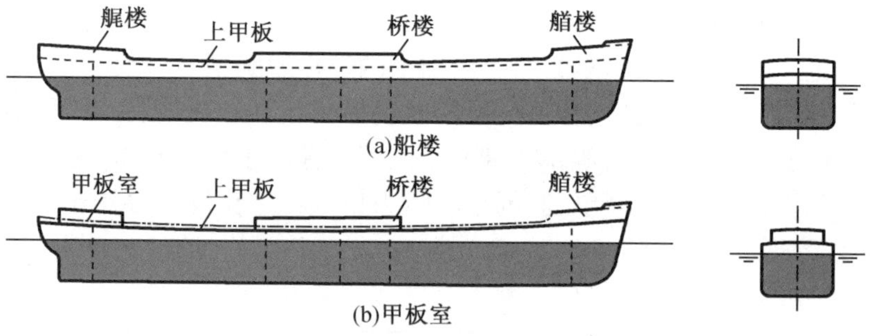

图 2-25　船楼和甲板室

老式货船上层建筑采用艏楼、桥楼、艉楼的“三岛式”布置形式,现代大中型的中机型货船多采用艏楼、中甲板室、艉甲板室的布置形式,而艉机型货船多采用艏楼、艉楼(或艉甲板室)的布置形式。目前货船大多是艉机型和中后机型的,桥楼形式的上层建筑已很少见。

艏楼只有一层空间,其上的甲板叫艏楼甲板。艉楼部分是船员生活及日常活动的场所,它由若干层甲板分隔而成。按自下向上的顺序通常有如下几层:居住舱所在的甲板也叫起居甲板;救生艇所在的甲板叫艇甲板;驾驶台所在的甲板叫驾驶甲板称为罗经甲板(如果是平台,则称为罗经平台,它是船楼中最高的一层)。货舱之间设置的甲板室有桅室(或桅屋),它的上面通常布置起货机,称为起货机平台。

上层建筑内除了可设客舱及船员的生活舱室外,有的地方(如艏楼的甲板间)还可以作为部分货舱使用,或存放缆绳、灯具和油漆等。在船中部和尾部上层建筑的顶部,可设置驾驶室以扩大驾驶视野。上层建筑还能增加船舶的储备浮力(如艏楼可减少上浪)。上层建筑设于机舱上方,可围蔽机舱开口。此外,当上层建筑足够长时,可全部或部分地参与主船体的总纵弯曲,提高船体的总纵强度。

专题2.3 船舶动力装置

1. 船舶动力装置的组成

船舶动力装置是推进船舶和为船舶提供其他所需的动力和能源(电、蒸汽、热水、压缩空气、压力液体等)的全部动力设备。船舶动力装置也称"船舶轮机",其主要由推进动力装置和辅助动力装置组成。

(1)推进动力装置

推进动力装置也称主动力装置,是产生和提供推进动力的成套动力设备,由主机、传动装置(离合器、联轴器和减速齿轮箱等)和轴系、推进器以及为这些推进设备服务的辅助设备、管系和仪表所组成。

如图2-26所示,当主机起动,即可驱动传动设备和轴系,使螺旋桨旋转。当螺旋桨在水中旋转时,能使船舶前进或后退。图中驾驶员从驾驶室通过车钟与机舱中的值班轮机员取得联系(或直接遥控机器),改变主机的转速和轴系的转动方向,从而控制船舶航行的快、慢和进、退。

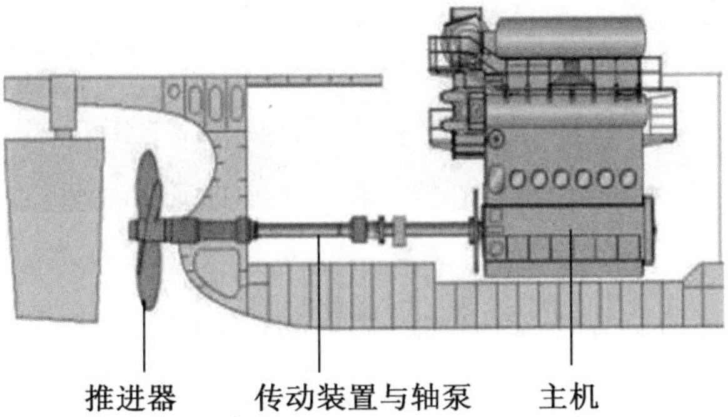

图2-26 船舶推进装置示意图

①主机:用于船舶推进的热力发动机,一般有柴油机、汽轮机和燃气轮机等。对于无推进器的工程船舶,用于驱动主发电机、液压油泵或工程机械(如泥浆泵)等的发动机也称为主机。

②传动装置:将主机功率传递给轴系和推进器,并根据需要起减速、倒顺车、调速、并车或分车、离合等作用的装置。传动装置主要包括减速齿轮箱、离合器、和联轴器等。

③轴系:从主机(或传动装置)输出法兰到螺旋桨之间的传动轴设备。它的作用是将主机的能量传给螺旋桨,螺旋桨产生的推力又传给船体,从而推动船舶运动。

④推进器:它将主机的能量(或风力、人力)转换成使船舶运动的能量。螺旋桨是使用最广泛的一种推进器,可分为普通螺旋桨(即定螺距螺旋桨)和特种螺旋桨(如调距螺旋桨、导管螺旋桨、立桨等)。螺旋桨的转速越低、直径越大,效率就越高。螺旋桨的数目一般为1~4只,由船舶的类型、用途、排水、主机功率等因素决定。运输船舶一般采用单桨,大、中型客船和军舰则采用双桨或多桨。

(2)辅助动力装置

辅助动力装置是为船舶的正常运行、作业、生活杂用和其他需要提供各种能量的成套动力设备,一般包括船舶电站、辅助锅炉和废气锅炉装置、供应其他能源的辅助装置和系统等。

①船舶电站:它是提供船上电能的动力装置,由发电机组及其辅助机械设备和管系、电缆、操纵控制设备和仪表等组成,如图 2-27 所示。电站除提供照明和生活用电外,主要是提供电动辅机、通信、雷达、航海仪器、报警、检测和控制设备所需的电能。电站对船舶的运行和安全至关重要。发电机组的台数和容量选择应考虑安全性和经济性,通常是设置 2~3 台以上的发电机组,其中包括备用机组。发电机的原动机有柴油机、汽轮机和燃气轮机。为了节约能源,柴油机船舶可采用主机轴带动发电机,或利用以主机排气作为能源的小型汽轮机带动发电机,但这时须有备用电源,以便在主机停车或倒车时保证船舶的正常安全航行。此外,客船和较大的货船上还须设有独立的应急电源,如应急发电机组或应急蓄电池组。

图 2-27　船舶电站

②辅助锅炉和废气锅炉装置:利用燃料燃烧的热量或主机废气的能量产生蒸汽,以满足汽轮发电机或其他辅机的原动力、燃油和润滑油的加热、空气调节和取暖、生活杂用等需要的蒸汽发生装置,由辅助锅炉或废气锅炉及其辅助设备和管系、调节设备和仪表等组成。

③供应其他能源的辅助装置和系统:一般包括供应各种液压作业高压液体的液压系统、供应作业压缩空气的压缩空气系统和热水器装置等。在有些船上(如挖泥船、消防船等)还应包括提供作业动力的装置。

习惯上,船舶动力装置还包括:压载、舱底水等管系;消防设备、检修设备等保证航行安全的设备;通风、空调、制冷、照明、生活用水等保证正常生活所需的设备;操舵、收放锚、装卸货、污油水分离等甲板机械和环境保护设备等。

2. 柴油机动力装置

船舶动力推进装置中以柴油机作为主机的称为柴油机动力装置(图 2-28)。柴油机是以柴油为燃料压缩发火的往复式内燃机。它使用柴油或劣质燃油作燃料,在汽缸内与空气混合形成可燃混合气,缸内燃烧采用压缩发火,将燃油的化学能转变为热能,并利用燃气为介质,再将热能转变为机械能,向外输出做功,驱动机械工作。

图 2-28　大型二冲程船舶柴油机

(1)柴油机动力装置的特点

①热效率高,一般约为 40%~50%,耗油量低,一般在 160~180 g/kW · h 左右;

②功率适应范围广,从几千瓦到几万千瓦的功率均可采用;

③操纵灵活机动,体积小、质量小,辅助设备少;

④噪声、振动和磨损较大。

由于柴油机的各方面特点比较适应船舶动力装置的要求,柴油机在船舶上除用作主推进发动机(主机)外,还广泛用作发电机的原动机、救生艇发动机、应急发电机原动机和应急消防泵原动机等。目前,在中、大功率商船上使用的柴油机可分为大功率低速和大功率中速两大类。

柴油机动力作为船舶动力的主要种类已持续应用了很多年,柴油机自身的热效率已经可以提高到 50%以上。对于柴油机来说,提高柴油机装置的可靠性和维修性,减少排放污染是值得着重研究的问题。

(2)柴油机的构造

柴油机由主要部件(包括固定部件和运动部件)、配气机构、燃油系统、润滑系统、冷却系统、起动系统与换向系统、调速装置、增压系统等组成,这些机构和系统保证了柴油机连续不断地正常工作。

①柴油机主要部件

柴油机的主要部件按工作时所处状态不同,可分为固定部件和运动部件两大类。如图 2-29 所示,固定部件包括机座 1、机体 4、气缸套 6、气缸盖 7 和主轴承 3 等,机座 1 支承着柴油机所有部件的质量,并与船体上的基座固定连接,主轴承 3 置于机座上。机体 4 内装气缸套6,机体外安置各种附件,如喷油泵等。机座、机体、气缸盖由下而上依次相叠并用螺栓紧固,从而组成柴油机的骨架。气缸盖7、气缸套6及气缸套内的活塞组件8三者组成燃烧室和工作空间。气缸盖上装有进气阀17、排气阀18及其摇臂机构16、喷油器2、示功阀、空气启动阀等附件。

运动部件包括活塞8、活塞销9、连杆10、曲轴13和飞轮等;活塞8套装在气缸套6内,并沿气缸套内壁做往复运动;连杆的小端与装在活塞中的活塞销9铰接,而其大端与支撑在主轴承上的曲轴13铰接。柴油机通过这样的机构(称为曲柄连杆机构)将活塞的往复运动转变成曲轴回转运动,输出动力。

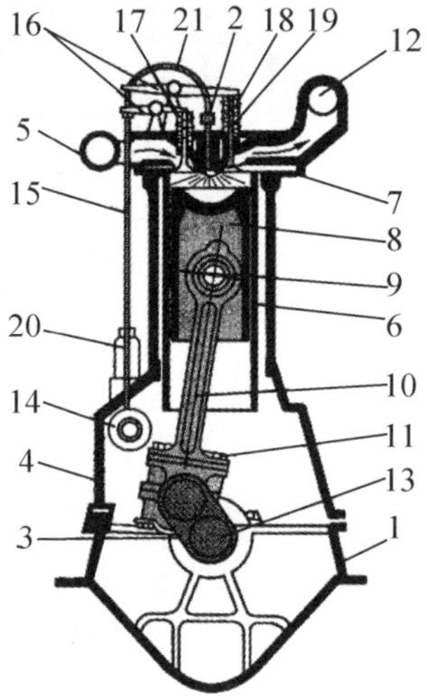

1—机座;2—喷油器;3—主轴承;4—机体;5—进气管;6—气缸套;7—气缸盖;8—活塞;
9—活塞销;10—连杆;11—连杆螺栓;12—排气管;13—曲轴;14—凸轮轴;15—推杆;
16—摇臂;17—进气阀;18—排气阀;19—气阀弹簧;20—高压喷油泵;21—高压油管。

图2-29 柴油机的基本结构

②配气机构

配气机构的功用是按工作循环的要求,定时地启闭进、排气阀,排出气缸的废气,吸入新鲜气体,完成换气过程。其组成主要有气阀组件、气阀传动组件、凸轮轴和凸轮轴传动机构等。

③燃油系统

柴油机燃油系统的功用是将符合使用要求的燃油输送并以一定的压力,定时、定量地喷入气缸,与缸内的空气形成可燃混合气。它是由油柜(或柴油箱)、柴油滤清器、燃油输送泵和加热设备等组成的低压系统,负责进行燃油储存净化输送,以及由喷油泵、高压油管和喷油器等组成喷射高压系统,将规定量的燃油以规定的雾化质量喷入气缸。

④润滑系统

润滑系统的功用是在柴油机运转时,连续不断地将润滑油输送到各摩擦表面,以减小零件的磨损和摩擦阻力。在柴油机中需要润滑的主要零件有:曲轴的主轴颈和曲柄销、活塞和汽缸、凸轮轴承及凸轮、传动轴轴承及传动齿轮等。润滑系统主要有润滑油泵、滑油滤清器和滑油冷却器等组成。

⑤冷却系统

冷却系统的功用是将柴油机受热机件的热量散发出去,以保证内燃机正常的工作温度。

柴油机冷却方式分为风冷和水冷两大类,风冷多用于小型柴油机上,船用柴油机多采用水冷却系统。

⑥起动换向调速装置与操纵系统

起动装置的功用是使静止的柴油机起动运转。柴油机最常用的起动方法有三种:手起动、电力起动、压缩空气起动。船用柴油机大多数采用压缩空气起动。换向装置用来改变柴油机的转向。调速装置的作用是在柴油机各种工况运转中,当外界负荷发生变化时能够自动地调节喷油泵的供油量,以保证柴油机在规定的转速下稳定地运转。

操纵系统是对柴油机的起动、换向、调速进行集中控制操纵。

⑦增压系统

柴油机增压系统的作用是将新鲜空气在内燃机工作气缸外面事先进行压缩,提高进气压力以提高进入气缸内的空气(或可燃混合气)的密度,供更多的燃料燃烧,从而提高发动机的功率。

3. 船舶推进装置

船舶主推进装置简称推进装置。绝大多数船舶的推进器采用螺旋桨,将转动动力转换为推进力。传动设备的作用是传递转动动力,轴系除了传递转动动力外,还起到把螺旋桨的推力传递给船体的作用。

(1)船舶推进装置的传动方式

由于船舶的用途、航区以及推进性能的不同,主机的类型与数目、传动方式、轴系的数目、推进器的类型与数目必然不一,因此构成了具有不同特点的推进装置。将主机发出的功率传递给推进器的方法称为传动方式,一般可分为直接传动、间接传动和特殊传动三类。

①直接传动

直接传动是主机直接通过轴系把功率传给螺旋桨的传动方式,如图2-30所示,在主机与轴系中无其他传动设备,在任何工况下,螺旋桨与主机具有相同的转速与转向。由于螺旋桨在较低转速时有较高的效率,因此,直接传动一般适用于采用大型低速柴油机的主推进装置。

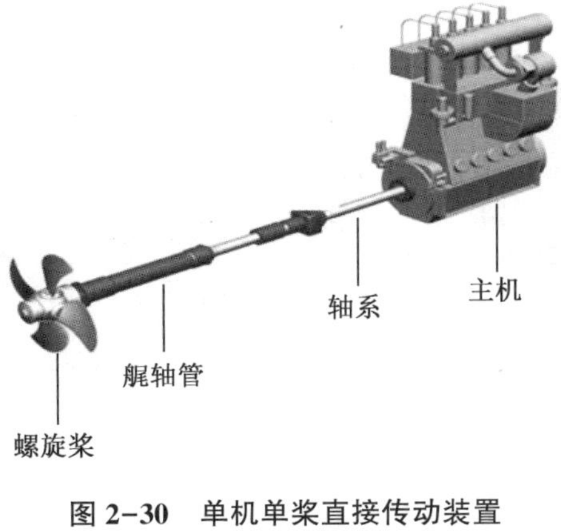

图2-30 单机单桨直接传动装置

优点:结构简单、使用寿命长、燃料费用低、维修保养方便、噪声低、传动损失小、推进效率高等。

缺点:质量与尺寸大、倒车必须利用可逆转发动机、其机动性差、非设计工况下运转时经济性差、低速和微速航行受到柴油机最低稳定转速的限制。

直接传动方式一般适用于工况变化少、航程较大的远洋及沿海运输船舶。

②间接传动

间接传动是通过中间传动设备(减速器和离合器等),使主机与轴系连接在一起的一种传动方式,如图 2-31 所示。齿轮减速器具有降低主机传给螺旋桨转速的作用,以提高螺旋桨的推进效率。离合器主要用来脱开或接通主机与轴系的连接,有的还担负着倒车的作用。控制离合器的方式有机械式、液压式、电磁式等。在这种传动装置中,主机转速与螺旋桨转速有差别或保持一定的速比。

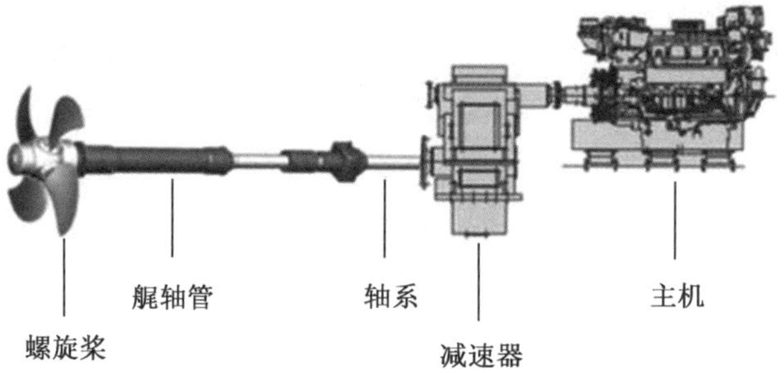

图 2-31　间接传动装置

优点:质量与尺寸小、主机的转速不受螺旋桨要求的转速限制、轴系布置方便灵活、带倒顺离合器时可选用不可逆转的主机、有利于多机并车、单机分车与轴带发电机布置。

缺点:结构复杂、传动损失大、效率低。

间接传动多应用于中小型船舶以及以大功率中速柴油机、燃气轮机为主机的大型船舶上。

③特殊传动

特殊传动是与直接和间接传动不同的一种传动方式。它通常是指电力传动、可调螺距螺旋桨传动、液压马达传动、Z 型推进等。图 2-32 为 Z 型推进示意图,图 2-33 为可调螺距螺旋桨传动示意图。

图 2-32　Z 型推进

图 2-33　可调螺距螺旋桨传动

(2)船舶轴系

船舶轴系是船舶动力装置中的重要组成部分。船舶轴系的基本任务是:连接主机与螺旋桨,将主机发出的功率传给螺旋桨,同时又将螺旋桨所产生的推力传递给船体,以实现推进船舶。

所谓船舶轴系是指从主机的曲轴输出端法兰(或减速齿轮箱末端)至螺旋桨之间的传动轴、轴承以及轴系附件的总称。

根据船舶类型、用途和动力装置等的不同,船舶轴系的数目、布置和结构也不同。对于民用商船来说,主要有单轴系和双轴系之分;对于军用舰船来说,除单、双轴系外,还有多轴系。

如图 2-34 所示为单轴直接传动的轴系,其主要组成包括:

①传动轴:推力轴、中间轴、艉轴或螺旋桨轴。

②轴承:推力轴承、中间轴承及艉管轴承。

③轴系附件:用于连接传动轴的联轴器、制动器、隔舱填料函、艉管密封;还有中间轴承、推力轴承、艉管轴承的润滑与冷却管路等。

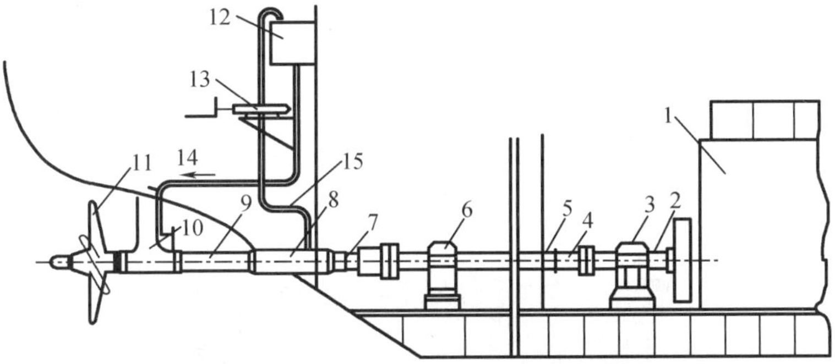

1—主机;2—推力轴;3—推力轴承;4—中间轴;5—隔舱填料函;6—中间轴承;7—艉轴;
8—艉轴管支承;9—艉轴管;10—人字架;11—螺旋桨;12—艉轴油箱;13—油泵;14—进油管;15—回油管。

图 2-34 轴系的组成

(3)船舶推进器

船舶推进器是推动船舶前进的装置。它是把自然力、人力或机械能转换成船舶推力的能量转换器。

船舶推进器的种类很多,推进器按作用方式可分为主动式和反应式两类。靠人力或风力驱船前进的纤、帆等为主动式,桨、橹、明轮、喷水推进器、螺旋桨等为反应式。现代运输船舶大多采用反应式推进器,应用最广的是螺旋桨。

①螺旋桨

螺旋桨是最常见的船舶推进装置。它是反作用式推进器,螺旋桨俗称车叶,它主要由桨毂和若干径向固定于毂上的桨叶所组成,如图 2-35 所示。螺旋桨安装于船尾水线以下,由主机获得动力而旋转,将水推向船后,利用水的反作用力推船前进。螺旋桨构造简单、质量小、效率高,在水线以下而受到保护。

自艉向艏看,正车转动时,螺旋桨沿顺时针方向转动的称右旋螺旋桨,沿逆时针方向转动的称左旋螺旋桨。对双桨船,正车时向舷外方向转动的称外旋螺旋桨,反之称内旋螺旋桨,通常双桨船采用外旋,以防止水中漂浮物被卷入而卡住。

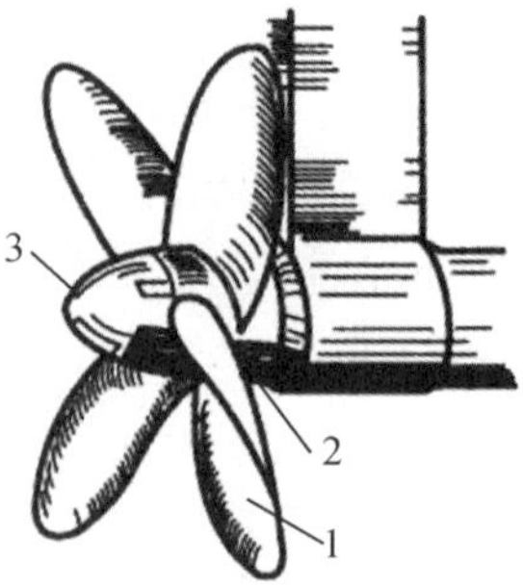

1—桨叶；2—桨毂；3—整流帽。

图 2-35 螺旋桨推进器

普通运输船舶有 1~2 个螺旋桨。推进功率大的船，可增加螺旋桨数目。大型快速客船有双桨甚至四桨。螺旋桨一般有 3~6 片桨叶，各叶片间相隔的角度相等。螺旋桨转速不宜太高，海洋货船为 100 r/min 左右，小型快艇转速高达 400~500 r/min，但效率将受到影响。

定距桨是桨叶和桨毂的相对位置固定不变，铸成一个整体，在它的叶面上各半径截面上的螺距都是相等的（或称等螺距螺旋桨、普通螺旋桨）。在普通螺旋桨的基础上，为了改善性能，更好地适应各种航行条件和充分利用主机功率，发展了可调螺距螺旋桨、导管螺旋桨（图 2-36）、串列螺旋桨（图 2-37）、对转螺旋桨（图 2-38）几种特种螺旋桨。

图 2-36 导管舵桨

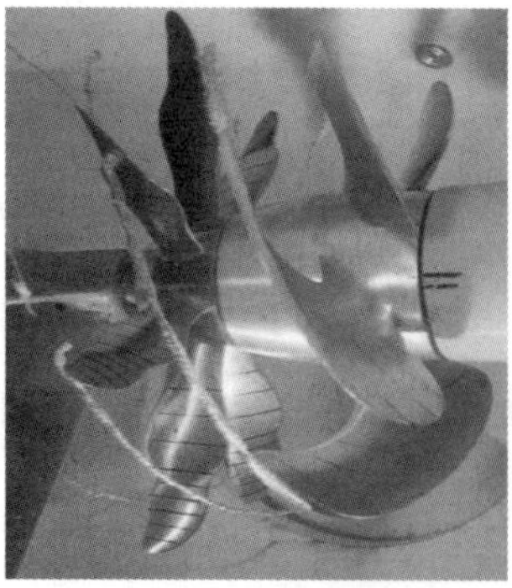

图 2-37 串列螺旋桨

图 2-38 对转舵桨

②喷水推进器

喷水推进器是一种水力反作用式推进器，用装于船内的水泵自船底吸水，经喷管向后喷射受到水的反作用力而产生推力。其机械部分装于船内，得到良好保护。喷管方向可变，便于船舶操纵，如图2-39所示。但喷管因直径受限制，管路及水泵效率不高，所以整个系统效率较低，又因水泵及喷管中有水增加了船舶质量，所以很少使用。

图2-39 喷水推进器

4. 船舶甲板机械

船舶甲板机械是指在机舱以外所有依靠动力驱动的船舶机械设备，包括舵机、锚机、系缆机、起货设备、侧推装置、减摇装置、舷梯绞车、救生艇绞车、升降机等。此外，一些特种船舶的专用设备，如滚装船的跳板和升降平台、打捞船的打捞设备、挖泥船的挖泥设备、钻井平台的支腿升降设备、渔船的网具收放设备等，都属于甲板机械的范畴。

舵设备

(1)舵设备

舵是一种承受水流作用力，以产生转舵力矩的设备。目前内河和海船普遍采用空心结构的流线型平衡舵、不平衡舵、襟翼舵（子母舵），海船多用单舵（图2-40），而内河船舶则常用双舵或三舵。

图2-40 海船单舵

舵设备是用来控制船舶航行方向，保证船舶操纵性能的装置。控制船舶航行方向的方法随船舶的类型和用途的不同而异。例如，采用喷水推进的船舶，可利用改变喷水方向实现转向;采用转动导流管舵的船舶,可利用导流管舵的偏转实现转向;装有侧向推进器(简称侧推器)的船舶,可利用侧推器所产生的侧推力实现转向。但是最普遍的是靠船舶尾部舵叶的偏转来实现转向。舵机就是用以控制舵叶偏转的重要机械设备。一个完整的操舵装置(简称舵机)由远距离操纵机构、转舵动力机械、转舵机构和舵组成,如图 2-41 所示。

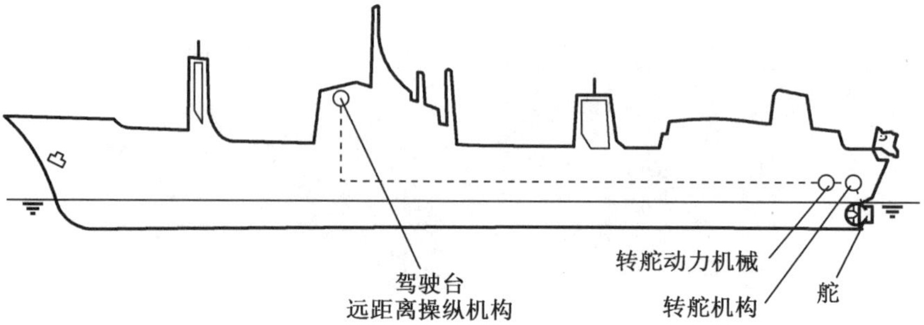

图 2-41　操舵装置布置示意图

远距离操纵机构由设于驾驶台的发送器和舵机房的受动器组成。它是操舵装置的指挥系统。转舵动力机械的功用是提供转舵动力,根据能源的不同可分为人力、蒸汽、电动和电动液压等形式。转舵机构将转舵动力机械产生的转矩传递给舵杆,并通过舵杆转动舵叶。

此外,操舵装置还有指示舵叶转角的舵角指示器、最大舵角限器和应急操舵机构等。

(2)锚设备

锚设备用于水上固定船舶、协助船舶调头或离开码头。把锚抛入水中后,锚爪便啮入水底,产生抓力,再通过锚链的传递把船舶牢固地系在水中。有时,锚设备还可用来船舶紧急制动、搁浅船舶脱险以及协助登陆艇登陆退滩等。

锚设备由锚、锚链、锚链筒、制链器、锚机、锚链管、锚链舱及附属设备组成,如图 2-42 所示。

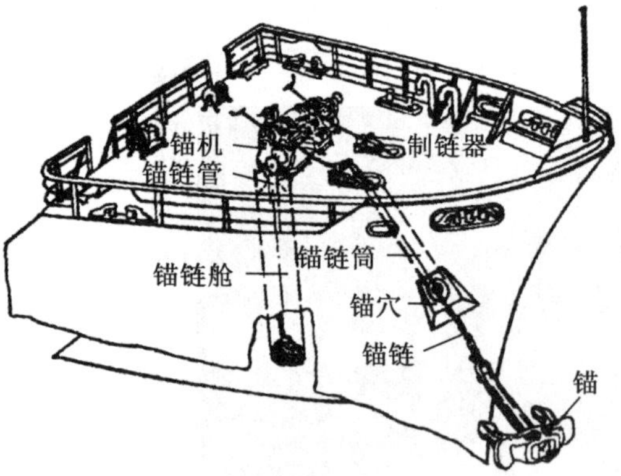

图 2-42　锚设备的组成和布置

锚设备

锚设备主要布置在船的首部,除小船外,常设两只艏锚,称为主锚。较大船还加设一只备用锚。有些内河船或登陆船艇上另设一只艉锚。从抛锚方式看,常用的方式有艏抛锚、艉抛锚及艏艉抛锚,用得最多的是艏部抛单锚,在恶劣条件下可在首部抛双锚。只有特殊情况下才抛艏艉锚。

①锚

锚的结构如图 2-43 所示，其主要作用是锚抛入水中后，锚爪便啮入水底，产生抓力，再通过锚链的传递，把船舶牢固地系在水中。对锚的基本要求是自重小，入土性佳而抓力要大。常见锚的种类有：有杆锚、无杆锚、大抓力锚、特种锚。

②锚链

锚链用于连接锚和船体。它由链环组合而成，结构如图 2-44 所示。

锚链的长度一般以 kn 为单位，27.5 m 称为一节。每节常涂以色漆作为标记，以监测锚链抛入水中的长度。锚链总长度通常为 75~625 m。

锚链节与节间用可拆的卸扣连接，以便于更换锚链和应紧时解链抛锚。与锚直接相连的一节锚链中接有转环，以避免船舶受风力和水流作用使锚链过分扭绞。

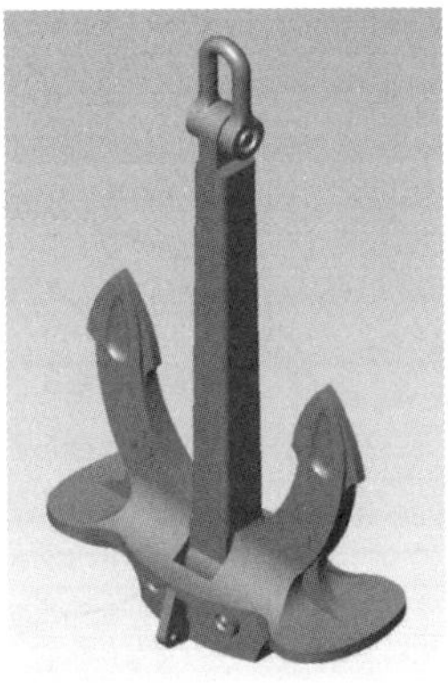

图 2-43 锚的结构

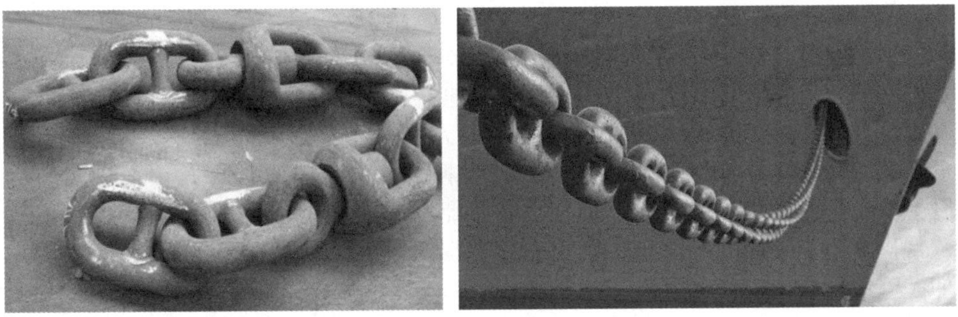

图 2-44 锚链

③锚机

锚机是收、放锚和锚链的机械，它主要由原动机、传动机构和锚链轮组成。由于一般锚机也常用于绞缆，所以通常在锚机的锚链轮主轴上装有绞缆卷筒，如图 2-45 所示。锚机的基本工作原理是电动机或液压马达通过传动机构驱动锚链轮主轴上锚链轮转动，卷放锚链，实现收绞锚或抛锚。

图 2-45 锚机

(3)系缆设备

船舶停靠码头、进出船坞、系带浮筒和拖轮编队等所有的机械和设备,称为系缆设备。它主要由系缆索、带缆桩、导缆孔、导缆钳、系缆机和绳车等组成。这些设备在甲板上的布置情况如图2-46所示。

系缆设备

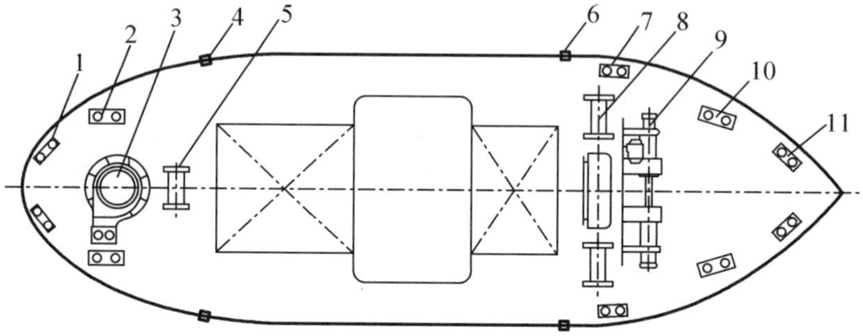

1—导缆钳;2—带缆桩;3—船尾系缆机;4—导缆孔;5—绳车;6—导缆孔;
7—带缆桩;8—绳车;9—船首系缆机;10—带缆桩;11—导缆钳。

图 2-46 系缆设备布置图

①系缆索

系缆索是用于将船舶系于码头、船坞或其他相邻船只的绳索。其类型有植物纤维索、钢丝索、合成纤维索。植物纤维索耐水性强、有浮性、柔软富有弹性,但强度稍低,多用于小船,也可作为大、中型船舶的备用系缆索。钢丝索具有强度高、较细,而且不易腐烂、使用寿命长的优点,但质量大,操作困难,常为大、中型船舶的主要系缆索。合成纤维索具有柔软、耐腐蚀、强度高的优点,缺点是与卷筒摩擦易烧损,目前不少船舶用合成纤维索作为主要系缆索,如图2-47所示。

②带缆桩

带缆桩固定于甲板和码头上,用于系绕缆索。其类型有直式带缆桩、斜式带缆桩、十字带缆桩,以及羊角带缆桩等。其中直式带缆桩使用最广,斜式带缆桩应用较少。十字带缆桩又有单头、双头之分,多用于小船。

带缆桩的结构有铸造和焊接两种,铸造的带缆桩质量较大,现已被逐渐淘汰。所以目前广泛采用的是焊接带缆桩。如图2-48所示是各种焊接带缆桩的结构。

图 2-47 船舶系缆索

图 2-48 带缆桩

③系缆机

系缆机是收卷缆索使船靠泊或拖驳靠拢本船的动力机械。按原动机可分为蒸汽系缆机、电动系缆机和液压系缆机。目前,船舶上主要采用的是电动系缆机和液压系缆机。按卷筒中心线的位置,又可分为卧式系缆机(卷筒中心线水平布置)和系缆绞盘(卷筒中心线垂直布置)。卧式系缆机占甲板面积大,原动机在甲板上易受损害,但使用维修方便。系缆绞盘占甲板面积小,原动机布置在甲板下,能得到良好保护,而且收绞缆绳的方向也不受限制。在大型船舶多用卧式系缆机(图 2-49),而系缆绞盘则多用于小船。

图 2-49 系缆机

很多船利用艏锚机兼作系缆机使用,大中型船舶的船尾部一般设置专用系缆机。有些现代化的船安装了自动系缆机,它能根据潮水涨落及船舶装载变化,自动调节缆索的长度,以避免缆索松弛或张力过大,导致管理不便。

(4)船舶起货机

尽管大多数港口都配备有起重能力更强、效率更高的港口货物装卸设备,然而,并非所有的港口都具有足够的起货设备,即使是现代化港口,也往往因在港船舶过多而一时难以应付。另外,考虑到船舶在开阔水面上有时需进行货物装卸和过驳等。所以,大多数船舶仍配备了船用货物装卸设备,用以在锚泊时进行货物装卸或与港口货物装卸设备联合作业,加快船舶周转,提高船舶营运效率。

其他设备

除了液货船、液化气船和滚装船配备专用的货物装卸设备外,大多数货船的装卸设备均为船舶货物起重机,俗称起货机。船舶起货机的类型很多,按结构型式和作业方式的不同可分为:吊杆式起货机、回转式起货机和门式起货机。目前,船舶货物起重机大多采用回转式起货机(图 2-50),集装箱船舶的装卸则采用门式起货机。

图 2-50 回转式起货机

(5)船舶侧推装置

在船舶进出港口、通过狭窄水道等需低速航行的情况下,舵效降低,给船舶操纵带来困难。船舶安装侧推装置,可以提高船舶在低速甚至零速时的操纵性能。它利用喷水的反作用力,使船体得到一个垂直于中线面的侧向推力,和舵配合能极大地提高船舶的操纵性。根据侧推装置的安装部位,有艏推装置和艉推装置之分,在现代船舶上,以艏侧推装置,亦称艏推器应用较多(图 2-51)。

当船艏部和艉部都装有侧推器时,改变两侧推器推力的方向,可以十分灵活地控制船舶的运动。当艏艉侧推器向同一方向引发出相同推力时,船舶就向一侧平移,这在靠离码头时是十分方便的。当两侧推器向相反方向发出推力时,船在原地回转。仅在艏部装侧推器的船,其操纵性的改善也是极为明显的。

(6)船舶减摇装置

海浪对船舶造成的影响,可使船舶产生六个自由度的摇荡,即纵摇、艏摇、横摇、升沉、纵荡和横荡。其中对船舶设备、乘员和货物不良影响最大的是横摇。因此,船舶安装减摇装置,均以降低船舶横摇为目的。

图 2-51 艏推器

船舶使用的减摇装置有许多种,除了舭龙骨这种被动阻尼式减摇装置,因其结构简单,航行阻力小、减摇效果明显而被普遍采用外,应用较多的应属船舶减摇鳍。

船舶减摇鳍是一种主动式减摇装置,它能根据船舶横摇角度、速度和加速度(间接反映波浪作用力矩)等信号,主动提供减摇力矩,纠正或减轻船舶横摇,减摇效果十分明显。工作良好的减摇鳍,可使船舶横摇角度限制在 30~50 以下。

如图 2-52 所示为减摇鳍的减摇原理。在船舶左右两舷各水平或向斜下方倾斜设置一鳍叶,其作用原理类似于舵叶或机翼。根据能否将鳍收入船内,减摇鳍分为可收式和不可收式两种。图 2-53 为可收式减摇鳍。

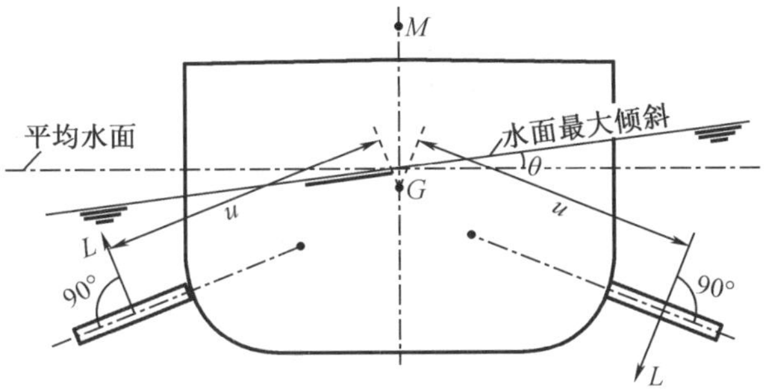

图 2-52　减摇鳍的减摇原理

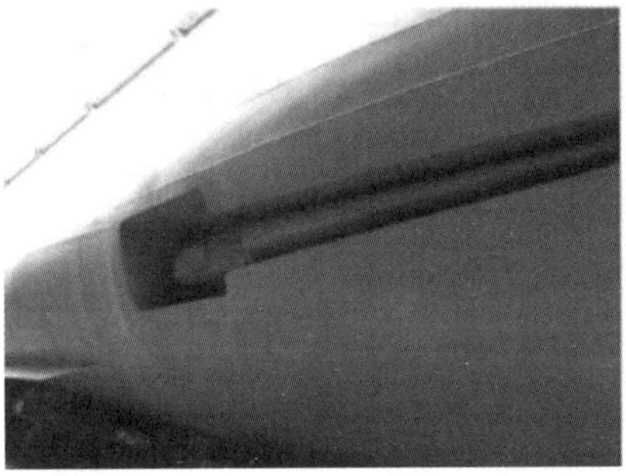

图 2-53　可收式减摇鳍

5. 船舶空气调节装置

所谓空气调节,就是对空气进行必要的处理,然后以一定的方式送入舱室,使室内空气的温度、湿度、气流速度和清新度适应生活和工作的要求。对空气进行综合处理的装置,称为空气调节装置,简称空调器。船舶由于航区、季节及气象条件的改变,外界空气的温度和湿度变化很大,同时舱室内的各种机电设备工作时产生大量的废气和热量,使舱室内空气浑浊,不新鲜,影响人员的健康和机电设备的正常工作。为此,现代船舶在生活和工作舱室设置了空气调节装置,以保持舱室空气具有适宜人员生活和工作的温度、湿度和清新度。

目前,船上常用的空气调节装置有三类:

(1)集中式空调装置

它是将空调器单独设置在一个舱室内,中间用通风管与需要空调的舱室连通,将经过处理的空气分别送到各个舱室内。适用于船员居住舱室较集中的货船。如图 2-54 所示为一种集中式空调装置示意图。图中,空气过滤器去除空气杂质,改善空气纯度,由风机吸入,若在冬季或寒冷航区空气调节器对空气进行加热和加湿处理;若在夏季或炎热航区则对空气进行冷却和除湿,然后再通过风管送入各舱室。

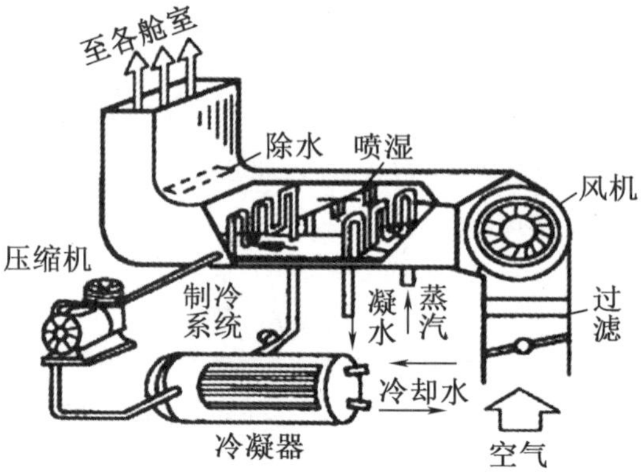

图 2-54　集中式空调装置示意图

(2)半集中式空调装置

半集中式船舶空调装置是将集中处理后送往各舱室的空气进行分区处理或舱室单独处理。适用于船舶舱室较多,而且对各类舱室的空气调节要求不同的客船。

(3)单独式空调装置

单独式空调装置是直接将空调器在需要空调的舱室内,根据需要可对空气进行调节,是一种适合于一个舱室的小型空调装置。例如机舱集中控制室会单独设专用的空气调节器。

6. 船舶锅炉

船舶锅炉是对水加热产生蒸汽的设备,是船舶动力装置的重要组成部分。它的作用随着船舶种类和主机型式的不同而有所差异,相应可分为以下几种类型:

(1)主锅炉

在蒸汽动力的船舶上,船舶蒸汽锅炉产生的高温高压蒸汽用于驱动主汽轮机运转,以推动船舶前进。同时,也为各种蒸汽辅机和其他需要以蒸汽为热源的设备提供不同质量的蒸汽。这种以驱动主汽轮机运转为主要任务的蒸汽锅炉称为主锅炉。其蒸汽压力约为 6.0~10 MPa,蒸汽温度为 520~545 ℃。由于蒸汽动力装置的船舶已基本被柴油机动力装置所取代,因此船舶主锅炉现在较为少见。

(2)辅助锅炉

在柴油机动力装置的船舶上,锅炉产生的蒸汽主要用于加热燃油、润滑油、工作水以及提供各种生活用汽如蒸饭、取暖、烧热水等。这种锅炉称为燃油辅助锅炉,简称辅助锅炉,其蒸汽压力较低,在柴油机动力装置的干货船上,一般装设一台产生饱和蒸汽的辅助锅炉,蒸汽压力约为 0.5~0.8 MPa,蒸发量为 1~2 t/h。在以柴油机为动力装置的油船上,一般装设 1~2 台产生饱和蒸汽的辅助锅炉,蒸汽压力约为 1.3~1.7 MPa,蒸发量为 20~150 t/h。在以柴油机为动力装置的大型客船上,一般也装设两台辅助锅炉,以满足船员和旅客正常生活的需要,并提高供汽的可靠性。锅炉按布置形式可分为立式锅炉和卧式锅炉,图 2-55 是船用立式燃油辅助锅炉,图 2-56 是船用卧式燃油辅助锅炉。

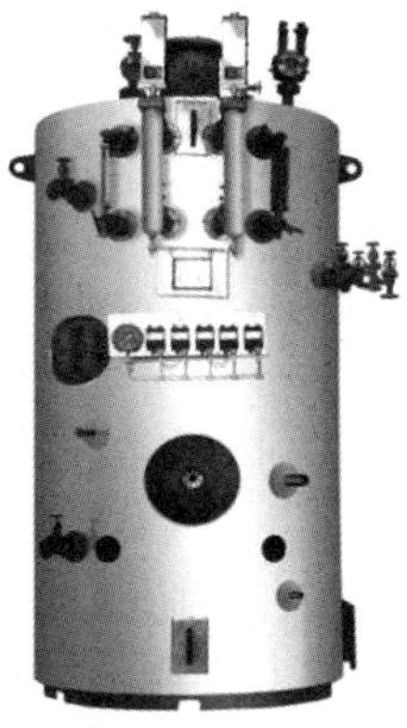

图 2-55 船用立式燃油辅助锅炉

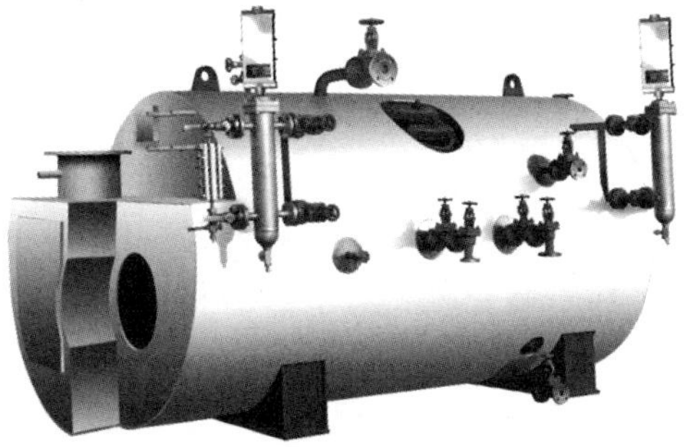

图 2-56 船用卧式燃油辅助锅炉

(3)废气锅炉

在柴油机动力装置的船舶上,作为主机的大型低速二冲程柴油机的排气温度为 250~380 ℃,四冲程柴油机的排气温度为 350~400 ℃。因此,在船舶航行时,将排气通入主机烟道中特设的锅炉中,利用主机排气的热量,把锅炉中的水加热成饱和蒸汽,以代替辅助锅炉向全船提供蒸汽,同时又提高了动力装置的热效率,这种锅炉称为废气锅炉。

废气锅炉是船舶航行时吸收柴油机排气的余热而产生蒸汽的设备。其蒸汽产量是由柴油机主机的排气量和排气温度决定的;其蒸汽压力一般与辅助锅炉相同。如图 10-3 所示为一立式火管废气锅炉。其结构极为简单。在圆筒锅壳 1 中贯穿着数百根烟管 2,锅筒两端的封头 3 兼作管板。为了使封头不致向外凸出而造成变形和减少烟管所承受的拉力,在管群中用少量厚壁管子与封头强固连接,这些管子即称牵条管。实船安装时,在锅炉的上下两端还装有进出烟箱,柴油机排气自下烟箱经烟管释放热量使炉水加热、蒸发,然后从上烟箱排出。

废气锅炉上还有各种锅炉附件和给水自动控制设备,与辅助锅炉相同。

一般情况下,船上需要的蒸汽,在航行时由废气锅炉供应,燃油辅助锅炉补充其不足;在进出港或停泊时,由燃油辅助锅炉供应。为了简化设备,有的船上把辅助锅炉与废气锅炉组合为一体,这种锅炉称为组合式锅炉。

锅炉按蒸汽压力可分低压锅炉、中压锅炉、中高压锅炉和高压锅炉。蒸汽压力在 2.0 MPa 以下者为低压锅炉;蒸汽压力在 2.0~4.0 MPa 的为中压锅炉;蒸汽压力在 4.0~6.0 MPa 的为中高压锅炉;蒸汽压力在 6.0 MPa 以上为高压锅炉。

7. 船用海水淡化装置

船舶在大海中航行,每天需要消耗大量淡水,一般淡水含盐量(NaCl)应在 1 000 mg/L 以下,远洋船舶的航线长,淡水完全靠携带,势必要减少船舶的装载能力。因此,远洋船舶一般都设有海水淡化装置(俗称造水机),一方面可减少向港口购买淡水的费用,另一方面以提高船舶续航能力,增加货运量,满足船舶航行中的多变性。

(1)船舶海水淡化方法

在船舶上的淡水主要用途包括:船舶动力装置用水、船员生活用水、船舶锅炉补给水等。

现在的海水淡化方法主要有蒸馏法、电渗析法、反渗析法和冷冻法,除某些缺少热能的作业船和潜艇采用电渗析海水淡化装置外,一般船舶几乎都采用蒸馏式海水淡化装置。

蒸馏法淡化海水,是利用盐分几乎不容于低压水蒸气的特性,使海水受热汽化,然后将海水产生的水蒸气冷凝获得含盐量很少的淡水,即蒸馏水。所以海水淡化装置又称为蒸馏装置。

船用海水蒸馏装置一般都采用真空式,其目的是便于利用温度不太高的柴油机缸套冷却水作热源,提高经济性。例如到真空度为93%时,对应的海水沸点为38.6 ℃,而一般柴油机缸套冷却水为60~65 ℃,足够用作真空式蒸馏装置的热源。第二是保持较低的加热温度能使蒸发器换热面上结垢明显减少,便于清洗。第三是有利于蒸汽净化,提高淡水品质。装置真空度越高,蒸汽密度越小,蒸汽与水滴的密度差越大,越有利于水滴的分离。

(2)真空沸腾式海水蒸馏装置

图2-57所示为真空沸腾式海水蒸馏装置原理图。当装置工作时,海水泵2所供海水的一部分经阀3流向蒸馏器1下部的竖管式蒸发器,在其竖管内向上流动。缸套冷却水作为加热工质进入蒸发器在竖管外流动,对竖管内的海水加热,海水受热沸腾汽化,产生不含溶解物的蒸汽(称为二次蒸汽)。蒸汽经汽水分离器(在冷凝器两侧,图中未示出)除去带有微量盐分小水滴后从冷凝器上部的开口进入,供冷却用的海水在冷凝器管内流动,管外的蒸汽被冷凝成淡水,由凝水泵4送至淡水舱。真空泵6不断从冷凝器中抽出气体,以保持蒸发器和冷凝器所适合的真空度,排盐泵5将蒸发器内浓缩的海水(盐水)排出舷外。

目前在柴油机船上,海水淡化装置一般都使用主机缸套冷却水作为加热工质,只有在主机停车而又需淡化装置工作时,才采用辅锅炉的减压蒸汽来加热。对某些淡水耗量较大的船舶,其动力装置的余热不足以满足装置的需要时,则可使用低压蒸汽作为补充热源。

(3)真空闪发式海水蒸馏装置

真空闪发式海水蒸馏装置的特点是使海水加热与蒸发分别在工作压力不同的容器中进行。图2-58为真空闪发式海水蒸馏装置的原理图。装置运行时,由盐水循环泵4供入的海水进入加热器5,并被加热,再经喷雾器6喷入闪发室由真空泵抽吸保持一定的真空度,室内的压力低于加热后海水的饱和压力,所以喷入的海水呈过热状态,其中一部分海水迅速闪发成汽(汽化的潜热来自另一部分未汽化的海水),产生的蒸汽经汽水分离器进入冷凝器3,海水泵9供入海水将蒸汽冷凝。凝水由凝水泵8送至淡水舱。剩下大部分未汽化的浓缩盐水,其温度已降低到与闪发室压力相对应的饱和温度,落于闪发室底部,由盐水循环泵抽出,大部分重返加热器,少部分由排污调节阀10排出舷外,以免盐水浓度过高。因蒸发和排盐所减少的海水可以从冷凝器流出的冷却海水中引一股补充,补充量可由给水调节阀11调节。

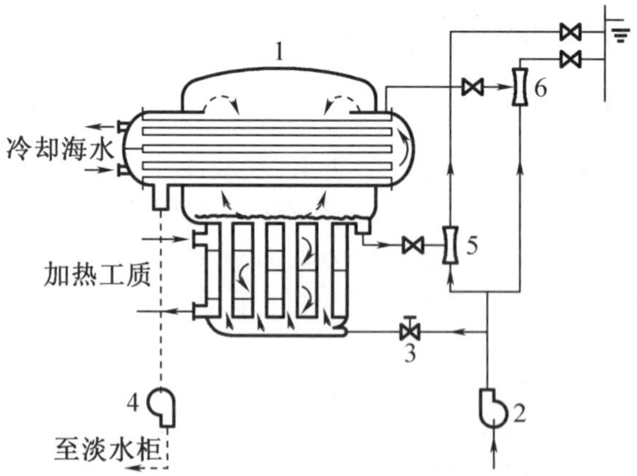

1—蒸馏器;2—造水机海水泵;3—给水调节前期;4—凝水泵;5—排盐泵;6—真空泵。

图2-57 真空沸腾式造水装置系统原理图

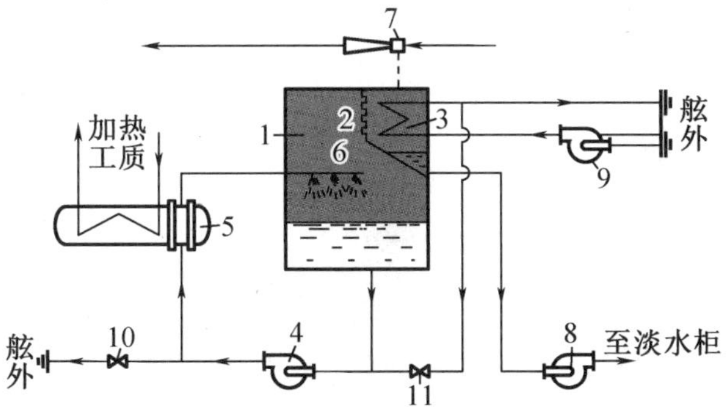

1—蒸发器;2—汽水分离器;3—冷凝器;4—盐水循环泵;5—加热器;6—喷雾器;
7—真空泵;8—凝水泵;9—海水泵;10—排污调节阀;11—给水调节阀。

图 2-58　真空闪发式海水蒸馏装置系统原理图

闪发式与沸腾式相比,由于海水在加热器中只加热不汽化,在闪发室内不加热,喷雾成汽(无加热面),减轻了海水结垢的危害,但海水闪发成汽的汽化潜热取自海水本身,闪发的海水比例小(仅占循环量的 0.8%~1.4%),限制了产汽量,单级闪发式蒸馏装置从尺寸、造价和运行经济上不如沸腾式蒸馏器,产量相同情况下,闪发式海水淡化装置的造价比蒸馏式高 35%~50%。此外,闪发式汽化所产生的二次蒸汽携带的水珠较多,为保证淡水质量,必须加大排污量,以降低盐水浓度,因此随排污所带走的热量也多,热利用率低。因此,闪发式装置虽有结垢少的优点,但经济性不如沸腾式,船上已基本不用。目前船用海水淡化装置产淡水量小于 20 t/d 的多采用真空沸腾式蒸馏器。

8. 船舶防污染装置

船舶对海洋的污染主要有两类,一种是船舶油类污染,是指由于船舶运输而使石油及其产品对海洋环境造成的污染,其主要来源是机动船舶机舱舱底污水、油船压载污水、洗舱污水以及一些海难事故及装卸事故中的溢油等。另一类是船舶非油类污染,主要是指船舶生活污水、固态废物对水域造成的污染。控制船舶对环境污染主要从船体结构、防污设施以及操作管理三方面入手。尤其是要在船舶上安装防污染装置。控制船舶机舱污水排放的装置有油水分离器和油分浓度监控装置;控制油船排放压载水、洗舱水的瞬时排油率和排抽总量的有排油监控系统以及油/水界面探测器等。船舶控制生活污水排放的主要方法是利用生活污水处理装置。控制固体垃圾排放的主要方法是使用垃圾焚烧炉。

(1)油水分离器

油水分离器是船舶对机舱污水、油船压载水和洗舱水进行处理,使其达到 IMCO 防污染公约和我国政府规定的排放标准,保护水域环境的有效和必备的设施。目前已研制出多种形式性能良好的油水分离器,并不断地改善其性能,以满足海洋和江河环境保护要求不断提高的需要。国际海事组织关于防止船舶污染的国际公约规定 400t 以上的非油船和油船机舱舱底水、油压舱水的排放,都必须通过油水分离器的处理。

船用油水分离器按用途可分为机舱舱底水分离器和压载水、洗舱水油水分离器。前者容量一般在 0.5~10 t/h,通常以 1~3 t/h 的为多见。后者容量较大。目前世界上油水分离器的最大容量为 1 000 t/h。

在船上装设油水分离器,对含油的机舱水、压舱水和洗舱水进行排放前的处理,可防止船舶对江、河、湖的污染,提高船舶营运经济性。图 2-59 为某型油水分离器外观图。

图 2-59　油水分离器

含油污水的处理方法有物理分离法、化学分离法、电分离法及生物分离法等。油污水中的油分有浮上油、分散油和乳化油三种形式,其中浮上油易分离,乳化油却难以分离。船用油水分离器目前基本上都采用物理分离法,它是利用油和水的密度差或利用过滤、吸附等物理措施使油水分离的。

常见的物理分离法有:重力分离(静置分离、机械分离)、离心分离、过滤分离和吸附分离法等。

船用油水分离器的结构形式很多,但常见的采用机械斜板式、粗粒化过滤式、斜板(或者波纹板)与粗粒化元件组合式等。现有油水分离器,采用多层斜板的机械分离为多,也有采用机械分离加纤维粗粒化元件或过滤材料分离的。

此种型式的油水分离器多用作分离机舱舱底水。其结构如图 2-60 所示。它由上下两部分立式圆桶组成。中部用螺栓连接成一个整体。上部为粗分离室 16,下部为细分离室 9,在细分离室内设置多层平行斜板 10。含油污水从进水口以切线方向进入粗分离室,并在其中作环流运动。在离心力的作用下,比较轻的油粒被水挤向中间,在多孔阻滞板 20 的阻滞下,一方面中间环流运动逐渐停止,另一方面油粒不断“长大”(粗粒化),然后沿斜板上升至集油室 19,完成了第一级的粗分离。粗分离后的油污水通过集油罩 6 中部流入细分离室 9。当微小油粒被水夹带进入斜板之间时,即被阻滞在斜板下表面,并在此聚集“长大”,直到所受到浮力足以克服本身的重力和斜板表面的摩擦阻力时,油粒开始沿斜板向外移动,并最终脱离斜板边缘而上浮。上浮的油粒集聚在集油罩 6 的下面,再经过油上升管 17 进入顶部的集油室 19,集油室中的油液经排油管 1 排至污油柜。失去了油粒的水,则从集水管 11 的径向孔进入集水管,再由排水管 12 排出舷外。

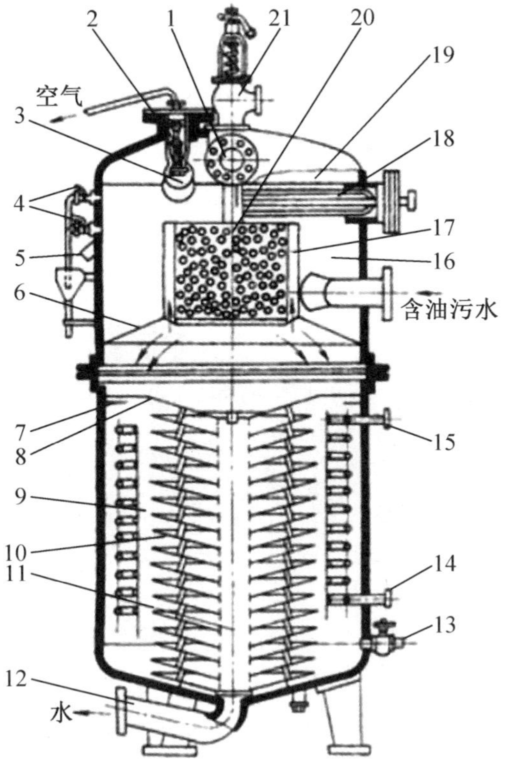

1—排油管;2—空气泄放阀;3—控制浮球;4—实验旋塞;5—自动排油电极插口;6—集油罩;7—支撑板;8—拉撑板;9—细分离室;10—斜板;11—集水管;12—排水管;13—排泄阀;14—加热蒸汽出口法兰;15—加热蒸汽进口法兰;16—粗分离室;17—油上升管;18—蒸汽加热管;19—集油室;20—多孔阻滞斜板;21—安全阀。

图 2-60 多层斜板式油水分离器

这种油水分离器结构简单,能保证在船舶倾斜 150°时能正常工作。但分离效果一般,处理后的污水含油量为 10~20 ppm。

(2)船舶生活污水处理装置

船舶生活污水是指任何形式的厕所排出的粪便污水、从医务室排出的污水、装有活的动物处所的排出物,以及混有上述几种排出物的其他废水。通常分为两类,一种是指厨房、浴室和盥洗室出来的生活污水,称为灰水;另一种指厕所、医务室、运输动物舱内的冲洗水和排水,称为黑水。生活污水中的有机物在水中微生物的作用下消耗大量的溶解氧,并使水质腐坏。固体悬浮物则悬浮于水中,影响水的透光性,从而影响水生植物进行光合作用,而污水中的病原微生物,如不进行处理直接排入海洋中,就容易引起疾病的传播。例如:大肠杆菌、肝炎病毒等,都有可能引发人类大的瘟疫和灾难。

《国际防止船舶造成污染公约》(MARPOL73/78 公约),对船舶生活污水的排放规定了一系列排放标准。所有 200 总吨以上和船员在 10 人以上的船舶,应安装船舶生活污水处理装置。

船舶生活污水处理装置根据处理方法不同可分为存储式与处理排出式两大类。处理排出式主要有生物化学处理法、物理化学处理法。

生物化学处理法(或称活性污泥法)是通过培植大批微生物消化污水中的有机物质,以达到污水处理目的。目前最常用的是用曝气培养细菌群的处理系统。它是利用好氧微生物为主的活性污泥对污水进行分解处理。粪便污水经过滤或粉碎进入收藏柜,然后流入曝气室中由曝气风机不断供入空气,维持细菌的生命活动,并借以消化污水中的有机物质,使污水净化。处理后的净水则送至消毒室,然后由排出泵排出舷外。

图 2-61 所示为活性污泥法生活污水处理装置。这种装置主要由曝气室、沉淀室和消毒室组成。另外还有排出泵、空气压缩机、浮子开关和控制箱等辅助设备。

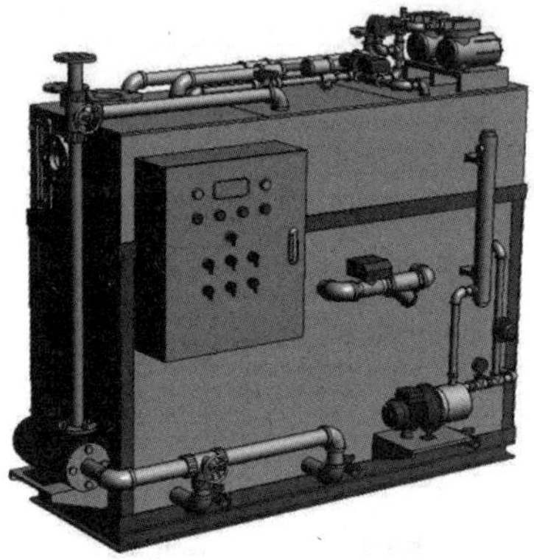

图 2-61　活性污泥法生活污水处理装置

①曝气室。生活污水由顶部进口管送入曝气室,压缩空气经安装在底部的扩散器供入污水中,搅拌污水使其与活性污泥充分混合完全接触,保证好氧性微生物生活所需氧气。经 24 h 左右曝气,污水中有机污染物质通过微生物新陈代谢分解氧化,最终转化为二氧化碳和水,使污水得到净化,同时又合成新的细胞质(活性污泥)。水和新形成的活性污泥流入沉淀池,而二氧化碳通过排气系统放出。

②沉淀室。活性污泥在沉淀室内沉淀,一部分通过空气式提升器回流到曝气室,补充活性污泥的流失,保持一定的活性污泥浓度,多余污泥定期排出。净化的水从溢流管流入消毒室。在沉淀室上部有一个集渣盘,将收集的碎片等杂质回流到曝气室。

③消毒室。从沉淀室流出的净化水经加氯器杀菌消毒后流入消毒室。加氯器由方形本体和两个填充药片的圆筒组成。净化消毒后符合排放标准的水,由排出泵排出。

这类装置运行时应特别注意,由于活性污泥的培养通常需要 10 天到 1 个月的时间,因此,每次开始使用前必须先送入一定量活性污泥或直接加入带有粪便的污水进行保温培养,经过 10 天以后再启动运行。生物化学处理污水处理效果好、体积小、简单可靠,近年来,被广泛采用。

(3)船用焚烧炉

船用焚烧炉主要用以焚烧废油和固体废弃物。废油几乎全部来自机舱,通常多含有较多的水分,但经过沉淀除水后均可燃烧。固体废弃物主要有棉纱、食物残渣、机舱和居住区所产生的可燃性垃圾等。这些固体废弃物可直接投入焚烧炉内,利用废油中的燃油燃烧掉。生活污水处理装置的污泥残渣,可直接由定量泵投入炉内焚烧,也可送入废油柜与废油混合,由粉碎机循环粉碎成可燃烧状态,通过废油燃烧器喷入炉内焚烧。

如图 2-62 所示是 CFZ-40 型焚烧炉装置系统的工作原理图。该装置主要由三部分组成:①焚烧炉本体,包括风机、燃烧器及电磁阀、仪表等;②污泥柜,包括粉碎泵组件、加热系统;③自动控制箱。污油泥或污水污泥送入带有蒸汽加热的污泥柜搅拌混合,并用粉碎泵粉碎成粒度小于 2 mm、含水率为 50%左右的颗粒乳状液,再由定量泵注入燃烧器,喷入炉内在高温负压下燃烧。固体废弃物应先装在标准袋内,在停炉时从加料门投入预燃室,受主燃烧室火焰辐射热照射温度升高,热解自焚,灰渣从灰门口排出。焚烧炉运行完全按自动控制程序进行,不需人工看管,而且焚烧液态废弃物与单纯焚烧固体废弃物控制程序不同。

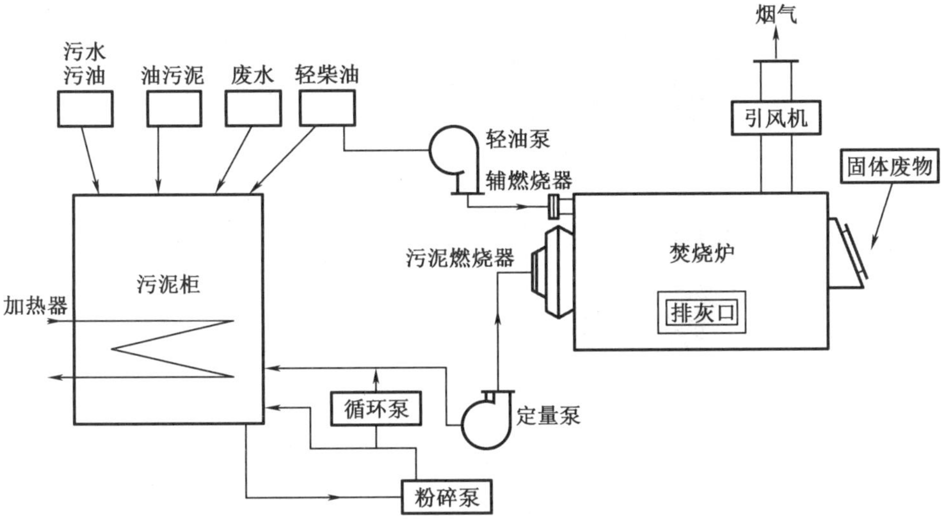

图 2-62　船用 CFZ-40 型焚烧炉装置系统

图 2-63 为一船用焚烧炉的实例。这种焚烧炉具有安全、点火容易、体积小、环境适应性好、耗能少等特点,此外,还能确保排出的烟气无烟灰和气味,避免对空气造成二次污染。

图 2-63　船用焚烧炉的实例

专题 2.4 船舶电力系统

1. 船舶电力系统的组成

现代船舶就像一个可移动的海上城市,它有许多设备都需要使用电能。在现代船舶上都配备有一个发电、配电、输电、用电的独立系统——船舶电力系统。船舶电力系统主要由电源、配电装置、电力网与负载四部分组成,如图 2-64 所示。

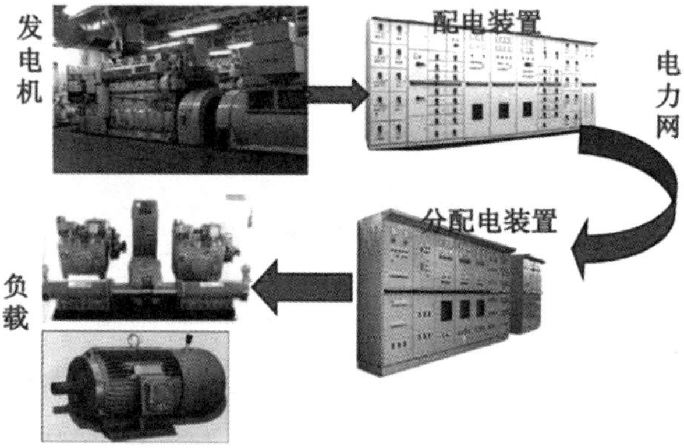

图 2-64 船舶电力系统组成

电源是将机械能、化学能等能源转变成电能的装置。船舶常用的电源装置是柴油发电机组和蓄电池组。

配电装置是对电源和负荷进行分配、监视、测量、保护、转换和控制的装置。配电装置主要可分为主配电板、应急配电板、分配电板(动力、照明)、蓄电池充放电板、弱电配电板及岸电箱等。

电力网是全船配电系统与电缆电线的总称。电网是联系发电机、主(应)配电板、分配电板和负荷的中间环节,是将电源的电能输送到负载的传输媒介。

负载即船舶各种用电设备,它是将电能转换成其他形式能量的装置。船舶负载大体可分成舱室机械、甲板机械、船舶照明、通导设备、生活及其他用电设施。

2. 船舶电力系统的主要设备

(1)柴油发电机组

柴油发电机组由柴油机、三相交流同步发电机、配套电气控制设备及各种辅助部件组成。柴油发电机组是一个技术密集型,机电一体化产品。可以有效保证连续、正常、稳定、安全用电。柴油发电机组的组成如图 2-65 所示。

其主要特点是:燃油经济、热效高;工作可靠、耐久度高;有害排放物较低、防火安全性好、单机容量等级多、起动迅速、能很快达到全功率等。

(2)蓄电池

蓄电池是一种能够储存电能的设备,如图 2-66 所示。它能把电能转化为化学能储存起来,使用时又把化学能转化为电能通过外电路释放出来。这种可逆的变换过程,可以重复循环进行。蓄电池是一种低压直流电源。它具有供电方便、安全可靠等优点。

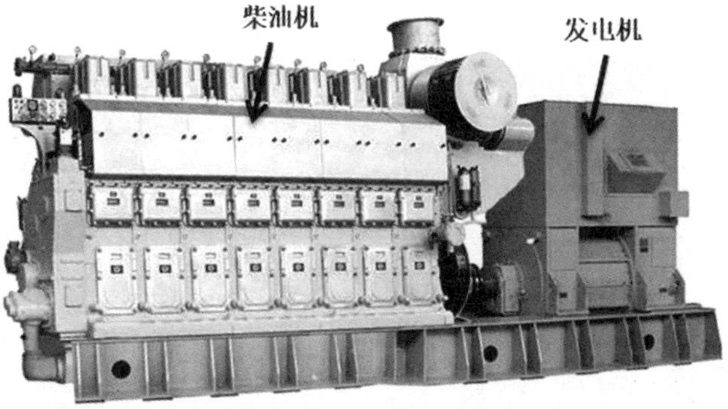

图 2-65 柴油发电机组

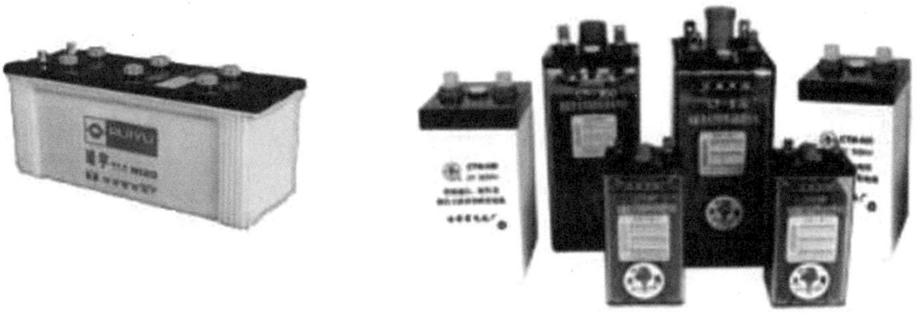

图 2-66 各种蓄电池

船用蓄电池的主要用途有:①船舶电网断电时短时提供必要的应急照明;②向船舶各类自动化装置、报警装置提供工作电源或充当其备用电源;③向发电机励磁绕组提供充磁直流电源;④向船用电话交换机提供工作电源;⑤向船舶通信、导航设备提供工作电源;⑥用作应急柴油发电机组起动电源等。

电池劣化到定额容量的80%时必须换掉,此时极板格栅已经腐蚀和膨胀,极板活性材料已经劣化,电解液已经开始干涸。此时,电池容量下降,就该退出服务。

(3)船舶配电装置

船舶配电装置是用来接收和分配船舶电能,并能对发电机、电网及各种用电设备进行切换、控制、保护、测量和调整等工作的设备。它是由各种开关、自动控制及保护装置、测量仪表和互感器、连接母线、调节手柄和信号指示等电气设备按一定要求组合而成的一个整体。

船舶配电装置的主要功能有:正常运行时接通和断开电路(手动或自动);电力系统发生故障或处于不正常运行状态时,保护装置动作,切断故障元件或发出报警信号;测量和显示运行中的各种电气参数(如电压、电流、功率、频率、功率因数、绝缘电阻等);进行某些电气参数或有关的其他参数的调整(如电压、频率即转速的调整);对电路状态、开关状态以及偏离正常工作状态进行信号指示等。

船舶配电装置按其用途的不同可分为:

①主配电板

主配电板或称主电站、总配电盘,主要由发电机控制屏、并车屏和负载控制屏组成,全船电力系统的发电、配电都集中在主配电板上进行操作控制、保护、测量和监视，可谓是全船电力系统的中枢，如图 2-67 所示。

图 2-67　船舶主配电屏

②应急配电板

应急配电板或称应急电站、应急电盘，是用来控制和监视应急电源的工作情况，并将应急发电机送出的电能，通过应急电网向全船应急负载供电的。它通常由应急发电机控制屏和应急负载屏组成(图 2-68)。一般安装在艇甲板上，与应急发电机在同一舱室中，屏上所安装的仪表和电器与总配电板基本相同，只是因应急发电机总是单机运行的，故不需要并车和逆功率保护装置。应急配电板和主配电板之间有互锁，避免同时供电造成事故。

图 2-68　船舶应急配电板

③分配电箱(盘)

分配电箱是将主配电板负载屏输送来的电能经分配电箱对所在区域的各类(或同类)用电设备进行配电。分配电箱通常又分为动力、照明、无线电、助航通信等类型，如图 2-69 所示。

④充放电箱(盘)

充放电箱(盘)是用来控制和监视充电电源的工作情况和蓄电池组的充电和放电，并对负载进行配电，图 2-70 所示。

图 2-69 分配电箱

图 2-70 充放电箱

⑤岸电箱

岸电箱是为了在船舶停泊和修理时,能将岸上的交流电源接入船舶而设置的。必须设置有相序检测、负序保护,以防将岸上的交流电以负序形式接入船舶电力网。

⑥集中综合控制台

集中综合控制台是随着计算机技术和现代控制技术的发展,而得到广泛运用的集控装置,操作人员能通过集控台方便地对各种设备进行控制。图 2-71 为轮机集中综合控制台,图 2-72 为驾驶集中综合控制台。

图 2-71 轮机集中综合控制台

图 2-72 驾驶集中综合控制台

专题 2.5 造船生产设计

船舶是一项复杂的系统工程,它既是整个水运大系统的一个分系统,受系统各方面的影响和约束,船本身又由许多子系统构成,这些子系统间相互影响、相互制约,甚至是矛盾的,因而船舶设计是一个相当复杂的过程,是一门综合性的科学技术。

船舶设计概述

造船生产设计就是把生产过程中各工位从事的作业顺序和细节清楚地表达在工作图表上,达到船舶制造在流水作业线上图、物相一致的要求。这样船舶建造就可按建造总进度表进行集中管理以提高生产效率。船舶设计包括了船体设计和轮机、电气等专业设计,而船体设计又可分为总体设计和局部设计。船舶设计是根据船舶的设计任务书,通过分析、研究、计算、绘图等工作,从选择船舶的主要要素、船体型线类型、动力装置,估算和计算各项性能,选定有关材料和设备,直至做出为建造船舶所需的全部图纸与技术文件的过程。图 2-73 为船体三维结构模型图。

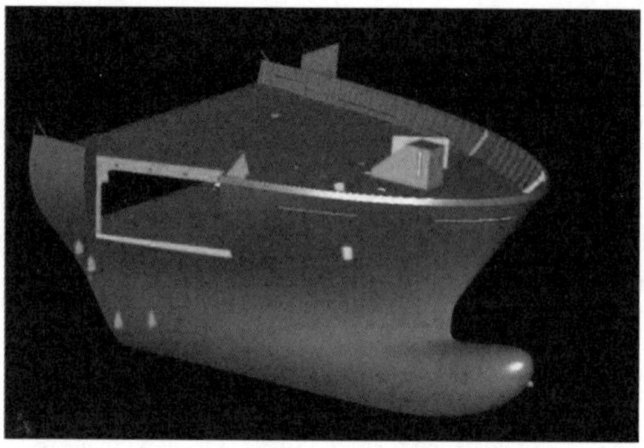

图 2-73　船体三维结构模型图

1. 船体设计的工作内容

一艘新船的设计工作涉及面很广，从专业看包括以下几个方面：船体、轮机、电气等。而在船体方面，又包括总体、性能、结构、舾装等各个部分，同时在船舶设计的各个不同阶段，设计者所要完成的工作内容又是不同的。

一艘船舶的问世大致要经历船型论证、设计和建造三个阶段。经过船型论证，产生新船的设计任务书，对新船提出使用任务和技术要求，作为设计的依据和出发点。

民用船舶的设计技术任务书主要包括：航区航线与用途、结构与布置特征、船级社的规范、动力装置与设备、航速、续航力、自持力与性能、船员及生活设施、新船的主尺度限制等。设计任务书是进行船舶设计的基础，普通船舶的设计任务书通常由用船部门提出，但有时也可经用船部门和设计部门协商后由设计部门负责编制。

船舶设计是一个不断深化的过程。下面以扩大的初步设计（或称基本设计）阶段，船体设计所要完成的内容为例加以说明。

（1）确定新船的排水量、主尺度及船型系数

这是船舶设计中最基本的首要工作。新船的主尺度合理与否，是关系新船成败的主要因素之一。通常确定新船主尺度与船型系数时要考虑的因素有：保证重量与浮力的平衡、满足船舶布置地位的需要（即满足船舶本身设备和所载货物要求的舱容、甲板面积等方面的要求）、保证船的各项技术与经济性能、考虑使用及工艺等条件。

船舶主尺度

（2）船体型线设计

船体型线是关系到新船全局性的设计项目之一。船体型线合理与否，影响到船的性能、总布置、结构、工艺等多方面。船体型线图是总布置设计、船体结构、舱容与性能计算，以及机舱布置等设计项目的依据与基础。船体型线设计应与有关设计项目，特别是与总布置设计协调进行。

船舶型线图

（3）总布置设计

通常在船舶设计初期，确定总体设想，选择与确定船的主尺度时，就要对新船的总布置格局，包括甲板层数、建筑特征、机舱位置等进行构思，勾画总布置草图。尤其对客船、汽车

渡船、调查船等复杂型船舶更是如此。

勾画总布置草图对确定一组适宜的主尺度有重要影响,待新船的主尺度确定以后就要进行正式的总布置设计。通常它需与船体型线设计协调进行,总布置设计的内容包括船主体、上层建筑及外部造型设计,进行纵倾调整,保证船有适宜的浮态,还要进行舱室内部和甲板设备的布置,规划通道与梯口等。总布置图是设计人员最能发挥主动性与创造性的项目之一,它的合理与否,对新船的使用要求、技术性能、经济效益及结构工艺等都有重要影响,也是其他设计项目的主要依据之一。

(4)船体结构设计

船体结构设计是船舶设计的一个重要内容,包括根据船的类型、使用要求及特点,选择船的结构形式;根据船的主尺度,总布置图和建造规范等计算与确定船体结构构件;绘制典型横剖面结构图;依据全船基本结构图并进行船体强度的校核。

船舶抗沉性

(5)船舶舾装设备设计

船舶舾装设备设计包括根据船的使用要求及有关规范,计算、设计与选择船的锚泊与系泊设备、舵设备、起货设备、救生设备、消防设备等。

(6)各种技术性能与经济计算

各种性能计算是船舶设计的重要内容,通常包括船的浮态、稳性(初稳性与大倾角稳性两部分)、抗沉性(特别是对海洋客船有要求)、快速性(包括阻力估算与设计螺旋桨,估算出船的航速)、最小干舷、登记吨位等。显然,各性能与使用要求、经济效益、船的安全性等有密切关系。

经济性计算包括船的造价、营运开支、货运及客运收入、年利润等内容和净现值、必要货运费率、内部投资收益率等经济指标。显然,对于民用运输船,经济性好坏是核准新船设计方案的一个重要方面,而且往往是最主要的标准。

(7)材料及设备清单

包括船体钢料(不同板材及型材的规格与数量)、各种设备与装置的型号及数量,舱室木作绝缘及甲板敷料的标准和数量等。显然,它们是估算船舶造价的重要依据。

2. 船舶设计的程序

(1)编制设计技术任务书

设计技术任务书是船舶设计的依据,它全面地反映了对设计船技术性能的要求,并对船的主要技术要素做了具体规定,如船舶类型、用途、吨位、航速、机电设备等。设计技术任务书的各项技术要素,不能凭空编造,必须经过充分调查研究,有时还要辅以必要的技术经济论证,才能确定下来。而这些要素一旦确定以后,设计船的技术经济性能大体就被确定了。从这个意义上说,任务书的编制,也是船舶设计的一个重要组成部分。

船舶设计过程

(2)初步设计

初步设计是按设计技术任务书进行的。在这个阶段里,要确定与船舶技术经济性能关系最大的一些项目,如船的主尺度和排水量、船体型线、建筑形式及总体布置、基本结构、主辅机及主要装置系统等。同时要进行船舶主要性能计算,绘制型线图、总布置图、中剖面结构图等主要图纸,编制出全船说明书和材料设备清单。

这个阶段所提供的各项技术文件应能表明船的总体性能,应能据此判断设计船在技术上、经济上的合理性、可靠性及满足任务书各项要求的程度,并作为审批的依据。

(3)技术设计

在初步设计被审查批准之后,即可着手技术设计,技术设计是初步设计的进一步深入。新船的所有主要技术性问题,都须在这个阶段内解决,要做大量准确详细的计算工作,并绘制数量较多的图纸。

这个阶段所提出的技术文件和图纸,应能满足验船部门审查、承造厂进行生产准备、估算造价、订货及绘制施工图纸等方面的需要。

(4)施工设计

技术设计被验船部门审查批准之后,根据建造厂的具体生产技术条件和船舶各项标准文件,应制订建造该船所需的船体、轮机、电气三方面的全部施工图纸和技术文件,称为施工设计。在船体方面要绘制分段结构施工图并制订工艺规程,以及绘制船舶设备、舾装的施工图等。

(5)完工设计

船舶在建造施工中,往往会对原设计进行一些修改,如房间设备变动、某一设备的更换,以及经倾斜试验确定了准确的重心垂向高度等。因此,原来的设计图纸和技术文件(如浮态与稳性计算等)就与实船不完全相符了。为反映真实情况,在船舶竣工之后,应按实际情况修改图纸并进行必要的修改计算,为用船部门提供竣工图纸和技术资料,即制订完工文件。

船舶设计阶段的划分并不是一律如上所述。有时可以根据产品特点、资料的完整程度、设计人员的经验等具体情况的不同而有所改变。如有的单位就把初步设计与技术设计合在一起称为扩大初步设计。有些小型船舶,把初步设计、技术设计、施工设计全部合在一起,整个设计一次完成,设计审批工作也只做一次。

3. 现代船舶设计的发展

现代设计法是集近代与现代各种科学方法之精髓,运用于设计领域,揭示与描述了现代设计与分析的特征、途径、方法、规律、属性与法规,它使设计活动产生了质的飞跃,从随意的、经验的、感性的、静态的与手工式的传统设计跃变为必然的、科学的、理想的、动态的与计算机相结合的现代设计。

从船舶设计学科发展的过程看,现代船舶设计的发展主要反映在设计手段及方法的进步和创新方面。这两个方面都体现了设计方法与计算机科学的紧密结合。

①计算机科学的发展为船舶设计方法的进步提供了必要条件。随着计算机应用技术以及现代化造船技术的发展,船舶设计在方法和体系上发生了巨大的变化。从传统设计方法到生产设计,将来会进一步发展到模块设计方法。船舶设计工作从单纯的设计“怎样的船”,到设计“怎样的船”和“怎样造船”,再到解决“ 怎样造更易于建造、便于维护、经济性更好的船”的问题。计算机容量的增加,运算速度的飞速提高,使船舶性能和结构的计算和分析、图形的处理成为可能。在此基础上,计算机辅助船舶设计软件的开发为新的设计方法的产生和运用提供了必要的条件。

②计算机在船舶设计中的广泛应用为现代船舶设计提供了必要手段。计算机的应用

已深深地植入到现代船舶设计的各个阶段和环节中。在船型论证、方案分析、性能计算、强度校核、结构分析、设备布置、内装设计等各个设计环节中所需的各种计算、分析、绘图工作都有相应的计算机辅助设计 CAD 软件。在设计过程中,现代船舶设计者正越来越多地使用虚拟现实技术,可以通过计算机屏幕,直接体验所设计船舶的工作环境的各种感受。

4. 现代船舶设计软件简介

国内外设计部门开发了大量的计算机辅助船舶设计软件,从设计方案的变量分析、各种技术性能及经济指标的估算和计算到工程制图的一整套设计过程都有相应的软硬件相配套,船舶设计的效能大大提高。

目前在船舶设计中常用的软件类型有:计算机辅助船舶设计 CAD 软件、计算机辅助船舶结构设计 CAD 软件、计算机辅助船舶性能计算软件、计算机辅助船舶管系设计 CAD 软件、船舶资料数据库等。由于设计、生产的日益一体化,在设计中还常用到计算机辅助船舶制造 CAM 软件。这些软件有的是单项计算程序,但许多软件已组合形成计算机辅助船舶设计、制造和管理集成系统。

(1)TRIBON 系统

TRIBON 是瑞典 KCS 公司开发的应用于船舶和近海结构物的 CAD/CAM/MIS 软件集成系统。由船体设计、舾装设计和系统管理与维护等模块构成,各个模块可共享和调用全船信息,它融船体、舾装、涂装和信息管理于一体,可用于船舶总体设计、详细设计和生产设计。在详细设计阶段生成的图形和信息,可以被生产设计阶段调用,通过交互式建模可生成船体及管系三维模型,并能自动进行零件干涉检验和管子的碰撞检查,分离后的零件可在系统内进行套料,并自动产生切割指令,计算各对象的重量、重心及油漆面积、焊缝长度等信息,并能生成各类图纸、材料清册供生成、物资部门调用。目前我国不少大型船厂和设计部门已引进该软件集成系统,用于造船生产设计。

(2)FORAN 系统

FORAN 是由西班牙 SENER 公司开发的造船 CAD/CAM/MIS 软件集成系统。该软件系统是目前世界造船业用户最多的软件之一。它提供了从概念设计到生产设计的一体化解决方案。它的多个模块可完成船舶总体布置、性能计算、型线设计、结构设计、电气和管线的设计以及船舶制造中的各种施工图纸和信息。

(3)HCS 系统

HCS(船体建造集成系统)是由中国船舶工业总公司(现为中国船舶工业集团有限公司)应用软件开发中心(ASDC)与部分船厂联合开发的船舶 CAD/CAM 软件,主要功能有:型线光顺(人机交互)、外板展开、结构定义、交互式零件套料、数据检验和切割指令动态模拟检验、与 AUTOCAD 数据图形接口等。我国很多中型船厂和设计部门都应用这套软件系统进行设计。

以上的软件集成系统,都是造船领域应用比较多的计算机辅助 CAD/CAM 软件。除此以外,各国造船厂、设计部门和软件商都开发了大量的通用或专用、单一或集成软件,并成功地应用于船舶设计中,使现代船舶设计从手段到方法都不断得到创新和进步。

专题 2.6 船舶名企

1. 中国船舶集团有限公司

中国船舶集团有限公司是按照党中央决策、经国务院批准，于 2019 年 10 月 14 日由原中国船舶工业集团有限公司与原中国船舶重工集团有限公司联合重组成立的特大型国有重要骨干企业，有科研院所、企业单位和上市公司 106 家，资产总额 8 700 亿元，员工 22 万人，拥有我国最大的造修船基地和最完整的船舶及配套产品研发能力，能够设计建造符合全球船级社规范、满足国际通用技术标准和安全公约要求的船舶海工装备，是全球最大的造船集团。

中国船舶集团有限公司有着悠久的历史渊源，1950 年 10 月，中央人民政府重工业部船舶工业局成立，并先后经历了第一机械工业部船舶工业管理局、第三机械工业部第九工业局、第六机械工业部、中国船舶工业总公司以及分设为中国船舶工业集团有限公司和中国船舶重工集团有限公司等发展阶段，在不同的历史时期，都始终坚决贯彻党中央的路线方针政策和重大决策部署，自力更生、艰苦奋斗，推动我国船舶事业实现了跨越式发展，培育传承了具有鲜明时代特征的军工精神。

中国船舶集团有限公司是海军武器装备科研、设计、生产、试验、保障的主体力量，坚持把军工科研生产任务作为政治责任和首要任务，承担以航母、核潜艇为代表的我国海军全部主战装备科研生产任务，为海军转型发展提供了有力支撑。图 2-74 为我国第一艘国产航空母舰“山东舰”入列，图 2-75 为我国自主建造的战略核潜艇（前）和攻击核潜艇（后）。

中国船舶集团有限公司是我国船舶工业发展的主力军，培育了超大型智能原油轮、液化天然气运输船、超大型集装箱船等集研发、制造、配套为一体的世界级海洋装备先进产业集群，并不断向全球产业链和价值链高端延伸，引领我国由世界第一造船大国走向造船强国，为我国经济社会发展和全球海洋事业发展做出了重要贡献。

图 2-74 我国第一艘国产航空母舰“山东舰”入列

图 2-75 我国自主建造的战略核潜艇(前)和攻击核潜艇(后)

2. 招商局工业集团有限公司

招商局工业集团有限公司(简称“招商局”)是中央直接管理的国有重要骨干企业,总部设于香港,亦被列为香港四大中资企业之一。是入围《财富》世界 500 强榜单的企业。图 2-76 为招商局工业集团有限公司。

图 2-76 招商局工业集团有限公司

招商局是中国民族工商业的先驱,其前身创立于 1872 年晚清洋务运动时期。招商局曾组建了中国近代第一支商船队,开办了中国第一家银行、第一家保险公司等,开创了中国近代民族航运业并涉及许多其他近代经济领域,在中国近现代经济史和社会发展史上具有重要地位。招商局 1978 年即投身改革开放,并于 1979 年开始独资开发了在海内外产生广泛影响的中国第一个对外开放的工业区——蛇口工业区,为中国改革开放事业探索提供了有益的经验。

招商局工业集团有限公司成立于 1997 年 11 月,是招商局集团在友联船厂有限公司和招商局发展有限公司的基础上重组成立的行业管理公司。其业务源于 1874 年招商局在上海设立的中国第一家修船厂——同茂铁厂,其总部位于香港,新加坡、荷兰、意大利、芬兰、波兰、德国等十余个国家设有驻外机构,在粤港澳、渤海湾、长三角、长江经济带布局多个生产制造基地。业务主要聚焦海洋装备维修改装、海洋工程装备制造、特种船舶制造、邮轮制造等,分别形成了友联船厂、招商重工、招商金陵、招商邮轮四大特色业务品牌。公司聚焦高端、环保、经济、科技型海洋装备和邮轮制造,打造我国走向深蓝的工业力量。

3. 中国远洋海运集团有限公司

中国远洋海运集团有限公司(简称中国远洋海运集团)于 2016 年 2 月 18 日在上海正

式成立,集团由中国远洋运输(集团)总公司与中国海运(集团)总公司重组而成,是国务院国有资产监督管理委员会直接管理涉及国计民生和国民经济命脉的特大型中央企业,总部设在上海。集团业务包括航运产业集群、港口产业集群、物流产业集群、装备制造产业集群、航运金融产业集群等多个领域。2021 年《财富》世界 500 强排行榜发布,中国远洋海运集团有限公司位列榜单 231 位。

中远海运重工有限公司(中远海运重工)是中国远洋海运集团有限公司旗下的装备制造产业集群,拥有 9 家大中型船厂,是以船舶和海洋工程装备建造、修理改装及配套服务为一体的大型重工企业。主要从事船舶制造、船舶修理、海工及模块制造和船舶配套、集装箱等物流装备制造等相关业务。每年可建造各类商船 750 多万载重吨,年修理和改装船舶可达 1 500 余艘,年可承建海工产品 12 个、海工模块 20 组,覆盖从近海到深海的全部类型,多个项目属世界首制和国际高端产品。图 2-77 为世界首座圆筒型超深水钻探储油平台。

图 2-77　世界首座圆筒型超深水钻探储油平台

4. 江苏扬子江船业集团公司

江苏扬子江船业集团公司是以船舶和海洋工程制造为主,航运租赁、贸易物流、地产置业为补充的多元化大型企业集团。公司源于 1956 年的江阴县城修造船合作社,1992 年正式挂牌成立江苏扬子江船厂,1999 年江苏扬子江股份制改制,成为全国第一家实现改制的国有船厂,2007 年扬子江船业在新加坡成功上市,进入快速发展周期,2010 年通过兼并、收购、新建造船基地,从快速扩张发展转为平稳发展。

集团公司现下辖江苏新扬子造船有限公司、江苏扬子鑫福造船有限公司、江苏扬子三井造船有限公司及江苏扬子江船厂有限公司 4 家造船企业,分布于长江下游江苏省境内的靖江市、泰兴市和太仓市的黄金水道两岸。公司拥有大型干船坞三座,大中型船台三座,年造船生产能力 600 万载重吨,以大中型集装箱船、散货船、油轮、化学品等液货船、LNG、LEG、LPG 等清洁能源船、各种多用途船和海洋工程装备为主流产品。图 2-78 为江苏扬子江船业集团公司。

图 2-78 江苏扬子江船业集团公司

模块二思考题:

1. 简述大型主流船型船体的基本组成。
2. 简述大型主流船型甲板结构。
3. 船舶动力装置的主要任务是什么?
4. 在热机中,柴油机有哪些优缺点?
5. 船舶推进装置的任务是什么?
6. 船舶推进装置的传动方式有哪些? 各有什么特点?
7. 船舶舵机的功用是什么?
8. 锚设备的功用是什么? 锚设备的基本组成有哪些?
9. 船用空气调节器的基本功用是什么?
10. 柴油机船为什么设置废气锅炉?
11. 简述海水淡化装置类型及工作原理。
12. 船用焚烧炉应满足的基本要求有哪些?
13. 简述生物化学处理法(活性污泥法)处理污水的工作原理?
14. 船用蓄电池的主要运用有哪几个方面?
15. 简述船舶设计任务书的主要内容。

模块3 船舶专业学习

德育导学：

追求卓越,新时代呼唤更多的“大国工匠”

“天下大事,必作于细”。执着专注、精益求精、一丝不苟、追求卓越的工匠精神,既是中华民族工匠技艺世代传承的价值理念,也是我们开启新征程,培养大批具有突出技术创新能力、善于解决复杂工程问题的高素质技能人才和卓越工程师,是我国从制造业大国向制造业强国转变的关键。

海洋工程概述

2021年12月1日国务院常务会议审议通过了“十四五”职业技能培训规划,加快培养更多高素质技术技能人才、能工巧匠、大国工匠。“大国工匠”培育按下加速键。

培养高素质技能人才具有战略性意义。我国是制造业大国,2020年工业增加值达到31.31万亿元人民币,连续11年位居全球第一。我国制造业的蓬勃发展有赖于大批技能人才的辛勤贡献。随着我国经济和社会转型升级加速,加快培养高素质劳动者和技能人才具有十分重要的战略意义。

产业升级需要更多高素质技能人才。“十三五”以来,我国加快推动经济和产业结构调整,新动能新产业新业态加快成长,工业战略新兴产业发展迅速,2017—2020年规模以上工业战略性新兴产业增加值保持了7%以上的增速。其中,高技术制造业增加值从2017年的31 167亿元增长到2020年的47 091亿元,占规模以上工业增加值的比重从2017年的12.7%提升到15.1%;装备制造业增加值从2017年的80 248亿元增长到2020年的105 096亿元,占规模以上工业增加值比重从2017年的32.7%提升到33.7%。战略新兴产业和高端制造业的持续发展对高素质技能人才的数量提出了越来越大的需求,但当前我国高素质技能人才供给无法满足产业的发展需要,人才缺口巨大。

加强职业教育和技能人才培养符合共同富裕要求。我国拥有超过2亿的庞大技能劳动者群体,促进这一群体成为中等收入者,是扩大内需、破解教育内卷,是实现共同富裕的重要途径。因此,通过强化职业教育,提升技能型人才的收入水平与社会地位,合理缩小不同学历之间收入差距,实现社会晋升通道的多元化,既是破解教育内卷的根本途径,也是实现共同富裕的重要努力方向。

培育大批能工巧匠是突破关键技术“卡脖子”的重要举措。教育部印发《职业教育专业目录(2021年)》(以下简称《目录》),新版《目录》按照“十四五”国家经济社会发展和2035年远景目标对职业教育的要求,在科学分析产业、职业、岗位、专业关系基础上,一体化设计中等职业教育、高等职业教育专科、高等职业教育本科不同层次专业。《目录》服务国家战略需求,针对高端海洋装备制造业的需求,新增海洋工程装备技术、邮轮内装技术等专业,可以弥补高技术船舶制造领域技术技能人才培养方面的不足,为我国破解关键技术“卡脖子”提供更丰富的技能人才支持。

塑造良好社会风尚,工匠精神不可或缺。面向行业内,大国工匠要在技术上出类拔萃;面向全社会,大国工匠要在精神上起模范作用。工匠要有塑造产品品质的卓越技能,也要有精进、专注的良好风貌。技艺高超但精神风貌差,不能称为大国工匠;精神风貌好但技不能服人,也不能称为大国工匠。为此,不仅要呼吁培养更多大国工匠,还要弘扬工匠精神、厚植工匠文化。让大国工匠激励各行各业的人爱岗敬业、不断磨炼、改变浮躁心态。经济发展需要大国工匠的高超技艺,社会进步需要弘扬“执着专注、精益求精、一丝不苟、追求卓越”的工匠精神。弘扬工匠精神也有利于全社会形成热爱劳动的氛围。视劳动为光荣、以社会进步为己任,这才是国家发展的原动力,也是和平年代个人追求幸福生活的前提。

再雄厚的资本也必须由人来变成生产力,再先进的技术也需要劳动者付诸实践才能落地。技能人才买不来,必须自己培养。大国工匠是技能人才的佼佼者,发挥他们的引领示范作用能促进领域内整体技术水平提升。现实中,产业工人绽放光芒的舞台愈加广阔,2021 年度 363 名高技能人才获全国五一劳动奖章。从越来越多的中国技工参加世界技能大赛到各类技能赛事和培训遍地开花,从深化职业教育改革到加大对技能人才的奖励表彰,呼唤更多高技能人才、能工巧匠、大国工匠成为时代交响。

专题 3.1 船舶行业职业类型

职业分类是指按一定的规则、标准及方法,按照职业的性质和特点,把一般特征和本质特征相同或相似的社会职业,分别归纳到一定类别系统中去的过程。重视船舶行业职业分类问题的研究,不仅是形成产业结构概念和进行产业结构、产业组织及产业政策研究的前提,同时也是对船舶行业劳动者及其劳动进行分类管理、分级管理及系统管理的需要。

1. 船舶行业职业岗位

船舶行业是一个庞大的社会系统工程,产业关联性强,行业的发展可以极大地促进与之相关的各个产业,能够快速带动地方经济发展。船舶行业职业依据其岗位性质可以划分为船舶行业管理层、船舶企业管理层、造船生产管理层、造船技术服务层、造船技能操作层等。船舶行业职业岗位状况见表 3-1。

表 3-1 船舶行业职业岗位状况

	职业岗位	行业地位	岗位状况
船舶行业职业岗位	船舶行业管理层	行业中居于较高的地位	对于行业发展具有决定性影响力
	船舶企业管理层	代表着企业发展方向	在行业中社会地位较高
	造船生产管理层	先进技术的代表者,推动船舶行业进步的重要力量	收入稳定且多元化,受市场环境影响较小
	造船技术服务层	船舶行业中间层的重要组成部分	收入不稳定,易受到市场环境影响,岗位状态不稳定
	造船技能操作层	具体的岗位技能操作人员	基本依靠工资收入,人员在船舶行业中流动性大

①船舶行业管理层。船舶行业管理层在行业结构中居于较高的地位，是整个船舶行业结构中的主导性阶层，是船舶行业经济发展及市场主要推动者和组织者。这一阶层的社会态度、利益及行动取向和品质特性，对于船舶行业发展具有决定性的影响力。

船舶行业管理层主要包括交通运输部、海洋主管部门等国家涉船涉海部门的高级领导，中国船舶集团高级领导，大型海运集团、海工集团、海洋石油企业的高级领导等。船舶行业管理层主要任务是提出新型船舶和海洋工程工业化发展战略和政策，协调解决国家海洋战略发展进程中的重大问题，拟订并组织实施工业、信息化的发展规划，推进船舶产业结构战略性调整和优化升级。制定并组织实施船舶行业规划、计划和产业政策，提出优化产业布局、结构的政策建议，起草制定相关法律法规草案和规章，拟订船舶行业技术规范和标准并组织实施，指导行业质量管理工作。

②船舶企业管理层。船舶企业管理层主要包括大型国有船舶企业、大型民营船舶企业、大型外资企业的决策层。

船舶企业管理层代表着船舶企业的发展方向。这一阶层的成员支配着大量的经济资源，基本都有较高的学历和专业知识水平。同时，在行业中社会地位也较高，是整个行业的既得利益者。

③造船生产管理层。造船生产管理层主要包括大型船舶企业主要部门负责人、大型民营公司高级专业人员、中小船企领导、船级社专业技术人员、船舶设备代理/贸易公司老板等。

船舶技术管理人员大致可分为：生产管理（工程主管）、安全管理（安管主管）、质量管理（质量主管）、技术管理（技术主管）、其他（包括财务、人力资源、经营管理、后勤保障等）。前面 4 类是企业管理人员中占人数最多的，特别是生产和技术管理人员。

生产管理人员负责生产计划制定、控制和协调。质量管理人员负责产品各工序的检验、对外报验。安全主管负责安全监督、执行公司安全管理规定。技术管理人员负责施工方案的确定、出施工图纸、解决施工中的工艺问题。企业中的大多数管理人员是大专以上文化程度的，要求这些管理人员必须是有本专业的基本知识。在沟通协调能力上有较高要求，因为无论修船还是造船都是多工种、多部门协作作业的。由于很多造船企业，尤其是有一定规模的客户大多为外国船东，在日常工作中需要与船东代表共同处理施工中的问题，故许多企业还要求主管能够用英文进行沟通。

他们是船舶行业的主干群体，也是先进技术的代表者，船舶行业利益的把持者。还是高层的后备梯队。是推动船舶行业进步的重要力量。该阶层收入稳定且多元化，受市场环境影响较小。

④造船技术服务层。造船技术服务层主要包括普通技术人员、船舶企业一线生产管理人员、小企业中层管理人员、船企外协工、施工队管理人员。

这一阶层是船舶行业流动链中的重要一环，其成员是上面几个层面的后备军。同时，造船技能操作层也可以通过这一层面实现上升流动。这一层面也是船舶行业中间层的重要组成部分，但是该阶层收入不稳定，容易受到市场环境影响，进而造成岗位状态也不稳定。

⑤造船技能操作层。造船技能操作层主要是具体的岗位技能操作人员，主要包括小企业中各岗位的毕业生、船企外协工、施工队员工、一线生产操作人员等。船舶生产操作人员的工作岗位涉及到电焊工、装配工、精度员、技术员（工艺员）调度员、安全员、质量员、行车

工、起重工、下料工、配套工、冷弯加工班、火工、管工、舾装工、电工、居装工等。这类员工基本只依靠工资收入，没有其他收入来源，基本只能维持日常生活开支或略有结余，目前这类人员在船舶行业中流动性最大。

2. 船舶行业职业升迁

船舶行业的人员是利用专门的造船知识和技能，为社会创造物质财富和精神财富，获取合理报酬并作为物质生活来源，以满足精神需求的。船舶行业的职业分类体现在分工体系的每一个环节上，劳动对象、劳动工具以及劳动支出形式都各有特殊性，这种特殊性决定了船舶行业的各种职业之间的区别。世界各国国情不同，其划分职业的标准有所区别。我国船舶行业从业人员主要有船舶行业管理层、船舶企业管理层、造船生产管理层、造船技术服务层、造船技能操作层五个层面，每个层面都包含若干个不同的工种。

船舶与海洋工程装备类专业毕业生进入企业初期可胜任船舶装配技术员、设备维护技术员、检验员、工艺设计员、品质管理员、技术服务等船舶生产操作岗位，3~5 年后可胜任生产主管、设备主管、技术主管、品质主管等船舶现场技术岗位，10 年左右可胜任相关企业的生产部长、生产厂长等企业技术管理岗位。图 3-1 是一般情况下的造船企业从业人员升迁路径图。

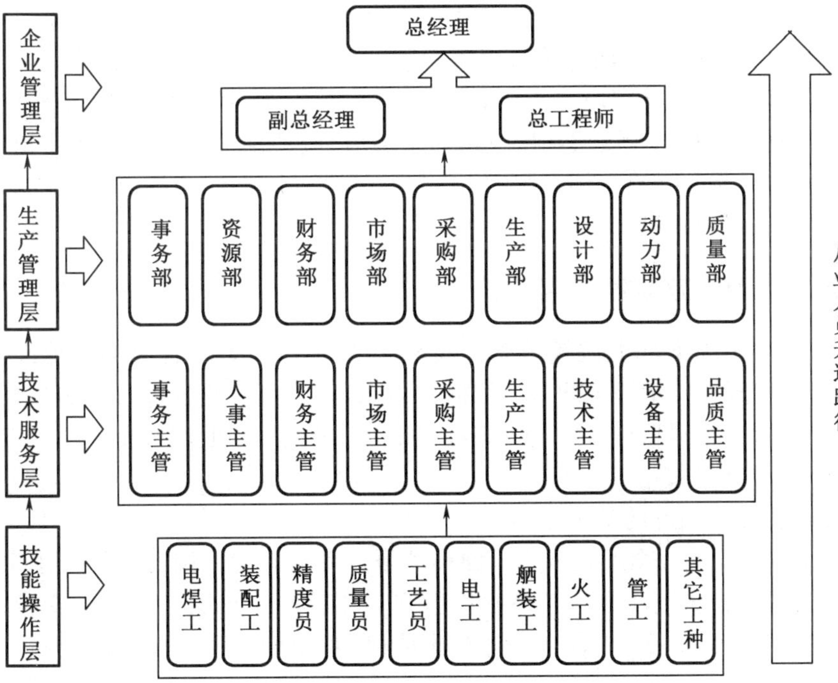

图 3-1 从业人员升迁路径图

专题 3.2 专业人才培养模式

人才培养模式是指在一定的教育思想和教育理论的指导下，为实现培养目标（含培养规格）而采取的教育教学组织样式和运行方式。高等职业教育人才培养模式是指在一定高职教育理念引领下,以社会需求和高职人才培养目标为导向,依托自身可利用的办学条件,在特定时限内为学生达到一定职业人才规格要求所预设的知识、能力和素质结构,以及实现这种结构的较为稳定的施行范式。

1. 人才培养模式基本特征

我国的高等职业教育旨在培养拥护党的基本路线,适应生产、建设、管理、服务第一线需要的,德、智、体、美等方面全面发展的高素质技术技能型专门人才。人才培养模式是以能力为中心,强调职业性和适应性。这种人才培养模式具有以下几个方面特征:

①以培养适应生产、建设、管理、服务第一线需要的高素质技术技能型人才为根本任务;

②以社会需求为目标、技术应用能力的培养为主线设计教学体系和培养方案;

③以“应用”为特征构建课程和教学内容体系,基础理论教学以应用为目的,以“必需、够用”为度;

④专业课加强针对性和实用性,实践教学的主要目的是培养学生的技术应用能力,在教学计划中占较大比例;

⑤“双师型”师资队伍的建设是高职高专教育成功的关键;

⑥产学结合、校企合作是培养技术应用型人才的基本途径。

人才培养模式主要解决高等职业教育“培养什么人才”和“怎样培养人才”这两个根本性问题,培养目标和质量规格是其核心因素。因此,在人才培养规格上要求学生应在具有必备的基础理论知识和专门知识的基础上,重点掌握从事本专业领域实际工作的基本能力和基本技能,具有良好的职业道德和敬业精神。当前,应特别关注学生的职业道德教育、高技能培养、终身学习能力培养和团队精神培养。在此基础上,各个高职院校均有适合自身特点的具体化的人才培养模式。

2. 专业人才培养方案制订与实施

专业人才培养方案是职业院校组织开展教学活动、安排教学任务的规范性文件,是实施专业人才培养和开展质量评价的基本依据。为落实《国家职业教育改革实施方案》、推进国家教学标准实施、提升职业教育质量,教育部出台了《关于职业院校专业人才培养方案制订与实施工作的指导意见》。

(1)人才培养方案制订的基本原则

①坚持育人为本,促进全面发展。全面推动习近平新时代中国特色社会主义思想进教材进课堂,积极培育和践行社会主义核心价值观。传授基础知识与培养专业能力并重,强化学生职业素养养成和专业技术积累,将专业精神、职业精神和工匠精神融入人才培养全过程。

②坚持标准引领,确保科学规范。以职业教育国家教学标准为基本遵循,贯彻落实党和国家在课程设置、教学内容等方面的基本要求,强化专业人才培养方案的科学性、适应性和可操作性。

③坚持遵循规律,体现培养特色。遵循职业教育、技术技能人才成长和学生身心发展规律,处理好公共基础课程与专业课程、理论教学与实践教学、学历证书与各类职业培训证书之间的关系,整体设计教学活动。

④坚持完善机制，推动持续改进。紧跟产业发展趋势和行业人才需求，建立健全的行业企业及第三方评价机构等多方参与的专业人才培养方案动态调整机制，强化教师参与教学和课程改革的效果评价与激励，做好人才培养质量评价与反馈。

(2)专业人才培养方案的主要内容及要求

专业人才培养方案应当体现专业教学标准规定的各要素和人才培养的主要环节要求，包括专业名称及代码、入学要求、修业年限、职业面向、培养目标与培养规格、课程设置、学时安排、教学进程总体安排、实施保障、毕业要求等内容，并附教学进程安排表等文件。学校可根据区域经济社会发展需求、办学特色和专业实际制订专业人才培养方案，但须满足以下基本要求。

①明确培养目标。依据国家有关规定、公共基础课程标准和专业教学标准，结合学校办学层次和办学定位，科学合理确定专业培养目标，明确学生的知识、能力和素质要求，保证培养规格。要注重学用相长、知行合一，着力培养学生的创新精神和实践能力，增强学生的职业适应能力和可持续发展能力。

②坚持把立德树人作为根本任务，不断加强学校思想政治工作，持续深化"三全育人"综合改革，把立德树人融入思想道德教育、文化知识教育、技术技能培养、社会实践教育各环节，推动思想政治工作体系贯穿教学体系、教材体系、管理体系，切实提升思想政治工作质量。

(3)制订程序

①规划与设计。学校应成立由行业企业专家、教科研人员、一线教师和学生(毕业生)代表组成的专业建设委员会，共同制(修)订专业人才培养方案。

②调研与分析。专业建设委员会进行行业企业调研、毕业生跟踪调研和在校生学情调研，分析产业发展趋势和行业企业人才需求，明确本专业面向的职业岗位(群)所需要的知识、能力、素质。

③起草与审定。结合专业教学标准，准确定位专业人才培养目标与培养规格，合理构建课程体系、安排教学进程，明确教学内容、教学方法、教学资源、教学条件保障等要求。学校组织由行业企业、教研机构、校内外一线教师和学生代表等参加的论证会，对专业人才培养方案进行论证后，提交校级学术委员会会议审定。

④发布与更新。审定通过的专业人才培养方案，按程序发布执行，报上级教育行政部门备案，并通过学校网站等主动向社会公开，接受全社会监督。学校应建立健全专业人才培养方案实施情况的评价、反馈与改进机制，根据经济社会发展需求、技术发展趋势和教育教学改革实际，及时优化调整。

3. 专业课程体系

高职专业技术人才培养目标是把学生培养成为生产一线的高素质技术技能应用型人才。所以，在确定专业人才培养目标的基础上，应以专业教育与通识教育理论为依据，构建专业课程体系。

(1)规范课程设置

一般来说，专业课程体系由基础课程和专业(技能)课程组成。基础课程由必修课程和选修课程组成。

在构建基础课程时，一般需要考虑思想政治品德素质、人文素质、计算机应用能力、英语应用能力、通用技能、身心健康、就业与创业、审美与人文几个方面。严格按照国家有关规定开设公共基础课程，全面推动习近平新时代中国特色社会主义思想进课程，根据有关文件规定开设关于国家安全教育、节能减排、绿色环保、社会责任、海洋科学、管理等人文素养、科学素养方面的选修课程、拓展课程或专题讲座（活动），并将有关知识融入专业教学和社会实践中。学校还应当组织开展劳动实践、创新创业实践、志愿服务及其他社会公益活动。

专业（技能）课程体系具有很强的专业性，需要与培养目标相适应，课程内容要紧密联系生产劳动实际和社会实践，同时应遵循职业成长与认知学习规律，注重学生职业能力和职业精神的培养。一般按照相应职业岗位（群）的能力要求，确定 6~8 门专业核心课程和若干门专业课程。专业（技能）课程体系建立的过程分为以下几个过程：

①在分析专业主要职业岗位（群）的基础上，提炼出具有代表性的典型工作任务。

②通过对典型工作任务的调研分析，分解出专业学习领域。

③围绕专业学习领域，开发核心课程。

④在总体课时、学分和职业技能要求的前提下，构建完整的专业课程体系。

（2）合理安排学时

三年制高职一般每学年安排 40 周左右教学活动。三年制高职总学时数通常不低于 2 500 学时，公共基础课程学时应当不少于总学时的 1/4。高职选修课教学时数占总学时的比例应当不少于 10%。

在构建专业课程体系时，必须结合以下几个方面：

①职业技能要求。为了把学生培养成高素质的技能型人才，应要求学生能取得一定数量的与专业密切相关的技能证书，并使技能证书的考核与相关的课程相衔接。

②注意每门课程的前导课程与后继课程之间的逻辑关系，保证课程学习内容不脱节、没有过多的重复。

③鼓励学生自主学习，将学生取得的行业企业认可度高的有关职业技能等级证书或已掌握的有关技术技能，按一定规则折算为学历教育相应学分。

（3）强化实践环节

加强实践性教学，实践性教学学时原则上占总学时时数 50%以上。要积极推行认知实习、跟岗实习、顶岗实习等多种实习方式，强化以育人为目标的实习实训考核评价体系。学生顶岗实习时间一般为 6 个月，可根据专业实际，集中或分阶段安排。推动职业院校建好用好各类实训基地，强化学生实习实训。统筹推进文化育人、实践育人、活动育人，广泛开展各类社会实践活动。

（4）促进书证融通

根据国家有关规定、专业培养目标和培养规格，结合学校办学实际，进一步细化、明确学生毕业要求。鼓励学校积极参与开展 1+X 证书制度试点工作，将职业技能等级标准有关内容及要求有机融入专业课程教学，优化专业人才培养方案。

（5）加强分类指导

鼓励学校结合实际，制订体现不同学校和不同专业类别特点的专业人才培养方案。对退役军人、下岗职工、农民工和新型职业农民等群体单独编班，在标准不降的前提下，单独编制专业人才培养方案，实行弹性学习时间和多元教学模式。实行中高职贯通培养的专业模式，结合实际情况灵活制订相应的人才培养方案。

4. 现代学徒制人才培养模式

现代学徒制是当前我国高等职业教育领域改革的重要内容。2014 年 2 月 26 日，国务院会议正式提出开展现代学徒制试点。随后，《教育部关于开展现代学徒制试点工作的意见》详细阐明了现代学徒制试点的重要意义、指导思想和工作原则。伴随着现代学徒制试点工作的稳步推进，社会各界对现代学徒制开展了广泛的研究和实践。

(1) 现代学徒制的基本内涵

我们通常把近代资本主义以前的学徒制，统称为传统学徒制。“学徒制”的概念最早出现于中世纪，它是指师傅将经验、知识、技能等“手把手”的传授给徒弟的“面授”教育方式，从手工艺诞生之日学徒制就产生了。西方关于“学徒制”文献的记载最早可以追溯到公元前 2100 年，如古代埃及的汉谟拉比法典中，就有关于师傅传授弟子技艺的相关内容记录，但真正制度化，则是中世纪的事情了。中国的“学徒制”始于原始社会，兴起于奴隶社会，盛行于封建社会，如墨翟、鲁班和黄道婆等都是著名的师傅。

现代学徒制与传统学徒制并没有本质区别，他们都强调“言传身教，手把手地教”，强调在“做中学，学中做”。现代学徒制中的“现代”主要是针对现代职业教育中“理论与实践”的严重脱节而提出的，其目的在于弥补和完善职业教育培养人才的漏洞。但由于时代的变迁，“学徒制”也被赋予了新的内涵，它主要表现在以下几个方面：

①身份由单一的“学徒”身份转变为“学徒”与“学生”的二元身份。

②地位从从属于“师傅”、依赖于师傅，转变为师徒平等、师生平等。

③时间地点由单一全天候在的工作场地(作坊)，转变为交替在“企业”与“高校”之间。

④培养的目标与内容由单一的实践技能转变为培养具有一定理论基础的技术技能人才，注重实践也不轻视理论，希望实现理论与实践的完美结合。

⑤考核方式发生转变，传统学徒制之中，主要是由师傅或师兄所进行的实践考核，而现代学徒制中对学徒(学生)考核时，则是由企业的师傅、高校中的教师共同完成，有时还需要其他行业或社会人员对学徒(学生)进行考核，如考取资格等级证书。

现代学徒制是将传统学徒培训与现代学校教育结合的一种职业教育模式，是对传统学徒制与时俱进地继承与发扬，是将现代的科学教育理念和传统的学徒师傅技能传授方法相结合，采用企业和高职院校合作的形式，进行技能型人才培养的一种教育制度。现代学徒制最大的特点就是学生的身份发生变化，学生不再是单一的学校在籍学生，同时还是企业的合法员工。另外，企业的社会职能也发生了变化，企业成为人才培养的一方，并受法律的约束和保护，企业由原来的单纯的用人转变为育人用人并举。

(2) 探索现代学徒制的意义

实践是现代学徒制建设的逻辑起点。2014 年 2 月，国务院会议提出“开展校企联合招生、联合培养的现代学徒制试点”，通过一系列举措，我国现代学徒制已从以往的“舶来品”转为“内生物”，既有促进学生综合能力提升之意，又承担着通过提升职业教育服务区域经济社会发展能力以推动高职教育可持续发展之使命。在我国高职院校实施现代学徒制，对于提升技术技能人才培养质量、推动我国高职院校创新发展具有重要意义。

①通过多维统筹施策，统合现代学徒制的实践空间

现代学徒制是一项相当复杂的系统工程，推进制度供给且充分兼顾各方意愿，才能使各利益相关主体达成共识，以此实现学徒培养质量与社会经济发展速度的深度重叠，打通

现代学徒制与企业用工制的实践空间。

通过制度规约来实现对现代学徒制各参与主体职能的规范，是职业教育发达国家和地区的通行做法。从职业教育发达国家的现代学徒制建设经验来看，其均涉及政府宏观层面的制度规约。我国现代学徒制建设能在一定程度上保障人才培养质量，推动高职院校内涵式发展。

②通过明确教师职责，优化现代学徒制的实践主体

现代学徒制人才培养模式有效运行的关键在于打破企业师傅、学校教师、学生之间的思想隔阂，明确学校教师、企业师傅的权利职能，以提升专、兼职教师的主动性与获得感，这是保障高职院校高水平发展的持久动力。对教师群体的赋权增能就是对学校教师、企业师傅身份的赋权再造，使师傅指导下的技术技能学习脱离私人色彩和经济目的，并在一定程度上形成相对稳定的现代学徒培养协作规则。

2019 年 8 月，教育部印发《深化新时代职业教育“双师型”教师队伍建设改革实施方案》，将“基本建设师德高尚、技艺精湛、专兼结合、充满活力的高素质‘双师型’教师队伍建设”列为改革的总体要求之一。在现代学徒制人才培养模式下，可以有效激发并提升校内导师与企业导师专业发展的主观能动性、认同感、满意度，使之符合我国职教师资队伍建设的要求。

③通过生态平衡理念，转变现代学徒制的实践观念

教育生态环境的变化对技术技能人才的知识能力提出了更高的要求，高职院校现代学徒制建设亟须通过产教供需动态平衡理念来培养理论知识扎实、专业技术突出、创新精神凸显的技术技能人才。在后工业社会阶段，技术技能人才的知识结构逐渐丰盈，形成了包含理论型技术知识、实体型技术知识、经验型技术知识、方法型技术知识的四维度知识结构。这种特征决定了技术技能人才培养的关键要素包括结构性资源的共享、实战经验的获取、实践理念的践行和实践共同体纽带的构建等，这将是学校或企业无法单独承担的。

由于学徒培养既需要传授专业理论知识的场所，也需要开展实习实训操作的实践操作平台，因此校企资源共享也有利于培养学生的专业技能及实践创新意识。达到相对稳定的校企资源平衡是现代学徒制人才培养模式的旨归之一。

(3)高职院校现代学徒制建设的价值

高职院校现代学徒制建设以人才培养质量提升为前提、以院校治理能力增强为目标、以系统教育供给为基础、以工匠精神传承为关键，体现了高职教育创新发展的价值取向。其系统性、趋向性、协调性、特色性的属性与人才培养的目标要求相吻合，凸显了新时代高职院校现代学徒制建设的独特价值。

①强化高素质技术技能人才培养的系统性

现代学徒制的各利益相关者对学徒主体价值的衡量尺度虽有所不同，但均以培养高素质技术技能人才为原则和目标。高职院校高水平技术技能人才培养在一定程度上体现了现代学徒制建设内涵框架的系统性。随着产业结构升级与科学技术的快速发展，社会对技术技能人才尤其是高素质技术技能人才的需求日益提高，促进高素质技术技能人才的培养是当前高职院校的使命。根据我国人力资源和社会保障部的数据显示，全国高技能人才在总量、结构、培养、使用等方面，与实际需要相比仍存在一定差距。因此，只有明确高素质技术技能人才的培养方向，从宏观上强调现代学徒制育人系统资源的整合与共享，并在试点实践中注重规范各主体之间的协调，才能充分发挥高职院校人才培养的价值效用，进而彰

显技术技能人才培养的系统性。

②体现院校内部结构整体优化的趋向性

现代学徒制是多元主体力量相互作用、反复博弈的过程,是政府、行业企业、高职院校及社会公众在平等协商的基础上长期友好合作的结果。这种互利互惠、互促互补的整体性治理目标反映出高职院校办学与经济社会发展"亦步亦趋"的必然趋势。现代学徒制的生命力在于整合协调相关利益主体的诉求,实现外部纵向治理与内部横向治理的统一。但是,碍于各主体价值选择的多样性与特殊性,部分高职院校在现代学徒制人才培养试点实施过程中无法真正实现专业设置、课程体系与产业结构、职业标准的契合。在现代学徒制推行过程中,高职院校主体行为的不确定性会造成产教协同育人规范的缺失。只有学校自身通过产学优势互补,消除不同主体间的矛盾与冲突,培养出经济社会发展所需要的技术技能人才,才能激发行业企业参与现代学徒制建设的积极性,促使各治理主体在目标管理中协调一致,同时也保证高职院校自身发展与社会服务相得益彰。

③加强产教优质教育资源结合的协调性

现代学徒制是一种制度化人才培养模式,在健全国家宏观层面的制度体系之前,推动学校招生与企业招工相衔接、人才培养与企业用工相对接,能够有效加强产教优质教育资源的协调。《国务院办公厅关于深化产教融合的若干意见》提出了深化产教融合的战略目标,并强调"在技术性、实践性较强的专业,全面推行现代学徒制和企业新型学徒制"。《意见》强调通过现代学徒制校企育人"双主体"、学生学徒"双身份"的天然跨界融合属性,实现学校、企业和学生三方利益的协调,这是突破现有人才培养模式框架的实践前提。现代学徒制能够协调整合教育资源,打通职业教育制度与劳动用工制度,有利于突破产教融合制度性变革的难点,提升产教融合制度时效,实现人才培养提质增效。优化以现代学徒制为基点的人才培养模式,能够大大提高校企合作、产教融合的实际效能,并最终促进高职院校与行业企业的协调发展。

④凸显新时代价值追寻使命下工匠精神的特色

现代学徒制所倡导的育训结合、一丝不苟、精益求精的人才培养模式与新时代工匠精神的价值导向一致。现代学徒制以师徒关系的建立为核心,以校企合作、产教融合为基础,以实现学生的自我价值与可持续发展为旨归。在一定程度上,现代学徒制与工匠精神在职业理念、价值追寻维度上高度一致,在育人模式与育人标准上高度一致。锤炼工匠精神是促进产业结构转型升级、加强供给侧结构性改革的战略需要;继承工匠精神,是校企合作、产教融合育人模式的客观需要;培育工匠精神,是激发学生崇尚劳动、敬业守信、敢于创新的职业态度的现实需要。在现代学徒制实践中,生生之间、师生之间、徒弟与企业师傅、学生与学校管理者等主体之间的交往互动就是工匠精神双向流动的过程。将工匠精神与现代学徒制的理论学习和技能训练有机结合,对强化学徒的职业精神、知识基础和实践技能大有裨益,也为提升技术技能人才的职业竞争力与可持续发展能力带来新的契机。

(4)高职院校现代学徒制的实施

搭建产教深度融合的现代学徒学习机制、创新融通教师资源互补机制和多元共生的校企命运共同体机制,有助于优化现代学徒制建设结构,促进现代学徒制的顺利开展。

①强化"双身份"学习机制

要积极开展"招生即招工、入校即入厂、校企联合培养"的现代学徒制工作试点。这一政策为学生的"双身份"定位指明了方向,受教育者的角色从单一的学生逐渐拓展为学校学生与企业员工双重身份。

首先是强化学生主体意识。高职院校在招生宣传过程中要对学徒的角色身份进行精准解读与宣传,促使学生对学徒身份有全方位的了解和认同,尤其要让他们对现代学徒制的学习形式、岗位设置及课程安排等有清晰的认知。同时,高职院校要重视对学徒在岗情况的跟踪与指导,通过“双导师”建设,为学徒提供专业的职业指导,为其尽快融入企业员工角色提供专业心理支持。

其次是发挥企业主导作用。在法律关系上,企业为学生提供的只是学徒岗位而非员工岗位。但是,企业师傅是与学徒接触最为密切的群体,企业也要积极承担相应的监护与管理职责,在校企共商共建课程体系、教学模式、培养方案的基础上促进学徒身份的顺利转换,保障学徒在企业中的权益,利用师傅这一重要群体深化产教融合、校企合作,在提升人才培养质量的同时优化企业的社会形象。

②健全“双导师”育人机制

现代学徒制的教学任务必须由学校教师与企业师傅共同承担,“双导师”是现代学徒制的一种特殊资源,以师带徒、各扬其长、互为补充的“双导师”教师队伍对提升技术技能人才的培养质量有显著优势。如何选聘、甄别具有“双导师”潜力的教师,以期建设一支师德高尚、技艺精湛、专兼结合、充满活力的“双师型”教师队伍,并将其凝聚为校企优质教师资源的组织集合,是目前现代学徒制建设的重点。

健全教师选聘制度,建立企业导师优化机制。首先,应明确企业导师与学校导师的职能边界,对“双导师”队伍的人员结构、学缘结构、职称结构、能力结构进行严谨的系统管理。探索建立企业导师的优化机制,完善导师的任务,制定导师(师傅)的职业标准,精选企业在技术技能和管理方面的优秀员工担任导师。

重视“双师型”教师队伍建设的系统性与动态性,开展教师团队专业培训。充分借助校企深度合作的资源优势,通过校企师傅交流库、大师工作室、科研项目开放等方式,为“双导师”搭建开放共享、交流互通的桥梁,促进科学研究与教师培训的有机结合,从而不断提高教师团队的创新活力,强化教师团队开展科研创新的力量。

③构建“双主体”责任机制

校企协同育人是职业教育人才培养的重要环节,也是现代学徒制的本质要求与特色所在。要在“双主体”协同育人理念下,将校企“双边工作”转变为“内部事务”。根据资源配置理论,经济资源具有稀缺性,当资源运用效率和资源配置效率达到最优状态时即为帕累托效率。构筑现代学徒制育人模式下的校企命运共同体,需要夯实互利共赢的现代学徒制交流链、联盟链、生态链,助推各方实现资源配置最优化。

现代学徒制建设是拉近校企距离的现实需要,是优化高等职业教育人才培养结构的重要选择,也是促进我国经济社会发展与产业结构升级的迫切需要。面对新的发展机遇和挑战,高职院校须不断丰富现代学徒制建设的时代内涵,直面高水平高职院校建设的责任和担当,不断推进我国高等教育强国建设。

专题3.3　船舶与海洋工程装备类职业教育

1. 船舶与海洋工程装备类专业

2021年教育部出台了最新的《职业教育专业目录(2021年)》,其功能定位是作为职业教育基础性教学指导文件和国家教学标准体系,是职业院校专业设置、招生、统计以及用人单位选用毕业生的基本依据,也是职业教育支撑服务经济社会发展的重要观测点。

本次专业调整保留了符合产业人才需求、职业成熟稳定、专业布点较广、就业面向明确的专业,合并了业态或岗位需求变化、技能重叠度高、核心课程交叉、招生萎缩的专业,新增了面向"十四五"时期重点布局产业及满足新业态、新技术、新职业等需要的专业。

系统设计专业代码,专业代码统一按6位数编排,第1~2位数为专业大类顺序码,第3~4位数为专业类顺序码,第5~6位数为专业顺序码(如图3-2所示)。

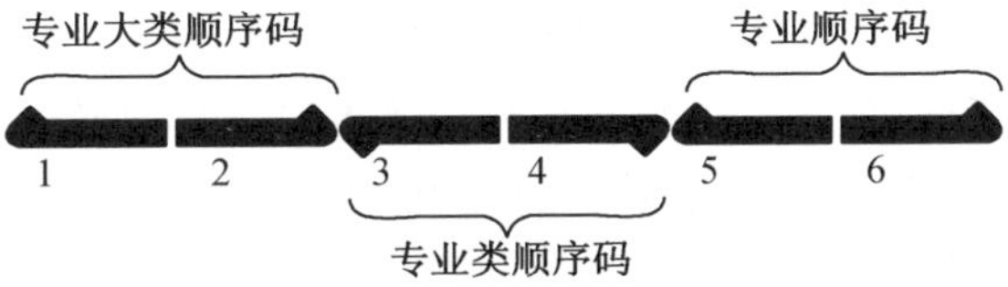

图3-2　专业代码构成

船舶与海洋工程装备类专业包括:船舶工程技术(460501)、船舶动力工程技术(460502)、船舶电气工程技术(460503)、船舶智能焊接技术(460504)、船舶舾装工程技术(460505)、船舶涂装工程技术(460506)、船舶通信装备技术(460507)、游艇设计与制造(460508)、邮轮内装技术(460509)、海洋工程装备技术(460510)共10个专业(如图3-3所示)。

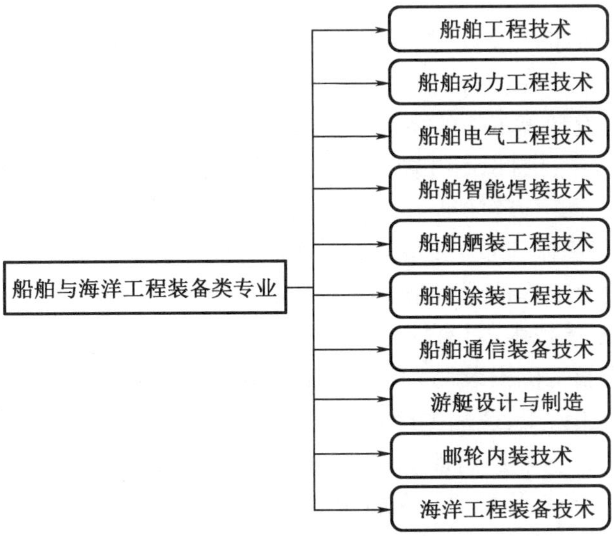

图3-3　船舶与海洋工程装备类专业

(1)船舶工程技术(专业代码 460501)

职业面向:面向船舶制造人员、机械工程技术人员、道路与水上运输工程技术人员等职业,船体生产设计、船体制造和船体检验等技术领域。

培养目标定位:本专业培养德智体美劳全面发展,掌握扎实的科学文化基础和工程制图、造船生产管理、船舶智能制造等知识,具备船体放样、加工、装配、焊接与检验、绘制船舶生产设计图等能力,具有工匠精神和信息素养,能够从事船体生产设计图绘制、船体焊接、船体加工与装配、船体精度控制、船体检验等工作的高素质技术技能人才。

专业能力要求:具有正确使用工程制图、工程测量等仪器设备的能力;具有识读和绘制船体图样、船体三维建模能力;具有绘制船体生产设计图、编制船体生产设计管理表的能力;具有焊接机器人编程、船体组立智能产线控制能力;具有船体板材、型材、零件、部件和分段加工与装配能力;具有按船体精度管理标准组织验收能力;具有船体金属材料、零件、部件、分段检验能力;具有信息技术基础知识、专业信息技术能力;具有探究学习、终身学习和可持续发展的能力。

专业核心课程:船体制图与三维建模、船舶性能计算、船体生产设计、船舶焊接、船体放样、船体加工与装配、船舶建造精度控制、船体检验。

实习实训环节:在校内外进行船体制图与三维建模、船舶焊接、船体加工与装配、船舶智能制造、船舶生产设计等实训。在船舶制造企业、船舶设计企业、船舶智能制造虚拟仿真实训基地等单位(场所)进行岗位实习。

职业类证书:特殊焊接技术、智能产线控制与运维。

接续高职本科专业:船舶智能制造技术。

接续普通本科专业:船舶与海洋工程。

(2)船舶动力工程技术(专业代码 460502)

职业面向:面向船舶制造人员、机械工程技术人员、道路与水上运输工程技术人员等职业,船舶机械装配与安装、船舶管系生产设计、船舶动力机械检验等技术领域。

培养目标定位:本专业培养德智体美劳全面发展,掌握扎实的科学文化基础和船舶及海洋工程装备的智能制造、设计、生产技术组织与管理等知识及相关法律法规,具备船舶机械装配与安装、船舶管系生产设计、船舶动力机械检验能力,具有工匠精神和信息素养,能够从事船舶动力工程装配、安装与调试、生产现场组织与管理、船舶动力机械验收与安装质量检验、船舶管系生产设计等工作的高素质技术技能人才。

专业能力要求:具有制图识图并熟练地利用计算机绘制机械工程图的能力;具有船舶动力工程安装、调试、检测、检验的能力;具有船舶动力工程生产技术组织实施的能力;具有船舶动力工程试验大纲编制、试验准备、试验指标测量、试验中故障分析处理、试验报告撰写的能力;具有船舶动力工程质量控制、质量认证的能力;具有船舶管系生产设计的能力;掌握初步的船舶智能制造技术;具有探究学习、终身学习和可持续发展的能力。

专业核心课程:船舶主机安装与调试、船舶辅机安装与调试、船舶动力装置安装工艺、船舶管系生产设计、船舶钳工、造船生产管理、船舶建造质量检验。

实习实训环节:在校内外进行船舶主机和轴系安装、船舶钳工、船舶管系生产设计、船舶管子智能制造和管路安装等实训。在船舶及相关装置制造企业等单位进行岗位实习。

职业类证书:机械数字化设计与制造。

接续高职本科专业:船舶动力工程技术。

接续普通本科专业：能源与动力工程、船舶与海洋工程。

(3)船舶电气工程技术(专业代码460503)

职业面向：面向船舶及相关装置制造业的机械工程技术人员、水上运输工程技术人员、船舶制造人员、船舶修理人员等职业，船舶电气工艺设计、生产质量管理、船舶电气施工管理、船舶电气设备安装与调试、船舶电气设备运行与维护修理等岗位群。

培养目标定位：本专业培养德智体美劳全面发展，掌握扎实的科学文化基础和电工电子技术、船舶电机及电气控制、船舶电站、船舶监测报警信号系统等知识，具备船舶电气工艺设计与施工能力、船舶电缆敷设能力及船舶电气设备安装调试能力、船舶电气设备运行与维护修理能力，具有工匠精神和信息素养，能够从事船舶电气工艺设计、生产质量管理、船舶电气施工管理、船舶电气设备安装与调试、船舶电气设备运行与维护修理等工作的高素质技术技能人才。

专业能力要求：具有船舶电气识图与绘图能力；具有船舶电缆敷设能力及船舶电气设备安装调试能力；具有船舶电气设备控制线路设计、分析、故障排除能力；具有船舶电站构建与设备安装、调试能力；具有船舶信号系统安装与调试能力；具有编制船舶电气生产工艺、组织生产与管理的能力；具有绿色生产、环境保护、安全防护、质量管理等相关知识与技能；具有探究学习、终身学习和可持续发展的能力。

专业核心课程：船舶电气工艺与施工、船舶辅机电气控制系统、PLC编程及应用、变频调速技术应用、船舶电站组建与调试、船舶信号系统安装与调试。

实习实训环节：在校内外进行船舶电工工艺、船舶辅机电气设备检修、船舶电站组建与调试等实训。在造修船厂、船舶相关装置制造企业等单位进行岗位实习。

职业类证书：船舶电工、智能产线控制与运维、可编程控制器系统应用编程。

接续高职本科专业：船舶电气工程技术。

接续普通本科专业：船舶电子电气工程。

(4)船舶智能焊接技术(专业代码460504)

职业面向：面向机械工程技术人员、机械热加工人员、焊接工业机器人系统操作员、质量检验员、船舶制造人员等职业。

培养目标定位：本专业培养德智体美劳全面发展，掌握扎实的科学文化基础和电工电子、金属材料焊接、焊接机器人技术、船舶三维建模等知识，具备焊接工艺设计、焊接机器人的编程与操作、数字化材料性能检验、缺陷无损检测、船舶数字化三维建模等能力，具有工匠精神和信息素养，能够从事焊接工艺数字化设计与操作、智能焊接设备使用与维护、焊接检验与工艺评定、船体三维建模等工作的高素质技术技能人才。

专业能力要求：具有电工、电子等电路图识读及电子元器件选用的能力；具有数字化焊接设备使用与维护的能力；具有焊接工艺数字化设计与操作、评定的能力；具有焊接机器人工作站组建、维护的能力；具有焊接机器人编程、操作应用的能力；具有利用数字化检测设备进行焊缝质量检测的能力；具有船体结构识图、数字化三维建模能力；具有智能自动化焊接专业信息技术能力；具有探究学习、终身学习和可持续发展的能力。

专业核心课程：金属材料焊接技术、焊接方法与操作技术、焊接机器人技术、焊接质量检验技术、船舶结构焊接工艺、船舶计算机辅助设计与制造。

实习实训环节：在校内外进行数字化焊接工艺设计、焊接机器人编程与操作、焊接质量检验、船舶三维建模、船体结构装焊等实训。在具有智能焊接设备的船舶及海洋工程装备生产企业等单位进行岗位实习。

职业类证书：电焊工、特殊焊接技术、特种设备检验检测。

接续高职本科专业：船舶智能制造技术。

接续普通本科专业：焊接技术与工程、智能制造工程。

(5)船舶舾装工程技术(专业代码 460505)

职业面向：面向船舶舾装的工艺设计、生产施工、生产组织、质量检验安全管理等岗位群。

培养目标定位：本专业培养德智体美劳全面发展，掌握扎实的科学文化基础和船舶原理、识图等知识，具备船舶舾装的工艺设计、生产施工、质量检验、生产组织等能力，具有工匠精神和信息素养，能够从事舾装件制造与安装、工艺编制、质量检验、现场施工组织与管理等工作的高素质技术技能人才。

专业能力要求：具有船舶原理计算、船舶舾装件设计及计算的能力；具备识读和绘制舾装设备布置图、舾装设备安装图、分段结构施工图的能力；具有船舶专业英语在日常工作中需要的听、写、读的能力；具有舾装设备选型、施工工艺制定、舾装设备安装及质量检验、现场施工指导等的能力；具有修造船舾装生产组织与调度、安全生产、物资调配等管理的能力；具有规范使用船舶舾装建造专用设备及工具的能力，具有独立操作的能力；具有适应产业数字化发展需求的基本数字技能和信息技术的能力；具有探究学习、终身学习和可持续发展的能力。

专业核心课程：船舶舾装工程、船舶舾装制造与安装工艺、造船生产设计、船舶舾装生产管理、船舶计算机辅助设计(CAD)/计算机辅助制造(CAM)、船舶钣金工艺、船舶检验。

实习实训环节：在校内外进行舾装专业认识、船舶结构制作、舾装制造与安装、舾装模拟装配等实训。在船舶制造企业、船舶维修企业、船舶配套企业等单位进行岗位实习。

职业类证书：特殊焊接技术。

接续高职本科专业：船舶智能制造技术。

接续普通本科专业：船舶与海洋工程、机械设计制造及其自动化。

(6)船舶涂装工程技术(专业代码 460506)

职业面向：面向船舶装备制造行业的涂装质检员、涂装生产设计人员等职业，现场施工管理、技术指导、工时与材料定额等岗位群。

培养目标定位：本专业培养德智体美劳全面发展，掌握扎实的科学文化基础和金属表面处理、涂料选用和配置、电化学及涂装防腐方法、涂装安全绿色施工等知识，具备船舶涂装生产设计、绘制和识读船舶结构图纸、处理结构表面和涂层缺陷等能力，具有工匠精神和信息素养，能够从事船舶涂装质量检验、涂装现场施工管理、工时与材料定额计算等工作的高素质技术技能人才。

专业能力要求：具有辨别涂料质量、涂料配置和选用等的能力；具有绘制和识读船舶涂装生产施工图样的能力；具有船体板材、型材、零部件和分段加工和装配的能力；具有表面处理的施工、除锈质量检验的能力；具有船舶常规涂装及特种涂装现场生产施工操作的能力；具有船舶常规涂装及特种涂装现场生产组织与管理的基本能力；具有船舶常规涂装及特种涂装生产设计的能力；具有船舶涂装安全防护、绿色生产、质量管理的能力；具有探究学习、终身学习和可持续发展的能力。

专业核心课程：金属电化学腐蚀与防护、船舶防腐与涂装、船舶特种涂装、船舶涂装质量检验与控制、船舶防腐与涂装专业英语、修造船质量检验。

实习实训环节：在校内外进行表面处理与涂装、船舶涂装质量控制与检验、船舶涂装生产设计、防腐蚀等实训。在船舶制造企业、船舶维修企业等单位进行岗位实习。

职业类证书：防腐蚀工、涂装工。

接续高职本科专业：船舶智能制造技术。

接续普通本科专业：船舶与海洋工程。

(7)船舶通信装备技术(专业代码460507)

职业面向：面向船舶及相关装置制造行业和水上运输行业的信息和通信工程技术人员、电气工程技术人员、电气设备制造人员、船舶检验技术人员等职业，船舶通导设备及船舶电气设备的生产、安装调试、维修保养、质量检验、技术管理等岗位群。

培养目标定位：本专业培养德智体美劳全面发展，掌握扎实的科学文化基础和船舶通信与导航、电气控制、船舶信号、船舶传感网与物联网等知识，具备船舶通导设备及其他船舶电气设备的设计、安装调试和维修等能力，具有工匠精神和信息素养，能够从事船舶通导设备及其他船舶电气设备的生产、安装调试、维修保养、质量检验、技术管理和创新等工作的高素质技术技能人才。

专业能力要求：具有一定的船舶通信装备技术专业英语听说读写译的能力；具有对船舶通信装备的测量、调试、维修的能力；具有识读及绘制船舶通信导航系统等电气设备图纸的能力；具有电气控制系统的设计、安装调试的能力；具有对船舶通信、船舶导航、船舶电站、船舶信号、船舶传感网络等系统进行安装调试、运用、维护的能力；具有检验、使用船舶通信导航设备和元器件的能力；具有应用物联网、传感网通信技术的能力；具有进行数字化智能建造及安全性设计的能力；具有探究学习、终身学习和可持续发展的能力。

专业核心课程：船舶导航系统安装与操作、船舶无线电通信系统安装与操作、船舶信号安装与调试、船舶组网设计与施工、船舶电站、船舶电气工艺设计与施工、物联网应用技术、卫星通信与导航应用。

实习实训环节：在校内外进行电工技能、船舶电气识图、工业基础训练、无线电调试工技能、船舶通信导航系统安装操作等实训。在符合船舶制造实际生产过程的生产性实训基地、厂中校、校中厂、虚拟仿真实习基地等场所进行岗位实习。

职业类证书：船舶电工证书。

接续高职本科专业：船舶电气工程技术。

接续普通本科专业：船舶电子电气工程、电子信息工程、通信工程。

(8)游艇设计与制造(专业代码460508)

职业面向：面向游艇设计与制造工程技术人员等职业，游艇设计、制造、维修及售后服务等岗位群。

培养目标定位：本专业培养德智体美劳全面发展，掌握扎实的科学文化基础和游艇设计、游艇制造、游艇维修等知识，具有船艇识图与制图、游艇制造与维修等能力，具有工匠精神和信息素养，能够从事游艇设计、制造、维修及售后服务等工作的高素质技术技能人才。

专业能力要求：具有识读和绘制艇体专业图样的能力；具有利用二维和三维软件进行游艇设计的能力；具有船艇建造材料的选择及制造的能力；具有金属艇放样、焊接的能力；具有游艇设备安装调试、维护保养的能力；具有游艇相关设备的操作能力；具有阅读和翻译专业英文资料的能力；具有探究学习、终身学习和可持续发展的能力。

专业核心课程：游艇 CAD/CAM 及 3D 打印、游艇制造工艺、游艇设计与应用、游艇美学与人机工程学应用、游艇推进装置、游艇电气系统与仪器仪表。

实习实训环节：在校内外进行金工工艺、电工工艺、船体识图与制图、游艇动力与安装技术、游艇模型制作等实训。在游艇设计、制造及维修企业，游艇俱乐部等单位进行岗位实习。

职业类证书：邮轮内装工艺。

接续高职本科专业：船舶智能制造技术。

接续普通本科专业：船舶与海洋工程。

(9)邮轮内装技术(专业代码 460509)

职业面向：面向船舶制造人员、建筑装饰人员和专业化设计服务人员等职业，内装设计、内装技术施工、内装质量检验、工程管理等岗位群。

培养目标定位：本专业培养德智体美劳全面发展，掌握扎实的科学文化基础和邮轮内装技术与工程管理等知识，具有邮轮内装识图与制图、内装设计、材料工艺与应用、施工组织及管理等能力，具有工匠精神和信息素养，能够从事邮轮舱室及公共区域内装设计、内装材料及工艺应用、内装工程管理等工作的高素质技术技能人才。

专业能力要求：具有本专业必需的信息技术应用和分析能力；具有良好的语言、文字表达和沟通能力；具有船舶建造相关行业标准和规范的运用能力；具有邮轮内装技术相关识图制图原理的应用能力和施工图绘制能力；具有较高的美学修养与邮轮舱室及公共区域空间设计能力；具有内装材料选择与应用、构造与施工工艺设计能力；具有邮轮内装项目组织实施及工程管理能力；掌握绿色生产、安全防护、质量管理、创新创业等能力；具有探究学习、终身学习和可持续发展的能力。

专业核心课程：船舶制图、计算机辅助设计(CAD)与建模(3D)、邮轮公共区域与居住舱室设计、邮轮内装工艺(装配式室内)、邮轮内装施工图深化设计、邮轮内装陈设艺术设计、邮轮内装工程管理。

实习实训环节：在校内外进行邮轮内装专题设计、邮轮内装工艺(装配式室内)等实训。在邮轮内装设计企业等单位进行岗位实习。

职业类证书证书：邮轮内装工艺。

接续普通本科专业举例：邮轮工程与管理。

(10)海洋工程装备技术(专业代码 460510)

职业面向：面向海洋工程装备工程技术人员、海洋工程装备制造人员、海洋工程装备检验工程技术人员、项目管理工程技术人员、海洋工程装备机械装配人员等职业，海洋工程装备设计、制造、安装调试与维护等岗位群。

培养目标定位：本专业培养德智体美劳全面发展，掌握扎实的科学文化基础和海洋工程装备材料结构与设备、数字设计与智能制造等知识，具有海洋工程装备设计制造与安装、质量检验和项目管理等能力，具有工匠精神和信息素养，能够从事海洋工程装备及相关产品的生产设计与制造、安装调试与维护、质量检验及项目管理等工作的高素质技术技能人才。

专业能力要求：具有海洋工程装备图样识读和绘制的能力；具有海洋工程装备生产设计的能力；具有海洋工程装备的制造和典型生产工艺制订能力；具有海洋油气资源装备、海上风电装备等的安装调试与维护能力；具有海洋工程装备建造质量检验的能力；具有海洋工程装备设计和建造中工程项目管理能力；具有用英语进行工作交流及沟通的能力；具有智能制造技术、数字技术和信息技术的基本应用能力;具有探究学习、终身学习和可持续发展的能力。

专业核心课程:海工装备结构与制图、海工装备生产设计、海工装备数字化设计、海工装备建造工艺、海工装备安装调试与维护、海工装备建造质量检验、海工装备项目管理、海工装备智能制造技术。

实习实训环节:在校内外进行海工装备 CAD 绘图、焊接、海工装备装配、海工装备数字化设计、海工装备综合实践等实训。在海工装备建造企业、海工装备设备配套企业、海工装备设计公司等单位进行岗位实习。

职业类证书:特殊焊接技术。

接续高职本科专业:船舶智能制造技术。

接续普通本科专业:船舶与海洋工程、海洋工程与技术。

2. 专业教育特点

船舶与海洋工程装备类专业教育的特征是服务于技能型社会建设的。作为一种特殊的行业职业教育,它具有自己相对独特的特点。

(1)专业性方面

所谓专业性,是指船舶与海洋工程装备类职业教育应作为培养该职业领域专业人才的教育。不论是初等、中等或高等职业教育,都是培养一线的技术人员、管理人员、技术工人、新型农民以及其他劳动者应注重对与船舶制造一线职业的对口性强、偏重理论的应用、实践技能和实际工作能力的培养。

船舶与海洋工程装备类专业全面覆盖国家发布的相关新职业,对接岗位群需求,中职、高职、本科一体化设计,体现融通贯通理念。职业教育中、高、本各层次之间,同类专业之间纵向贯通、横向融通。是对接现代船舶产业体系,服务制造强国,推进船舶产业基础高级化、产业链现代化,破解我国造船领域"卡脖子"关键技术,推进数字化升级改造,构建未来技术技能体系的专业。

(2)区域性方面

所谓区域性,主要是指职业教育为区域办教育和依靠区域办教育。职业教育的区域经济功能已经成为推动职业教育发展的根本动力,且职业教育真正承担起了推动经济发展的重任,培养急需的应用型人才。为了面向战略性新兴产业重点领域,面向船舶生产性服务业向专业化和价值链高端延伸,面向生活性服务业向高品质和多样化升级,船舶与海洋工程装备类专业教育必须针对本地区经济社会发展状况,针对岗位需求状况,调整专业设置及专业方向,修订教学计划,改革教学内容、课程体系和教学方法,以便更好地服务于地方社会、经济。

(3)实用性方面

所谓实用性,就是指职业教育强调实际训练,突出技能、技术教育,为经济社会发展培养一线应用型人才。船舶与海洋工程装备类专业培养人才的一般规律,就是要突出职业教育的"实用""实训""应用"等特点。要通过建立实训基地,加大实训力度,不断培养第一线的各层次应用型人才。教学与生产实践紧密结合,必须考虑实践教学方案和实训基地的融合,加强实践能力培养,要多给学生创造条件接触以直接获取实践经验为主的企业生产环境,运用校内模拟训练和校外现场实习等一系列实践性教学环节,使学生了解、熟悉并掌握企业的生产规律、工艺、设备和技术等。

(4)开放性方面

所谓开放性,主要指职业教育在教育对象、教学时间等各方面注重灵活性,实施弹性教育。船舶与海洋工程装备类专业教育强调在专业设置、课程设置和教育管理等方面具备灵活性。职业教育的对象不仅是应届学生,同样还包括为转岗、换岗而继续学习的群体,可以说职业教育对象的差异性非常大,同时,他们对学习时间上的要求也是灵活多样的,必须安排白天、晚上、周末、假日等不同时段的教学,以便学生可根据自己的实际情况选择合适的上课时间。因此,弹性化的学分制赋予了职业教育新的力量,成为职业教育教学管理制度改革的趋势。

(5)生产性方面

所谓生产性,就是指要强调实践教学与具体生产、生活具有很高的结合度,给学生以良好的训练,甚至强调让学生进入工作环境,顶岗实习,经受实践锻炼,以便更好地为生产服务。

学生所具有的技能、技术应该是他毕业后社会上同行业中仍急需的技能、技术。因此职业教育要遵循规律,服务终身学习需求。为统筹处理传统专业和现代专业、一体化设计与特色设计、分段培养与系统培养、教育主导设计和行业指导设计、新兴产业发展与传统产业升级的关系,这就要求船舶与海洋工程装备类职业教育必须及时关注生产技术、生产工艺等的变迁及更新,及时在培养目标、课程开发及专业设置等方面做出积极反映。特别是目前社会上技术发展更新较快,不重视这个问题,学生在校学习的技能、技术很快就会落伍。因此,职业教育在教学内容等方面要比较明显地突出新知识、新技术及新工艺。要尽可能为实训基地配备最先进的设备,使学生在校期间可以掌握并使用本行业较先进的技术。

(6)时代性方面

所谓时代性,即关注时代变化,体现现代性,及时反映现代教育发展潮流和趋势。船舶与海洋工程装备类职业教育是培养生产、技术、管理、服务第一线的应用型人才的教育,这就要求职业教育必须及时关注生产技术、生产工艺等的更新发展,及时在培养目标、课程开发及专业设置等方面做出积极反应,这无疑使职业教育具备鲜明的时代特色。因此,职业教育在教学内容等方面要比较明显地突出新知识、新技术及新工艺。

同时,职业教育还必须关注现代教育理念,尤其要按照终身教育的要求,承担起培养现代人的责任,不仅仅关注人的生产功能,还应关注人的可持续发展,对其学习能力、适应能力、持续发展能力等加强培养。

3. 职业教育发展

高等职业教育为社会培育高素质、技能型一线人才的重要平台,对于推动社会经济发展有着重要的作用。然而,伴随着社会环境的转变,我国高等职业教育受到外部环境、内部因素的限制,所培育的人才在知识结构、操作技能方面都出现了对高新技术产业岗位的“供给”危机,不能有效满足和适应社会经济发展的技术人才需要。同时职教本科的不断发展成熟,已成为解决职业技能技术人才培养问题的关键。

(1)高职专科与职教本科人才培养目标的区分度

中等职业学校培养初级和中级技术技能人才,以初级为主,主要是培养技术人员和操作人员，要求学生掌握经验技能，标准是“会做”，追求的技能水平是“熟练”；高职院校培养中、高级技术技能人才，主要是中级技能人才，也称为高级技术员，要求学生学习和掌握策略技能，属于“怎么做好”，不仅必须“会做”，而且还要学会“巧做”和“做巧”；职教本科培养高水平的技术技能人才，这一水平的人才也称为技师、高级技师，要求学生学习和掌握智慧技能。

这三种不同类型人才之间的区别与联系，可以从当前主流的四类工程师的相互关系中理解，这四类工程师分别为服务工程师、生产工程师、设计工程与研发工程师(如图 3-4 所示)。

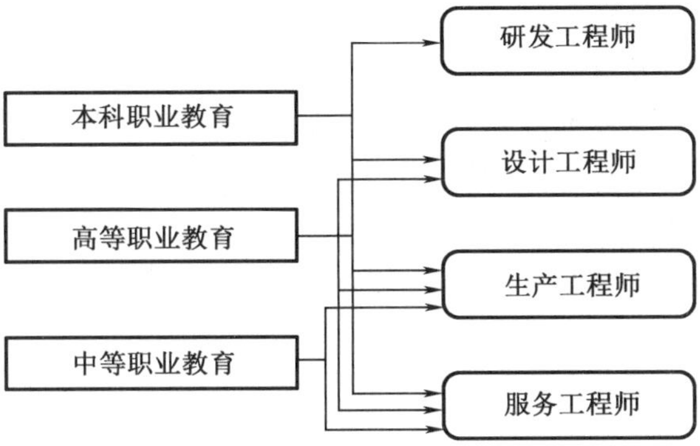

图 3-4　不同类型人才对应的发展岗位

上述工程师之间不仅存在着类型区别，同时也有层次区别。具体来说，接受了某本科职业教育的学生不仅要掌握这一专业中职、高职学生所需要掌握的相关理论知识与实践技能，还需要掌握其他相关的知识和技术，要具有综合能力和素质。船舶与海洋工程装备类职业教育发展模型如图 3-5 所示。

图 3-5　船舶与海洋工程装备类职业教育发展模型

(2)职教本科教育的人才培养目标及特点

职教本科教育是指高等职业院校为了进一步提高学生的理论能力与高水平的操作技术能力所建设的要求更高的高等职业教育形式。职教本科教育的人才培养目标是为社会输送拥有扎实理论基础与娴熟操作技能的应用型高级、专业、综合人才。其将实践教学放在核心的位置,在日常教学过程中更加注重强化学生的实践能力、合作能力、沟通能力、协调能力和管理能力。

虽然职教本科教育与正常的本科教学是相同等级的教育形式,然而二者之间的差别也较为显著。同时,职教本科与职教专科之间也有一定的区别。

①职教本科的人才培养目标内容更丰富。从人才培养特征来看,四年制高职本科所培养人才的实际水平需要与普通高校本科水平相一致,且要保证突出高职教育的特色以及人才对各项先进技术的运用能力。总的来说,四年制高职本科培养的人才不仅要具有较强的实践技能,还要有相当扎实的技术理论基础、应用能力,是能在生产、管理第一线工作的技术技能人才。

②突出技术应用性的特点。在具体的培养过程中,高职本科并不只是为了培养高科技人才,还是为了培养满足产业发展所需的高素养应用型人才。在培养模式方面,要以满足产业发展为准,以培养技术应用能力为核心来制定人才培养计划;在师资队伍打造方面,要着力于组建“双师双能型”教师队伍。

③以强化学生综合素养为特点。高职本科学生不仅要掌握全面的基础理论以及高水平的操作技能,还要拥有一定的管理意识与能力、相应的科技研发能力与技术开发能力。高职本科毕业生在就业过程中不仅要独立完成工作任务,还要会基础管理,能够协调、处理复杂的工作关系,提高团队协作能力。另外,高职本科学生还需要注重其他素质的培养,如逻辑思维、艺术思维等,以尽可能地发挥自身潜能。

(3)职教本科教育的人才培养模式

相对于高等专科学校的人才培养模式,高职本科教育采用的是更高层次的人才培养模式,二者是完全不同的,高职本科教育以培养具有高素质的、具备一定管理能力的技术技能应用型人才为目标。当前大多数高职专科院校在人才培养过中选择了校企合作这一教育模式。基于高职本科院校人才培养目标,其在沿用校企合作人才培养模式的过程中必须结合自身实际情况来进行深入创新。

①人才培养方案的开发。考虑到社会的人才需求等因素,高职本科教育应采用职业本位的理念,区别于普通高等教育的知识本位的理念,这是高职本科教育与普通高等教育的最大不同点。2019 年,《教育部关于职业院校专业人才培养方案制订与实施工作的指导意见》中强调了两点:一是职教本科人才培养目标的描述,应是“理论基础扎实,专业知识面广,实践能力强,综合素质高,创新特质凸出”。二是要避免职业本位课程开发的表面化。如果该课程结构是以知识为起点,强调的是先进行理论知识的学习,然后进行实践技能的学习,那么这仍然是在重复知识本位的理念,与普通高等教育培养出来的人才并无区别,也就无从体现对于实践技能的重点强调。

②校企深度合作的开展。职教本科人才培养过程中,其基础是让学生掌握能够顺利投入工作的各项技能,核心在于强化学生的能力。而这一目标的实现与校企合作密不可分。职教本科要培养出高水平的技能型人才就需要贯彻校企合作这一办学方式,打造校企共同体。首先要推进学校与企业的利益融合,然后从利益融合、制度融合、文化融合等多方面积极探索校企合作长效运行机制,确保校企合作能够长效稳定的运行,为社会培养有用人才。

③打造“双师型”教师队伍。要提升职业教育质量,需要高素质的教师队伍作为支撑。新时期,我国高职院校已经明确了教师队伍的重要性,且“双师型”教师这一概念先后被多次提出并指导实践。为全面提高教师能力,打造高水平“双师型”教师队伍,学校应推进校企人员融合,探索校企人才双向流动机制。在学校与行业企业内部的人员应交叉担任实职,在师资层面上创造条件交叉任职,改单项聘任兼职为双向兼职,推进教师激励制度探索,打造高水平教学团队。

专题 3.4 专业学习资源

1. 学习资源的范围

依据高等职业教学的特点,教学过程中应强调理论与实践相结合、知识和行动相统一、手脑并用、校企合作,使学生从在校学习平稳过渡到就业。而且,根据实际教学环节中的课程类型,实施不同的教学形式,尤其需要探索“教、学、做”一体化的项目化教学形式。船舶与海洋工程装备类专业学习资源包括满足“教、学、做”一体化教学的教材、实践基地、网络教学平台、专业教学资源库等教学资源。

(1)教材

教材的使用必须科学、合理,符合教学大纲要求和国家标准。学校应每学期都对教材使用情况进行分析、总结,并不断完善。同时结合高职院校学生的特点,使专业教材选用更趋合理。教材应优先选用近三年出版的教育部推荐的优秀高职高专教材。在没有合适的教材的情况下,针对所培养人才的实际情况、特点和人才培养的目标,开发适合课程要求的出版教材或自编教材,突出对学生的技术应用能力训练与职业素质培养。

(2)实践基地

实践教学在高职教育中处于举足轻重的地位。高职教育强化校内外实践基地的建设,它是高职教育的特色和灵魂,是区别于普通高等教育的重要标志,是高职教育赖以生存的根基。实践教学是高职教学环节中最重要的组成部分,是培养应用型技术人才不可缺少的教学环节,对培养大学生发现问题、分析问题以及解决问题的能力和创新意识具有非常重要的意义,而合适的实践基地是开展一切实践教学的前提条件。

实践基地应包括:校内实训基地、校外实训基地、校内工厂、校企共建校内实训室等多种形式。

①校内实训基地

校内实训基地是船舶与海洋工程装备类专业开展实践教学,提高学生实践动手能力的必备场所。在我国高等职业教育中,校内实训基地承担了实践教学的大部分任务,是学生在校期间实践能力和职业素养形成的主要场所。

具体来说,一是要加强实践教学内容的改革,使学生接受的职业技能训练与国家资格证书的认证要求全面接轨。实践教学的课程设置、教学计划与教学大纲要涵盖职业资格证书的要求。逐步开通高职教育与中高级职业资格证书的“直通车”。二是要充分利用校内实训基地的教学资源、人才和技术优势,与劳动部门及有关行业协会积极合作,开发新的职业资格和技能等级标准证书,以促进职业技术教育与地方经济发展的紧密结合,推动地区的技术进步和社会经济发展。三是加大职业技能培训力度。校内实训基地除承担在校学生的职业技能训练任务外，还应面向社会积极开展职业技能培训，使之成为本地区职业技能的培训基地。

校内实训基地需要能够满足各种实践教学、职业技能培训、职业技能鉴定、学生科技创新设计、教师教学科研、新技术应用推广的需要，让学生在“做中学”“学中做”，真正提高学生的实际动手能力，提高学生就业时的核心竞争力。

开展职业技术培训、技能鉴定和职业资格认证是校内实训基地应该承担的另一重要任务。随着我国由学历型社会向资格型社会的逐步转型，就业准入制度的逐步推行，高职院校校内实训基地作为地区职业技能培训、职业技能鉴定与职业资格认证中心的功能将得到强化。因此，在校内实训基地建设过程中，应该使这一功能得到充分发挥，使之成为本地区职业技能培训和职业技能鉴定的中心。图 3-6 为某校的船舶工程技术校内实训基地。

图 3-6　船舶工程技术校内实训基地

②校外实训基地

校外实训基地能够提供学生的实习岗位，以充分满足教学需要。实训基地与学校签订产学合作协议书，长期承担学生的现场教学、顶岗实习、毕业设计等教学任务。

校外实训基地一般设在正常运转的企业，以一系列考勤、考核、安全、保密等规章制度及员工日常行业规范来真实地约束学生，使学生在实训期间养成良好的职业习惯、职业道德。校外实训基地是实现校企合作、产学结合，培养学生实践能力、创新能力的主要场所，是高等职业教育与普通高等教育的显著区别。目前，上海外高桥造船有限公司、江苏扬子江船业集团公司、招商局金陵船舶有限公司等国内大型船舶制造企业都与船舶类高职院校建有校外实训基地(如图 3-7 所示)。

图 3-7　船舶工程技术校外实训基地

(3)网络教学平台

依托校园网,建设专业教学资源库系统平台,并充分发挥其在教学中的实际作用,提高网络的运行效率和使用效果,实现网络教学,并做到网络通畅。开发多媒体课件和网络课程,使课程的教学大纲、电子教案、课件、视频、图片等教学资料在网上共享,实现优质教学资源共享,为学生自主学习、个性化学习提供广阔平台。

2. 船舶工程技术专业教学资源库

职业教育专业教学资源库建设是推动信息技术在职业教育教学改革与教学实施领域综合应用的重要手段,船舶工程技术专业教学资源库主要面向船舶行业企业需求迫切的职业教育专业领域,组建一流团队,汇聚一流资源,为全国相同专业的教学改革和教学实施提供范例、共享资源。

(1)资源库建设

船舶工程技术专业资源库的基本定位是“辅教辅学”,按照“碎片化资源、结构化课程、系统化设计”的顶层设计和建设规范,强化共享应用的功能与制度设计。

①基本资源。船舶工程技术专业资源库以专业教学内容与课程体系改革为前提系统设计,以碎片化的资源建设为基础,以结构化的课程建设为骨架,开发建设基本资源。

船舶工程技术资源库主要建设内容包括三级教学资源、四个拓展功能模块和一个网络平台。其中,三级教学资源是资源库建设的核心任务,主要包括专业级教学资源(专业建设)、课程级教学资源(课程中心)和素材级教学资源(素材中心)三大部分;四个拓展功能模块是资源库网络平台上嵌入的拓展服务功能,提供与专业相关的信息服务,主要包括:船舶博物馆、自主学习、职业认证和就业服务四个模块;网络平台是资源库运行的关键要素,主要包括网络平台框架构建、资源标准规范建设和平台工具建设。资源库构架如图 3-8 所示。

图 3-8 教学资源库构架

②拓展资源。根据船舶产业发展要求和不同用户的个性化需求,有针对性地开发建设拓展资源,增强资源建设的普适性。拓展资源体现行业发展的前沿技术和最新成果。库内资源在数量和类型上大大超出库内提供课程所调用的资源范围,方便教师灵活搭建课程和

学生自主拓展学习。

③分层建设。船舶工程技术专业教学资源库建设覆盖船舶工程技术(船体建造、船舶舾装,游艇设计与建造、海洋工程)四个专业方向。资源库内资源包括素材、积件、模块和课程等不同层次。素材指最基础的、碎片化的资源;积件指以知识点、技能点为单位,多个内在关联的素材结构化组合形成的资源;模块是以学习单元、工作任务等项目为单位,多个知识点、技能点结构化组合形成的资源;课程应包含完整的教学内容和教学活动,包括教学设计、教学实施、教学评价等环节,支持线上教学或线上线下混合教学。资源库提供的课程体系涵盖所属专业的全部专业主干课。

④资源类型。资源类型包括:文本类素材、图形(图像)类素材、音频类素材、视频类素材、动画类素材和虚拟仿真类素材等。为充分发挥信息技术表现资源的优势,文本、图形类以外的其他资源应占较高比例,实现资源类型多样化。

⑤主要内容。船舶工程技术专业教学资源库内容包括专业介绍、人才培养方案、教学环境、网络课程、培训项目以及测评系统等,主要有:职业标准、技术标准、业务流程、作业规范、教学文件等;企业生产工具、生产对象、生产场景、校内教学条件等;企业生产过程、学生实训、课堂教学等;工作原理、工作过程、内部结构等;虚拟企业、虚拟场景、虚拟设备以及虚拟实验实训实习项目等;企业案例、企业网站链接等;数字化教材、教学课件等;习题库、试题库等,以及与专业、课程、知识点相关的导学、助学系统。

(2)共享与服务

①辅教辅学。资源库能够支持学生自主学习、测评,并提供其完善线上与线下学习过程的管理与服务,便捷自主学习、支持个性化学习。可边建设边使用,充分运用需求导向、应用激励的策略,促进教师率先使用,引导学生全面使用。

②服务社会。拓展资源建设应充分考虑企业员工继续教育、技能提升需求,鼓励合作企业使用资源库进行员工继续教育培训,支持企业员工广泛使用,发挥资源库服务学习型社会建设作用,吸引更多社会学习者使用。资源库能将多所相关院校的船舶工程技术专业优质教学资源、行业企业相关生产现场典型案例有序整合起来,实现优质专业教学资源共享。同时,依据用户的习惯与需求逐步修正技术平台的某些模块部件,实现资源最大化地利用与辐射,实现知识点的交叉访问、检索下载、在线学习、在线操作、在线测试、自主创新、组合创新等功能。资源库系统平台采用网络存储构架,利用服务器和磁盘阵列实现网络型分布式存储与管理,用磁盘阵列进行备份。方便对授权用户提供资源服务,建设集教学资源集成与共享、教学资源个性化定制、教改成果推广与利用、人才信息采集与发布等功能为一体的,并能随着时代进步和技术演进而可持续发展的服务体系。

③完善功能。针对不同使用者的资源检索、学习方案推送、在线学习、讨论互动、监测评价等功能,资源库可作为智能化、开放性学习平台,满足“终身性、全民性、泛在性、灵活性”的学习型社会要求。

专题 3.5　专业学习原理与学习方法

在高等职业院校的专业学习,与高中及以前的学习原理与方法有着很大的区别。对大一新生而言,了解这一点非常重要。

1. 大学学习与高中学习的区别

大学时期的学习与高中时期的学习相比，在不同方面均存在着许多差异之处。

(1)生活方面的不同

①生活环境的不同。一般上大学都需要住校，绝大多数学生是到外市或外省上学，家长不可能跟在身边，这便要求远离家长的我们更要照顾好自己，需要比高中时期更具独立生活的能力。

②心态的不同。在大学里很容易感觉到空虚和无聊。学生在中学的时候总是有人管，上了大学，课外有很多空闲时间，自然易感无聊。这个时期，需要学生去多学些东西或者多参加些社会实践，充实、锻炼自己。

③自由支配的时间不同。相对高中，大学可供自己支配的时间充裕得多。甚至有时连工作日都是半天没有课，这便要求我们安排好自己的时间，以免光阴虚度。

(2)学习方面的不同

①知识深浅的不同。从课程上来讲，大学课程一般门数较多，内容较多，概括性强。要学习的知识比高中要多得多，而且知识内容深，理解较为困难。因此，大学期间学习的困难程度要比高中高得多。

②教学模式的不同。在高中时期，不管什么课程都是单班上课，而且几乎天天都能见到老师，有了问题找老师很方便，甚至有时老师会找我们检查学习情况。然而在大学课堂上，多是老师滔滔不绝地讲，有时要记满数十页的笔记，同学们既要听讲，还要做笔记，上课时的紧张程度与高中不可同日而语。同时根本不存在什么晚自习教师巡视或办公室答疑，主要是靠自己自觉来完成课程的学习。

③学习方式的不同。高中时期每节课都是一个班的人一起上课，而大学时期有的课程是单班上课，有的则是几个班一起上课。中学生的课后学习，是统一上自习。而大学生是个人选择自己认为合适的地点，可以在图书馆、教室、宿舍等场所。至于课后的学习时间和具体安排，大学生有充分的自由支配权。

④考试方式的不同。高中时期在课程学习过程中，有许多平时练习、单元检测，所以，期末考试时我们心里都还有底，即使期末考试成绩不及格仍可继续跟班学。大学时期则不同，平时练习和作业量不大，是否自己独立完成全靠自觉，教师很少检查，而且单元检测和章节复习很少，甚至没有。考前的复习主要由学生自己完成，如果考试不及格，必须进行补考或重修。不及格科目达到学校规定的门数，则不能毕业，失去学位。因此，大学的学期考试比高中要严格得多。

2. 对大学学习的要求

(1)从被动到主动的自学性要求

中学的学习方法导致很多同学进入习惯性的误区，在进入大学后很长时间也不能很好地掌握大学的学习方法。由中学的“领、看、管”的规定性学习方法变为大学的“自由”学习方法，他们很不适应。中学是老师领着学、看着学、甚至是家长管着学、逼着学。大学的学习则完全从这种状态中解放了出来。与中学生比较起来，大学生是极为自由的。但是，大多数同学并没有充分利用这种自由。大学的自由是思想的自由、探索的自由、个性发展的自由、自学的自由。很多同学在享受自由的同时，并没有获得思想的自由、学习的自由。一个被管惯了的学生,在给他充分自由的时候,会变得无所适从。

大学主要的学习方法是自学。在充分自由、没有人管、没有高考的压力下的自我学习习惯的培养是大学学习的关键。这就要面对以下几个方面的转变:

①由要我学到大学的我要学的转变;

②由被动学到大学的主动学的转变;

③由盲目性到大学的清醒性的转变。

(2)从知识到理论的系统性要求

总体来说,中学学习是侧重知识,而大学学习则是侧重理论。知识的学习是横向的平面的累加;理论的学习则是纵深的体系的构建。知识是常识性的,理论则是对常识的解释或产生常识的原创性的东西。对大学生来说,理论是极其重要的。不要惧怕理论,不要蔑视理论,不要忽视理论。知识是海洋,理论是灯塔;知识是群山,理论是泰山——登泰山而小天下,只有理论才能深刻地揭示现象。

(3)从隔绝到关联的相关性要求

中学学习的知识相对来说是不太强调关联性的,而大学就必须注意知识的相关性。强调知识的关联性、跨学科性、跨文化性是大学学习的必然要求。没有这种知识的联系性和跨学科性的学习,肯定不是成功的学习。胡适曾经说过:"读一书而已则不足已知一书"。一书不可能解释一书本身,一书只有在另外一书或多书的参照下才能获得较为准确的解释。大学学习的相关性是极其重要的。这种相关性本身就带来了知识结构的变化、思想观念的变化、思维方式的变化和研究问题方法的变化。

(4)从常识到思想的创新性要求

不仅要学习常识,更重要的是对思想、学术见解、学术探索精神和学术创造能力的培养。不重复常识,而是锻炼学术意识,这是大学学习的根本任务。中学学习并没有明确这个根本任务。但是很多同学是带着积累知识的惯性来学习的,这就忽视了学术思维习惯、学术探讨精神和学术创造能力的培养。这里有一个不小的误区需要特别注意,那就是特别强调知识积累的问题。积累确实很重要,积累是打基础,基础当然越宽厚越好。但是,这种观念常常是以忽视或根本不注意创造性培养为前提代价的。打基础和创造的关系要处理好,打基础不光是死记硬背,不光是学习前人的知识,还有创造性的培养、创新思维的培养,以及创造力的形成。

(5)从泛泛到方向的专业性要求

大学生需要培养专业意识、专业兴趣。专业化的读书、专业化的选择学习内容是大学学习的最基本要求。但不是每个人都能实现得了的。比如学习文学的同学,不少人并不能从文学专业——文学鉴赏、文学批评、文学研究的角度读书和讨论。有一些同学显然还是把读书的范围、读书的层次、读书的兴趣停留在中学阶段,或停留在非专业同学读书的层面。应该时时记住自己是学什么专业的,应不断地超越自我。

(6)从专业到兴趣的个性化要求

兴趣是最好的老师。对什么东西更感兴趣,就要集中精力、时间和热情全力去研究相关问题。研究兴趣的培养可以给我们带来学习的热情、学习的方向和学习的成就。要以我们整个人生设计和追求为前提去学习,大学学习期间可能不会有大的学术成果,但还是能为今后的发展奠定坚实的基础,并学到一些研究方法,最重要的是培养了浓厚的兴趣。长期积累、长期研究、长期思考,必有成就。

(7)从书本到实际的实践性要求

一般来说,中学学习不特别强调知识向实践的转换,大学则完全不同。当今的大学课程必须实践性地去学。不转化成实际能力的知识不是真知识;不转化为实际能力的知识仍然是外在于我们的知识;不转化为实际能力的知识是没有用的知识。学习技术专业的学生,一定要养成勇于实践的习惯,避免缺少实际能力、眼高手低。

(8)从一般到精深的博精性要求

有人曾经深刻地指出:专攻一技一艺的人,只知一样,除此之外,一无所知,这一类的人,于社会影响很小。这样的人是旗杆似的人——孤单可怜。一张很大的薄纸禁不起风吹雨打。理想中的学者,既能博大,又能精深。博是为了精,精必须建立在博的基础上。

(9)从茫然到问题的探究性要求

没有问题的学习是最大的问题。中学学习是对未知的学习,大学的学习是对问题的探究,要不断地寻找一两个值得研究的问题。脑袋中没问题的学习不会是成功的学习。如果没有一两个问题在脑子里盘旋,就很难继续保持进取的热心。早有学者告诫学生要带一两个麻烦而有趣的问题在身边,因为它是第一要紧的救命的宝丹。

(10)从内容到能力的方法性要求

大学当然要学习许多内容,但大学学习中最重要的仍然不是某种积累的内容,而是学会学习的方法。是在学习各种课程中,在读各种书籍中,在查阅各种资料中学到一种学习的方法。学到一种学习方法你就会自己学习了,能受用终生,带着这一双翅膀,在知识和学问的天空中自由的飞翔。如果把老师比作渔夫的话,我们学生向渔夫要的不是鱼,而是网和用网打鱼的方法。

(11)从困顿到反思的总结性要求

每学期甚至每周都要进行反思和自测,常问一问以下问题:我在做什么?我的动手能力提高了没有?我对什么东西最感兴趣?我读了哪些书?我的理想究竟是什么?我为这个理想付出了什么努力?我将来能做什么?我为将来做了哪些必要的准备?我到底取得了什么收获?我现在的学习和中学时的学习有什么区别?我与其他同学有什么差别?我的优势和不可替代性是什么?阻碍我继续进步的主要问题是什么?我的学习有没有计划性?本专业和相关专业的重要书籍我读了多少?我有没有新的理想?我为这个新的理想有没有付出努力?这种反思和自测是十分必须且重要的。

大学生的成功有三件法宝,那就是人生理想、奋斗精神和学习方法。理想使你的人生有了前进的方向;奋斗精神使你的人生有了永不衰竭的热情;学习方法使你在理想的道路上飞得更高更快更远。要树立远大理想,不懈奋斗,学会大学学习的方法,在大学和未来的人生道路上飞得更远、更美、更潇洒。

3. 专业课程学习原理

学习是指基于经验悟性等导致行为或能力发生变化的过程。学习有广义和狭义之分。广义的学习是人类和动物共同具有的一种心理现象,是有机体适应环境的重要手段。狭义的学习是指知识和技能的获得以及智力和能力的发展和培养。

在智力因素方面,船舶与海洋工程装备类专业的学习必须注意培养自己的观察力、记忆力、想象力、思维力、注意力。在非智力因素方面,船舶与海洋工程装备类专业的学习必须有良好的动机、浓厚的兴趣。学习过程中应该同时调用感性与理性思维,在肯定自身现有能力的基础上,充分发挥主观能动性,获得更好的学习效果。

船舶与海洋工程装备类专业是实践性很强的一个专业,在进行专业学习时,课程与教学的基本原理是围绕着4个中心问题运转的,其中包括:①学校应达到哪些教育目标?②提供哪些教育经验才能实现这些目标?③怎样才能有效地组织这些教育经验?④怎样才能确定这些目标正在得到实现。

(1)学校力求达到的教育目标

随着我国船舶工业的转型升级和快速发展,学校领导和教师必须与时俱进地制定适应市场经济发展的教育目标。由于学校教育的时间、能量有限,就要对选择出来的大量目标进行筛选或过滤,剔除不太重要或相互矛盾的目标。

①教育目标的来源之一:对学习者本身的研究

对学习者本身的研究的关键是学习者的“需要”,这个“需要”指的是“实然”和“应然”间的差距。需要分为三种类型:生理性需要、社会性需要和整体性需要。我们要做的是满足这些需要。而在抽取教育目标时,我们要做的是从学习者本身的需要中抽取出“适合教育来满足的需要”,而满足这些需要,也就成了制定教育目标的依据。

②教育目标的来源之二:对当代校外生活的研究

对当代校外生活的研究强调从当代校外生活中获取真正有价值的教育目标。这里的两个关键点是“当代”和“真正有价值”。首先,从“对当代校外生活的研究”中抽取的教育目标必须以时代为背景,从已经过去了的时代中抽取出的教育目标显然是不合适的。而从当代生活中抽取教育目标时,会出现相当多的冗余信息,我们需要通过进行大量的调查,对信息进行综合和甄别筛选,选取最有价值的最具普遍适用性的信息,来制定教育目标。

③教育目标的来源之三:学科专家对目标的建议

通常情况下,学科专家会以青年学生在进入某个工作领域时应具备的基本知识和基本能力为依据制定教育目标,但会忽视那些不会进入该工作领域的学习者的感受。因此,要求学科专家在制定教育目标时必须要能对那些外行和普通公民学习者做出合理解释,解释他们即使不会进入该工作领域,也仍能从该课程中获益。这也就要求学科专家在制定教育目标时不能“自私”于本学科。

④教育目标的来源之四:利用哲学选择目标

要采纳的教育目标必须符合“少而精”的原则,在各教育目标间必须保持一致性,不能互相冲突。通常,在学校的哲学中,会隐含着对“物质的价值和成功”的蔑视和排除,那些导向精神价值的目标会被提升到更高的地位。教育哲学在选择目标时需要处理两个比较重要的问题,也是哲学在对教育目标进行筛选时的两道重要筛子。其一是“学校应该培养年轻人去适应现实存在的社会,还是应该负担起改革的使命培养致力于改造社会的年轻人?”在这个问题上,学校的取舍的倾向性,将会影响对教育目标的选择,也就表明了学校哲学的性质会影响对教育目标的选择。另一个筛子是“应该给社会不同阶层的人不同的教育吗?”对这个问题的不同回答,也就是对“给不同阶层的人不同的教育是否合理”这一问题的不同回答。对于教育哲学不同的学校,对这个问题的回答显然也是不同的。因此,在选取教育目标时,哲学会成为教育目标选择的第一道筛子,经过学校哲学的筛选,由第一个层次确立的教育目标,符合学校哲学的将被保留,不符合学校哲学的将被剔除。

⑤教育目标的来源之五:利用学习心理学选择目标

在“学习心理学”的相关知识中,隐含着有关教育目标选择的标准。在使用“学习心理学”进行目标的筛选后，在课程的实施时，将能够更加高效地达成教育目标，因为这可以使目标和目标之间、学习者和目标之间都达到更好的和谐状态，更加有利于教育目标的实现和教育计划的实施。

在得到明确的教育目标后，以有利于选择学习经验和指导教学的形式陈述目标。对教育目标进行明确且具有指导意义的陈述也是十分重要的。通过陈述教育目标，不仅能明确教育目标，还有利于对学习经验的选择，并对教学具有指导意义。

(2)实现教育目标的学习经验

学习经验是指学习者与他必然做出反应的环境之间的相互作用。教育目标确定之后，我们面临的问题是要决定提供哪些特定的教育经验。因为只有通过这些经验，才会产生学习，从而达到教育目标。学习经验强调了参与的双方是“学习者”和“使其反应的环境”。学习是通过学生的主动行为而发生的，学生的学习取决于他自己做了些什么，而不是教师做了些什么。因此，坐在同一个班上的两个学生，可能会有两种不同的经验。选择学习经验的问题，是一个确定哪些种类的经验有可能达到既定教育目标的问题，也是一个如何构建获得所期望的学习经验的情境的问题。

能有效地达到教育目标的学习经验数量众多，特征不一，但可以把注意力放在一些主要特征上，即学习经验是否有助于培养思维技能、有助于获得信息、有助于形成社会态度、有助于培养兴趣等。我们可用多种学习经验达到某一目标，同一学习经验也可以用来达到多个目标。因此，设计学习经验的过程，并不是用一种机械的方法为每一个特定目标制定明确规定的学习经验的过程。相反，这是一种比较富有创造性的过程。

有助于实现各类目标的学习经验，具有广泛实用意义的特征，包括“培养思维技能的学习经验”“有助于获取信息的学习经验”“有助于培养社会态度的学习经验”和“有助于培养兴趣的学习经验”等。

(3)有效的组织教育经验

任何单一的学习经验都不可能对学习者产生非常深远的影响。思维方式、基本习惯、起主要作用的概念和态度以及持久的兴趣等方面的改变，都是缓慢形成的。为了使教育经验产生累积效应，必须对它们加以组织。在编制一组能有效地组织起来的学习经验时，必须符合三项主要的准则，它们是：连续性、顺序性和整合性。连续性是指直线式地重申主要的课程要素。例如：在社会学科中，如果认为培养学生阅读社会学科方面的材料的技能是个重要目标，那么在课程安排上，必须使学生有机会反复地、连续地练习这些技能，从而掌握这些技能。顺序性则强调把每一后继经验建立在前面经验的基础之上，同时又对有关内容进行更深入、广泛的探讨。而整合性，是指课程经验的横向关系，以便于学生逐渐获得一种统一的观点，并把自己的行为与所学习的课程要素统一起来。这三个准则是构建一种组织学习经验的有效框架的基本指导准则。在为课程组织拟订方案时，需要确定用来作为组织线索的课程要素。例如，在数学领域，需要组织的要素经常是概念和定理。各种要素犹如供编织用的线，而教学则是经过仔细编织的织物。把学习经验组织起来，以实现课程的连续性、顺序性、整合性，不仅需要确定主要课程要素，而且还必须确定把这些线索编织在一起的组织原则。比如，学校课程中最常见的组织原则之一，是以年代顺序为线索。由于可行的组织原则很多，因此，在研究制订任何特定课程时，要考察各种可行的组织原则，并做出尝试性的决定，然后再根据实际尝试加以检验，以便了解这些原则在编制一种具有连续性、顺序性和整合性的课程时，究竟令人满意到怎样的程度。

(4)评价学习经验的有效性

评价是查明已形成或已组织的学习经验在实际上带来多少预期结果的过程。同时,评价过程总是包含着鉴别计划的长处和短处。这有助于检核已组织或已编制的教学计划的基本假设的效度;同时也检核了教师和用于实施教学计划的其他条件的有效性。评价的结果能够使人们注意到课程的哪些方面是有效的,哪些方面是有待改进的。评价过程实质上是一个确定课程与教学计划实际达到教育目标的程度的过程。然而,由于教育目标实质上是指人的行为变化。所以,评价是一个确定实际发生的行为变化程度的过程。因为要了解变化是否已经发生,必须在早期做出一次评估,再在后期做出几次评估,从而确定所发生的变化。由于评价涉及获得有关学生行为变化的证据,所以任何有关教育目标所期望的行为的有效证据,都可提供一种适当的评价方法。评价过程是从教育目标入手的,其第一步就是要界说目标,以便了解这些目标实际上达到的程度;第二步是要确定学生有机会表现教育目标所隐含的那种行为的情境。只有在目标得到确定和清晰的界说,并把学生有机会表现所期望的行为的各种情境罗列出来之后,才有可能考察现行的评价手段,以便了解这些评价手段为预期的评价目标服务得怎样。

课程设计是一个连续不断的过程,当编制材料和程序时,要对它们进行试验,评价它们的结果,发现它们的缺陷,提出改进的措施。也就是说,它有一个重新设计、重新编制和重新评价的过程。在这一链条中,课程与教学就能一年年地得到改进。只有用这种方式,我们才能期望有一个逐渐变得更加有效的教育计划,而不是在很大程度上凭借胡乱的判断来作为课程编制的基础。

评价原理可概括为七个步骤或阶段:①确定教育计划的目标;②根据行为和内容来介绍每一个目标;③确定使用目标的情境;④设计呈现情境的方式;⑤设计获取记录的方式;⑥确定评定时使用的计分单位;⑦设计获取代表性样本的手段。

4. 专业课程教学方法

专业课程在教学中采用合适的教学方法是为了使得知识更加系统和连贯、教学内容更便于被学生接受和掌握,以及更好地培养学生综合运用知识分析和解决专业问题的能力。

(1)培养学生学习兴趣

孔子说:“知之者不如好知者,好知者不如乐知者。”只有“乐知”才能“乐学”。俄国文学泰斗托尔斯泰说过:“成功的教学所需要的不是强制而是激发学生的兴趣。”只有培养学生浓厚的学习兴趣,才能调动学生学习的积极性、主动性。学习兴趣的培养对提高船舶与海洋装备类专业基础教学质量尤为重要,因为长期以来,高等职业院校学生的逻辑思维和想象力普遍较差,加之船舶与海洋装备类专业的知识相对比较枯燥,学生的学习较为被动,而且课堂教学往往千篇一律,主要以被动接受书本知识为主要特征,忽略了学生的主动性、能动性和独立性,导致学生对学习失去兴趣。只有采用多种新颖的教学方法帮助他们树立信心,培养其浓厚学习兴趣,才能激发其学习动机。

以下是船舶与海洋装备类专业教学过程中,教师常常使用的一些教学方法,这些方法不同于高中阶段,学生应该加以了解,与教师形成互动,从而培养和激发学习兴趣。

①上好起始课,采用形象教学法,以此激起兴趣。教师是教学活动的组织者、领导者和实施者,教师本身的言行与精神面貌是个不可低估的精神力量,它能直接感染学生,可使学生在与你第一次见面时被你的风采深深吸引住,从而产生好感,产生共鸣。但单靠仪表仪

容是远远不够的，当一个人对事物有迷惑、疑问、好奇时，就会有兴趣去了解学习。作为教师，要认真准备好第一节课，所谓“良好的开端是成功的一半”，讲好第一课会为学生今后的学习打下良好的基础，既能强化学生的好奇心，又能激发学生学习的兴趣，使学生主动参与学习。如《船舶结构制图》是一门专业基础课，它不同于学生以前所学的文化课，其课程形式、课程结构、教学方法都是学生没有接触过的，所以一开始学生会好奇，有新鲜感，教师就要抓住这一机会，强调课程的重要性和学习方法，鼓励学习成绩差的学生，不要害怕，从头开始，给他们学习的信心，或带学生参观高年级同学的作业，激发学生内在的学习热情，激励学生的学习兴趣。又如在介绍《船舶原理》的绪论时，应预设充足的学时，讲述从古代到现代各个时期船舶的发展，增设趣味知识，从而吸引学生的兴趣，了解造船工艺的重要性，促使学生主动学习。学生在得知该课程和其他课程的紧密联系后，很快会产生学好的信念，大大提升学习动机。高职船舶与海洋工程装备类学生基础不强，知识根底浅，加之各门专业基础课和专业课知识点多、涉及面广，内容单调乏味。在学生缺乏感性知识的情况下，靠老师在课堂上口述板书来向学生传授专业知识，很容易使学生产生厌倦情绪。如果我们通过现场教学使学生身临其境，组织船舶与海洋装备类专业学生参观船舶博览会，使学生亲眼看看魅力无穷的各种船舶，亲身体会一下现代化的科技产品给人们带来的便捷、舒适和享受，或利用多媒体形象技术把船舶与海洋工程装备类专业知识通过生动有趣的动画、跌宕起伏的声响、通俗易懂的简图展示在学生面前，就能全方位刺激学生的感官，多角度地调动学生的情绪，激发学生浓厚的学习兴趣，使其产生强烈的求知欲望，由被动学习转变为主动学习。兴趣出勤奋、兴趣出天才。心理学家认为，学习兴趣是学生产生学习自觉性和积极性的核心因素，是学生学习的强心剂。因此兴趣是最好的老师，是学生主动学习、积极思维、探索知识的内在动力。目前学生厌学是高职院校一个老大难的问题，如果我们通过形象教学法激起了学生学习的兴趣，激发了学生学习的内动力，船舶与海洋工程装备类专业的教育和教学就成功了一半。

②有目的地引入问题，激发学生学习的主动性与积极性。当教师在教学中有目的地引入问题，就会带动学生思考，并自主想办法解决问题，从而产生学习愿望。通过问问题的方式，促使学生思考、领悟，充分发挥学生学习主动性和积极性，变学生被动接受教学为主动参与教学，让教与学表现为动态过程，这样课堂才有强大的吸引力，才能引发学习兴趣，增强学习动机，引导学生主动获取知识。在《船舶检修技术》教学中实施启发式教学，遵循“问题让学生提出，错误让学生找出，规律让学生推出，结论让学生得出”的原则发动学生展开讨论，让他们各抒己见，互相解答，互相补充，教师再从旁加以引导，使学生在争论中得到明确的认识，从而提高学生的学习热情。如在讲授“应力集中”这部分内容时，教师不能简单让学生被动地接受书中的结论，而是要让学生主动参与知识的形成过程。首先可取一张A4纸，用力撕开一个边，让同学们看清楚撕开的形成过程(即发生撕开缺口的位置)，组织学生讨论，让他们各抒己见，让学生谈谈缺口会出现在什么位置。接着，在A4纸另一边剪出一个缺口，再提问：“用力撕开有缺口的这个边，纸会在什么位置被撕开，撕开的口子与剪出的缺口有什么关系?”再用数学方法加以引导，让他们得出“应力集中”的结论。这种教学方式使学生加深了印象，提高了学生的自信心和学习兴趣。这样学生就由启而发，很容易把本节难点攻破，学习兴趣油然而生。

③运用现代多媒体教育技术，激发学生学习兴趣。心理学实验表明；人对信息的接受，视觉占83%，听觉占11%，嗅觉占3.5%，触觉占1.5%，味觉占1%，其中视听两项合计达

94%;而人对信息的记忆保持,单凭视觉为25%、单凭听觉15%,视听结合占65%。因此,人们认为在教学中,恰当地运用有关教学手段,形声并取,音画同步地刺激学生的感官,可以激发学生的兴趣。现在计算机技术不断更新,计算机辅助教学作为一种新的教学模式已走进课堂。运用电教媒体创设直观形象和真实情景,加速学生认知过程,增强记忆能力,激发学生的学习主动性,发挥学生主动作用,改善师生双边活动,有利于培养和提高学生全面素质,优化教学结构,全面提高教学效果。在这种模式下,教师在教学中采用多媒体课件既能实现预期目的,解决教学中的重点和难点,又能降低教学难度,使学生的学习兴趣得到提高,培养学生思维能力,从而优化课堂教学,提高教学效率。人最重要的就是去做真正想做的事情,跟着兴趣走。所以学生的学习兴趣能鼓舞和巩固学习动机,并能激发学习积极性。假如能激发学生的学习兴趣,就能使学生主动求知,主动探索。多媒体课件演示的内容动感强,比其他媒体更富有吸引力和渗透力,所以在制作多媒体课件时,教师们要充分利用好计算机,极力谋求生动的画面内容,适当添加动画音乐,在动画和音乐中融会贯通教学的内容,令学生爱听、爱看,从而调动学生的学习积极性。学生在学习、练习过程中,他们的回答正确与否,需要教师给予肯定或否定的答复。多媒体课件展现的内容多姿多彩,能给学生提供探究的环境,展示具有现代意义的问题,在课堂中设置一些使学生似懂非懂,但又能通过自身独立思考、判断,提出自己一些见解的问题,从而在一定程度上推动学生的理解与思维的发展,给学生留下思考的空间,使学生学会主动思考、主动学习、主动创造。教学内容、教学方法、多媒体技术三者在计算机上的有机配合,就形成了多媒体课件。多媒体技术能充分发挥教师的主导作用,并充实教学手段,改善教学方法。多媒体课件能做到大容量,以及内容与形式多样化,让学生在感知事物时拥有宽阔的思维领域,充分发挥学生的主体作用。可见,在教学中,多媒体课件能有效地提高学生的兴趣,培养学生的探究意识和思维能力。

④制作实物模型,加强实践操作技能训练,提高学习兴趣。职业院校的大部分学生都缺乏抽象思维能力,而某些课程的许多知识点的理解和掌握,都需要很强的抽象思维能力。在教学中往往是教师讲解得头头是道,可学生却迷惑不解,效果不尽如人意。要摆脱这种教学的窘境,让学生能积极主动地投入教学中,在介绍这些知识点时,可从形象直观的教学方法入手,从中帮助学生逐步建立和形成必要的抽象思维,并最后过渡到抽象思维的不断完善和巩固阶段。例如在教授"工程制图"这门课程时,许多知识点都有必要从形象直观的实物模型讲起,如课程中对"点、线、面及其投影""立体的投影特点""立体表面的展开""轴测投影""组合体的视图""视图、剖视和剖面"等章节中的一些基础知识的理解,若能配合必要的实物模型的演示,并让学生课余采用木材或泡沫等材料自制一些教学模型,使学生从有形实在的东西逐步想象出无形虚幻的结构,不断从中挖掘、培养和建立学生自身的空间想象即抽象思维能力,必能调动和激发学生的学习主动性,使其感受到学习的乐趣和快乐。教师应根据专业要求和各课程的特点,不断引导、培养、强化学生的实践操作技能,并做到有的放矢、循序渐进。如在《AutoCAD》课程教学中,要求学生在学习CAD软件的过程中,在掌握其基本功能的基础上,学会如何使用该软件绘制机械图形。在教学计划中,分阶段合理确定教学目标也是至关重要的。如第一阶段,学会运用CAD软件,熟悉各种绘图和编辑命令的应用,能绘制和编辑平面图形。第二阶段,能灵活运用CAD软件,绘制复杂的平面图形和零件图,并学会书写文字和标注尺寸。只有按部就班,才能最终实现该课程的教学目的和要求。总之,船舶与海洋装备类专业众多课程因有很强的操作技能要求,可在教

学中大力采用实践操作教学法。

⑤采用情感教学，增强学生的自信心和学习兴趣。专科生比起学历较高的本科生、研究生，往往缺乏自信心，但他们也有强烈的自尊心，渴望得到赞扬。所以高等职业院校教师要根据学生的特点，多采用情感教学。激励教学，就是激发人的动力，调动人的积极性。激励是由必然向自然的发展过程，使主体人发生心理变化，产生质的飞跃。教师要充分调动学生的积极性、主动性，让学生动脑、动口、动手去行动、去探索，使学习活动成为学生的自主活动。一般来说，每个学生都有参与学习的愿望与需要，然而参与意识的水平和参与的主动程度是不一样的，教师通过运用多种方法和手段进行激励教育，就能使学生最大限度地参与到教学中来，提高学习的主动性和兴趣。此外，要多开展丰富多彩的活动。高职业院校学生一般性格活泼，好奇心强，动手能力强，这是他们的优势。在教学中，教师要扬长避短，因材施教，抓住学生的思想脉搏，激发学生的学习兴趣，多组织课外活动，成立兴趣小组，如船舶模型制作等兴趣小组，用竞赛形式以激活学生的兴趣。学生好胜心强，渴望成功，利用这一特点，我们组织小组之间、班级之间的竞赛。在竞赛中发现人才、培养人才，形成一个你追我赶的良好氛围。同时，这一活动，也促进了学生理论课的学习，形成了理论与实践教学的良性循环，进一步激发了学生学习的积极性和兴趣。

总之，教学有法，教无定法，只要教师们在教学过程中注意使用优化教学活动的策略，把握好活动过程中的操作环节，采用各种有效方法培养学生的学习兴趣，调动学生学习的积极性，使“要我学”变“我要学”，就能达到最佳效果。

(2)适应专业学习特点

学习是构成船舶与海洋工程装备类专业丰富多彩生活的中心内容，也是学生最重要的职责与使命。高等职业院校时期的学习与中学时期的学习相比，存在着许多不同之处，其中最主要的区别是学习内容、学习方法上发生了较大变化。

①学习内容广、课程多、难度大

中学阶段，我们一般只学习十门左右的课程，而且主要讲授一般性的基础知识。而大学里所开设课程分公共课、基础课、专业基础课、专业课四个层次，每一个层次又由许多门课程综合而成。一般说来，高等职业院校三年需要学习的课程在30门以上，每一个学期学习的课程都不相同，内容量大，因而学习任务远比中学重得多——一年级主要学习公共课程和基础课程，二年级主要学习专业基础课和部分专业课，三年级重点学习专业课、专业实践和做毕业论文。课程有必修课、选修课之分。必修课是指学生完成本专业学习任务、取得本专业学位证、毕业证书，所必须学习的课程。必修课包含有公共课如思想品德修养、邓小平理论、毛泽东思想概论、数学、大学英语、法律基础等；必修课还包含基础课和专业课，是根据不同专业的人才培养方案而确定的。选修课包括各类限定选修课、专业选修课、公共选修课，前者是针对本专业学生，而后者则是面向全校学生。

②学习方式不同

在学习方式上，中学学习的主要方式是课堂讲授，教学过程中的每一天，每一节课，老师都安排得非常具体，有的是频繁的作业和课堂提问，有的是大量而紧凑的课堂教学。而在大学里，课堂讲授相对减少，自学时间大量增加。同时，大学为学生学习提供了非常好的环境，大学有藏书丰富的图书馆，有设备先进的实验室，有丰富多彩的课外科研活动。大学的培养方案还安排了大量的教学实验、实习、实训、社会调查、毕业设计等教学环节。

③学习方法变化明显

在学习方法上,中学时期,老师教学生是“手拉手”领着教,老师安排得详细周到,不少同学养成了依赖老师、只会记忆和背诵的习惯。而大学时期则是“老师在前,学生在后引着走”,提倡学生自主学习,课外时间要自己安排,逐渐地从“要我学”向“我要学”转变,不采用题海战术和死记硬背的方法,提倡生动活泼地学习,提倡勤于思考。

④教师讲课差异显著

大学教师讲课时是介绍思路多,详细讲解少。一是主要讲授重点、难点内容,而且许多教师都使用投影机、多媒体授课,授课手段多样化,授课进度比较快,一节课可能要讲授一章或几章的内容。二是抽象理论多,直观内容少。三是课堂讨论多,课外答疑少。四是参考书目多,课外习题少。此外,大学学习的教学环境也发生了变化。中学时期,我们有固定的教室、固定的座位,而且是小班授课,但是在大学里,每个班没有固定的属于自己独享的教室,有时 1、2 节课可能在这一栋楼的某个教室学习,但 3、4 节课又会到另一栋楼去听课,与自己一起上课的可能还会有不同专业的同学。

针对这样的变化,新生必须尽快适应新的学习环境,掌握科学的学习方法,主要应从以下几个方面去努力:

第一,要熟悉学习环境,搞清楚学校建筑布局,特别是要搞清楚课程表上以简称名出现的建筑物的准确位置,避免找不到上课地点。

第二,要认真学习人才培养方案中有关本专业公共课程、基础课程、专业课、选修课的设置情况,了解本专业培养目标、培养计划和获得毕业证书的必要条件,做到有的放矢。

第三,要充分利用教学环节。首先,在学习过程中要主动预习,通过预习发现课程重点和难点,了解课程的前后关系及内在联系,做到心中有数,掌握听课的主动权,从而事半功倍;其次是要认真听课,努力提高听课质量,紧跟老师的思路,适时做好笔记;再次是要重视作业,大学的作业相对高中而言,量少而精,着眼于加深对原理的理解和思考方法的培养,因此必须认真对待;最后,要做到自觉复习,及时消化课堂繁重的教学内容,使所学知识成为自己知识链条中的一个有机组成部分。最终达到开阔思路、扩展知识领域、为进一步学习创造条件的目的。

第四,科学安排学习时间。新的学习方式为学生安排时间提供了较大的自由度。为了避免出现时间空白带,新生可以制定一张时间表,认真落实时间计划表的安排内容,合理地确定时间计划表中各个时间段的学习内容,努力提高单位时间内的学习效率。

⑤强化高素质技术技能人才培养

高等职业院校重点培养德智体美劳全面发展的高素质技术技能人才,知识和技能的学习是专业学生学习活动中最基本的内容,其目的是教会学生怎样去解决问题,并在问题的解决中得到创造性的提高。知识学习的基本环节为知识的感知、理解、巩固、应用,知识是技能的基础与理论支撑,与技能学习相辅相成。针对高职院校培养应用型人才的目标,应重视和积极锻炼动手能力。

专题 3.6　船舶名校

1. 船舶与海洋工程学科本科大学

(1)上海交通大学

上海交通大学是享誉海内外的著名高等学府之一,是教育部直属并与上海市共建的全国重点大学。图 3-9 为上海交通大学。

图 3-9　上海交通大学

船舶海洋与建筑工程学院是上海交通大学历史最悠久、最具特色的学院之一。学院发展始终与民族兴衰、国家命运休戚相关。学院前身可追溯到 1907 年,交通大学开中国之先河成立铁道科,6 年后定名为土木科。随着国家经济建设和基础设施的需求的增长,1943 年,交通大学成立造船工程系;1958 年创建工程力学系;1997 年成立国际航运系(今交通运输工程系),并成立船舶与海洋工程学院;2003 年船舶与海洋工程学院与建筑工程与力学学院合并为船舶海洋与建筑工程学院。

学院的船舶与海洋工程学科是教育部"双一流"建设学科,承载着学校赋予的建设世界一流学科和服务国家战略、区域发展的重要任务。学院拥有海洋工程国家重点实验室、国家深海技术试验大型科学仪器中心、海上智能装备与系统教育部重点实验室、水动力学教育部重点实验室等支撑船海、力学、土木工程、交通运输等多学科交叉与创新的国家级及省部级科研平台。

历经百余年春秋,上海交通大学为国家和社会培养输送了共和国勋章获得者、2019 年国家最高科学技术奖获得者,以及中国第一代核潜艇总设计师黄旭华院士、中国第一艘航空母舰总设计师朱英富院士、中国第一台 7 000 米载人潜水器(蛟龙号)总设计师徐芑南院士,还有"港珠澳大桥"专业护航、隧道与地下结构工程专家孙钧院士,中国土木工程学家、桥梁专家、工程教育家茅以升院士,中国水利水电工程专家、工程教育家张光斗院士等一大批优秀人才,服务国家民族之振兴。上海交通大学深厚的文化底蕴,悠久的办学传统,奋发图强的发展历程,特别是改革开放以来取得的巨大成就,为国内外所瞩目。

(2)哈尔滨工程大学

哈尔滨工程大学前身是创建于 1953 年的中国人民解放军军事工程学院(简称“哈军工”)。1970 年,以海军工程系全建制及其他系(部)部分干部教师为基础,在“哈军工”原址组建哈尔滨船舶工程学院。1994 年,更名为哈尔滨工程大学(图 3-10 为哈尔滨工程大学)。

图 3-10　哈尔滨工程大学

哈尔滨工程大学船舶工程学院目前已经成为我国船舶工业、海军装备和海洋开发领域科学研究与人才培养的重要基地。2017 年,船舶与海洋工程学科入选“双一流”学科,是国家“三海一核”(船舶工业、海军装备、海洋开发、核能应用)领域重要的人才培养和科学研究基地。学院设有“船舶与海洋工程”“港口航道与海岸工程”“海洋机器人”3 个本科专业,拥有水下机器人技术重点实验室、船舶与海洋工程国家级实验教学示范中心、船海国家级虚拟仿真实验教学中心、中国-俄罗斯极地技术与装备联合实验室、船舶与海洋工程力学国家级国际联合研究中心等国家级科研平台 5 个,以及极端海洋环境波动场教育部前沿科学中心、工信部极地装备技术重点实验室等省部级科研平台 9 个。

哈尔滨工程大学面向国家和国防重大需求,以船舶与海洋装备、海洋信息、船舶动力、先进核能与核安全、智能科学 5 个学科群为牵引,打造特色、通用、基础学科相互支撑、优势互补、交叉融合、协同创新的“三海一核”特色学科体系。水下机器人、减振降噪、船舶减摇、船舶动力、组合导航、水声定位、水下探测、核动力仿真、大型船舶仿真验证评估、高性能舰船设计等技术居国内甚至国际领先地位,现已成为我国发展海洋高技术的重要依托力量。

哈尔滨工程大学为国家培养了各类高级专门人才 14 万余名,其中包括 200 多名共和国的将军、部长、省长、院士,为国防现代化建设和国家经济社会发展做出了重要贡献。

(3)武汉理工大学

武汉理工大学船海与能源动力工程学院史源于 1946 年的国立武昌海事职业学校,1949 年在海事职业学校的基础上,创办中南交通学院,设置造船专业。1952 年全国高等院校院系调整,造船专业调至上海交通大学。1958 年随着国民经济发展的需要,恢复并重建船舶工程专业。1963 年交通部部属院校进行专业调整时,将大连海运学院的船舶工程系整体调整到武汉,与学校的船舶工程专业合并,成立船舶工程系。1978 年以后,为了适应船舶工业发展的需要,先后开办了船舶设计与制造、船舶工艺与设备、船舶结构力学、船舶流体力学、船舶贸易、船舶检验等本科专业。

学院现有船舶与海洋工程、轮机工程、能源与动力工程、港口航道与海岸工程 4 个本科专业。建有国家水运安全工程技术研究中心、高性能舰船技术教育部重点实验室、船舶动力工程技术交通行业重点实验室、船舶动力系统国家工程实验室柴油机智能控制分实验室、海洋工程机电设备国家工程实验室极地与海洋环境技术分实验室、高新船舶与深海开发装备协同创新中心分中心等科研平台,图 3-11 为武汉理工大学。

图 3-11　武汉理工大学

2. 船舶与海洋工程装备类专业职业院校

(1)武汉船舶职业技术学院

武汉船舶职业技术学院前身为 1950 年中南兵工局创办的“中南兵工学校”,是新中国创办的首批军工学校。学院历经中南兵工学校等 7 个时期,先后隶属于中南兵工局、中华人民共和国第六机械工业部、中国船舶工业总公司等,1998 年成为教育部首批设置的全日制高等职业学校。

学院坚持“立足船舶、服务军工、面向社会”的办学定位,走“兴船报国育英才”的特色发展之路,不断推进内涵建设,办学实力不断提升。学院入选“中国特色高水平高职学校”建设单位,是全国职业教育先进单位、全国国防教育特色学校、全国首批实施现代学徒制试点高职院校。学院建有船舶与海洋工程学院等 9 个二级学院,现有全日制在校生 15 000 余人,开设 50 个高职专业。其中国家重点建设专业群 2 个,国家级职业教育教师教学创新团队 1 个,国家级教学团队 3 个。拥有国防科技工业职业教育实训基地、国家技能型紧缺人才培养基地、国家海员培训基地,图 3-12 为武汉船舶职业技术学院。

图 3-12　武汉船舶职业技术学院

(2)渤海船舶职业学院

学院前身为创建于1956年的渤海船舶工业学校,先后隶属于中华人民共和国第一、第三、第六机械工业部和中国船舶工业总公司,主要为国家船舶工业和军工产业培养专业技术人才。2001年经辽宁省人民政府批准,渤海船舶工业学校与葫芦岛电视大学、葫芦岛市师范学校合并设立渤海船舶职业学院。

学院坚持"立足船舶、面向军工、服务社会"的办学定位,开设了51个专业。拥有辽宁省示范专业3个、品牌专业7个。拥有4个国家级实训基地,4个省级(行业)研究培训基地,4个工程技术中心以及一批校外教学型实训基地。2019年,学院船舶工程技术专业群入选"中国特色高水平高职学校和专业"建设计划,图3-13为渤海船舶职业学院。

图3-13　渤海船舶职业学院

(3)江苏海事职业技术学院

江苏海事职业技术学院是新中国成立后第一所培养远洋船员的专门学校。初创于1951年,其前身是1951年中央人民政府交通部和全国海员总工会创办的海员训练班及1956年长江航运管理局创办的南京河运工人技术学校。学校几经更名、转隶、并校和升格,办学规模不断扩大,先后培养出20多万名优秀学生。

学校是"中国特色高水平高职学校和专业建设计划"高水平专业建设单位、全国优质专科高职院校、全国黄炎培职业教育优秀学校、全国海军和海警定向培养直招士官试点院校、教育部第一批示范性职业教育集团(联盟)培育单位、获全国高职院校"国际影响力50强""服务贡献50强""育人成效50强"。

围绕现代海洋运输产业链和区域支柱产业,建有航海技术学院、船舶与海洋工程学院、轮机电气与智能工程学院、经济管理学院、信息工程学院、人文艺术学院、国际教育学院、士官与军事教育学院等8个院部,拥有全日制在校生12 000余人。拥有全球最先进的kongsberg航海模拟器和wartsila电喷船舶智能化机舱,建有中华人民共和国海事联合调查实验室、全国舰船科普教育基地等一批科技协同创新与服务平台,图3-14为江苏海事职业技术学院。

(4)福建船政交通职业学院

福建船政交通职业学院前身是创办于1866年的福建船政学堂,至今已有155年的办学历史,是中国近代职业教育发源地,培养出了启蒙思想家严复、民族英雄邓世昌、铁路之父詹天佑等一大批具有爱国奉献、自强不息精神的英才,为区域经济社会建设输送了数以十万计的技术技能人才。

图 3-14 江苏海事职业技术学院

学院现有 43 个专业，有航海技术、机械与智能制造等 9 大专业群，全日制在校生 20 600 余人。是“中国特色高水平高职学校和专业建设计划”高水平学校建设单位，荣获第三届中国质量奖提名奖，获全国高职院校“学生管理 50 强”“教学资源 50 强”“育人成效 50 强”，图 3-15 为福建船政交通职业学院。

图 3-15 福建船政交通职业学院

（5）九江职业技术学院

九江职业技术学院创办于 1960 年，前身为九江船舶工业学校，先后隶属于中华人民共和国第一、第三、第六机械工业部，中国船舶工业总公司。1994 年，成为全国首批举办高等职业教育的 10 所试点学校之一。1999 年，学校由国防科工委划转至江西省人民政府管理，并升格更名为九江职业技术学院。

学校始终坚持船舶军工办学优良传统，秉承“德行大道、技承天工”校训，坚持“质量立校、特色兴校”的办学理念。弘扬“船舶军工特色”的校园文化，明确“立足江西，植根船舶，面向世界”的办学定位。形成以船舶工程、物联网应用、智能制造为主要特色，多门类协调发展的十大专业群，设招生专业 66 个，共有全日制在校生 22 000 余人。

学校是江西省唯一一所国家示范性高等职业院校，2019 年学校被教育部确定为“国家优质专科高等职业院校”，并入选“中国特色高水平高职学校和专业建设计划”高水平学校建设单位。学校拥有国家级教学团队 2 个，国家级职业教育教师教学创新团队 2 个，获国家级教学成果奖 4 项，获得全国职业院校“教学资源 50 强”“教学管理 50 强”“实习管理 50

强”“育人成效 50 强”,获评“国防教育特色学校”“全国职业教育先进单位”“教育部第一批教育信息化试点优秀单位”“全国职业院校数字校园建设实验校”等,图 3-16 为九江职业技术学院。

图 3-16 九江职业技术学院

模块三思考题:

1. 我国现阶段高等职业技术教育的培养目标是什么?
2. 我院船舶与海洋工程装备类的发展过程是怎样的? 有哪些专业?
3. 船舶类专业与海洋工程装备类专业之间的关系是什么?
4. 专业教育与通识教育各指什么? 相互之间的关系如何?
5. 根据我院人才培养目标,你所学习的专业的人才培养目标是什么?
6. 专业人才培养目标是怎样制订出来的?
7. 你所学的专业人才培养目标是什么?
8. 专业课程体系由哪几个部分组成?
9. 你所学的专业的核心技术课程是哪几门?
10. 你所学的专业学生毕业时必须取得哪几个技能等级证书?
11. 高职院校学习与中学学习的区别体现在哪些方面?
12. 所学专业人才培养计划中规定的职业资格证书要求是什么?

模块4 学业与职业规划

德育导学：

高端制造，中国制造2025拉开海洋工程装备及高技术船舶磨剑序幕

船舶工业是为水上交通、海洋资源开发及国防建设提供技术装备的现代综合性和战略性产业，是国家实施海洋强国战略的基础和重要支撑。《中国制造2025》把海洋工程装备和高技术船舶作为十大重点发展领域之一加快推进，为我国海洋工程装备和高技术船舶发展指明了方向。

海洋工程装备是海洋经济发展的前提和基础，高技术船舶具有技术复杂度高、价值量大的特点。海洋工程装备和高技术船舶处于海洋装备产业链的核心环节，为推动船舶工业转型升级，提高技术水平和核心竞争力，巩固和增强国际竞争优势，我国制定了《高端船舶和海洋工程装备关键技术产业化实施方案》并提出发展目标为：我国高技术船舶和特种船舶的自主设计、系统集成和总承包能力进一步提升，一批船舶和海洋工程装备产品填补国内空白，关键配套设备装船率不断提高，研发设计、试验检测设施更加完善，产业核心竞争力明显增强。重点工程包括：大中型邮轮工程、大型集装箱船工程、特种船舶工程、海洋资源开发装备工程。在高技术船舶领域发展重点是实现产品绿色化和产品结构的高端化。在核心配套领域下一步发展的重点，一是推动优势配套产品集成化、智能化、模块化发展，掌握核心设计制造技术。二是加快船舶和海工配套自主品牌产品的开发和产业化。

加快发展海洋工程装备和高技术船舶是我国建设海洋强国的必由之路。我国是一个负陆面海、陆海兼备的大国，提高海洋开发、控制和综合管理能力，事关经济社会长远发展和国家安全的大局。经略海洋，必须装备先行。特别是目前我国海洋强国建设进程向前推进，综合实力不断上升，已经对传统海洋强国形成挑战，西方强国在一些核心技术和装备上对我封锁。中国建设海洋强国，必须建立自主可控的装备体系，必须掌握海洋工程装备和高技术船舶等高端装备的自主研制能力。目前，我国正在大力推进南海开发进程以及海上丝绸之路建设，对海上基础设施建设、资源开发、空间开发等相关装备的需求将更为急迫，也对我国高端海洋装备的发展提出了更高的要求。

加快发展海洋工程装备和高技术船舶是建设世界造船强国的必然要求。经过21世纪以来的快速发展，我国已经成为世界最主要的造船大国，具备了较强的国际竞争力。未来10到20年我国船舶工业将进入全面做强的新阶段。建设世界造船强国的核心任务是全面推进结构调整转型升级。所谓全面转型，就是产业发展动力的全面转型，由依靠物质要素驱动向依靠创新驱动转变，以产品创新，制造技术创新等支撑产业发展；所谓结构升级，主要是技术结构升级和产品结构升级。加快发展海洋工程装备及高技术船舶制造，是船舶工业全面转型、结构升级，从而实现全面做强的重要方向。

加快发展高端装备制造业是工业转型升级的重要引擎。随着中国经济进入新常态，发展方式开始向集约型转变，发展动力转向新增长点。发展高端制造业，正是中国制造业适

应经济新常态,重塑竞争优势的重要举措。船舶工业作为我国最早进入国际市场,并且已经具备较强国际竞争力的行业,海洋工程装备和高技术船舶等高端的快速发展,必然成为带动整个制造产业升级的重要引擎。

未来十年我国海洋工程装备和高技术船舶发展面临的形势是:国际船市进入新一轮大的调整周期,海洋工程装备及高技术船舶成为需求热点;全球造船业竞争格局深度调整,主要造船国在海洋工程装备和高技术船舶领域竞争将日趋激烈;产业核心竞争要素发生重大变化,关键要素从硬实力转向软实力;以信息技术和制造业深度融合为重要特征的新一轮科技革命和产业变革兴起,将引发制造业分工格局的深度调整。

《中国制造2025》明确提出,未来十年海洋工程装备和高技术船舶领域将以海洋工程装备和高技术船舶产品及其配套设备自主化、品牌化为主攻方向,以推进数字化网络化智能化制造为突破口,大力发展深海探测、资源开发利用、海上作业保障装备及其关键系统和专用设备。推动深海空间站、大型浮式结构物的开发和工程化。突破豪华邮轮设计建造技术、全面提升液化天然气等高技术船舶国际竞争力,掌握重点配套设备集成化、智能化、模块化设计建造技术。力争到2025年成为世界海洋工程装备和高技术船舶领先国家,实现船舶工业由大到强的质的飞跃。

专题 4.1　船舶企业文化

企业文化是一个企业由其价值观、信念、仪式、符号、处事方式等组成的其特有的文化形象,简单而言,就是企业在日常运行中所表现出的各个方面。企业文化是企业的灵魂,是推动企业发展的不竭动力。

1. 船舶产业文化背景

船舶制造企业属于劳动密集型企业,由于我国地域广阔,企业内部即使都是同一国家的人员,也会出现地区差异和文化层次参差不齐的情况。另一方面,我国大型船舶制造企业承接的大多数都是国外船舶订单,生产工作中会接触到不同国籍的人员,而外籍人员与我们在语言和行为等方面存在很大差异。就船舶制造企业职业特点而言,它是国际化特征明显的职业之一。

①庞大系统工程与复杂产业关系。船舶产业是一个全球性的行业,船舶行业是一个庞大的社会系统工程,船舶制造业产业链各主体之间的关系紧密,包括员工、船东、供应商、各类客户、船级社、保险人、港口当局、交通管理等众多船舶产业关系。船舶行业的产业关联性强,极大地促进与之相关的各个产业的发展,但也带来了错综复杂的船舶产业关系。如图4-1所示。

②多国籍团队与不同文化背景。船舶制造业联系着世界上很多的国家和地区,也联系着不同的文化。然而,当不同的文化相遇时,文化差异就会集中地表现出来。影响船舶企业员工文化背景的因素主要体现在教育、宗教、朋友关系、家庭与社会背景、职业与培训、身体状况、兴趣爱好等诸多方面(如图4-2所示)。

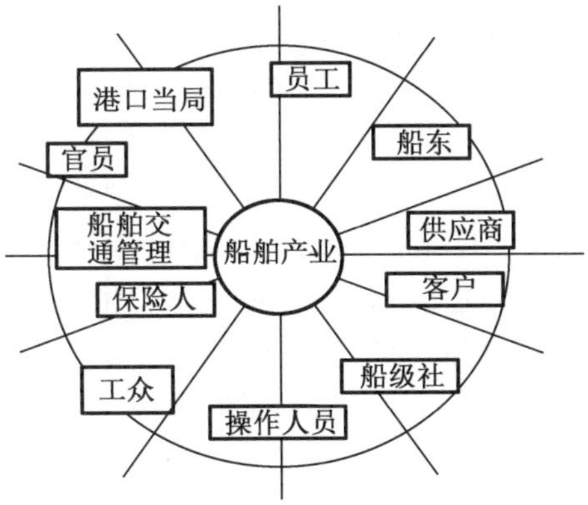

图 4-1　船舶产业关系

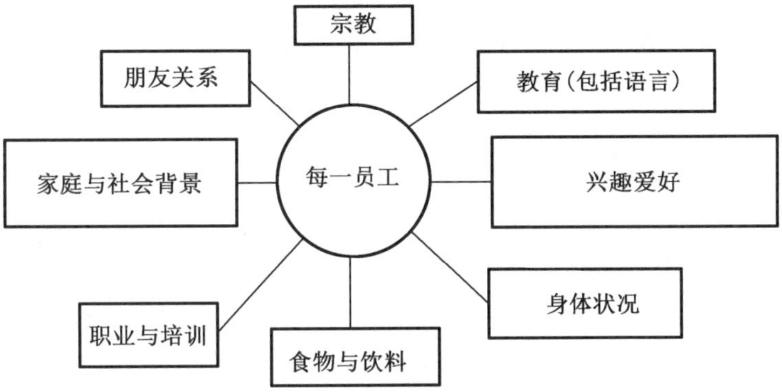

图 4-2　船舶企业员工的文化背景

2. 船舶企业文化构成

船舶企业文化是企业在经营活动中形成的经营理念、经营目的、经营方针、价值观念、经营行为、社会责任、经营形象等的总和。是在一定的条件下生产经营和管理活动中所创造的具有该船舶企业特色的精神财富和物质形态。它包括企业愿景、文化观念、价值观念、企业精神、道德规范、行为准则、历史传统、企业制度、文化环境、企业产品等。其中价值观是企业文化的核心。

企业文化是船舶企业个性化的根本体现,它是企业生存、竞争和发展的灵魂。船舶企业文化通常由三个层次构成:

①表面层的物质文化。又称为船舶企业的“硬文化”。包括厂容、厂貌、机械设备,产品造型、外观、质量等。

②中间层次的制度文化。包括领导体制、人际关系以及各项规章制度和纪律等。

③核心层的精神文化。又称为“企业软文化”。包括各种行为规范、价值观念、企业的群体意识、职工素质和优良传统等,可称为企业精神。

企业文化理论系统将企业文化概述为 5 个要素,即企业环境、企业价值观、英雄人物、文化仪式和文化网络。

企业环境是指企业的性质、企业的经营方向、外部环境、企业的社会形象、与外界的联系等方面,它往往决定企业的行为;企业价值观是企业文化的核心,是企业内成员对某个事件或某种行为好与坏、善与恶、正确与错误、是否值得仿效的一致认识；英雄人物是企业文化的核心或企业文化的人格化，其作用在于作为一种活的样板，给企业中其他员工提供可供学习的榜样，对企业文化的形成和强化起着极为重要的作用；文化仪式包括企业内的各种表彰、奖励活动、聚会以及文娱活动等，它可以把企业中发生的某些事情戏剧化和形象化，来生动地宣传和体现企业的价值观；文化网络是非正式的信息传递渠道，它由某种非正式的组织和人群所组成，所传递出的信息往往能反映出职工的愿望和心态。

企业文化本质是通过企业制度的严格执行衍生而成的制度上的强制或激励，最终促使群体产生某一行为自觉，这一群体的行为自觉便组成了企业文化。

3. 企业多元文化的交流

随着我国船舶工业的国际地位提升，很多外国船舶企业在中国陆续建立公司。同时，中国本土企业的国际化，使越来越多的大中型船舶企业公司内出现了多元文化团队的沟通问题。由于不同文化背景的影响和制约，在多元文化团队中常常会出现一些沟通问题。要实现船舶企业多元文化间的良好沟通，重点要做到以下方面：

①培养文化融合的团队。以前船舶企业在考察员工能力时，往往只注意到他们的技术能力，而忽视了他们的人际交往能力，甚至是跨文化的人际交往能力。真正的国际化的船舶企业员工，必须是一些确实愿意与不同于自己文化背景的人打交道、有很高的文化敏感性和灵活性的人。总的来说，良好的“文化敏感性”应该是对其他文化中的价值观、信仰和习俗有所了解。尤其是了解古老文化的国家或民族的历史；理解不同国家或地区的基本经济和社会观念；了解其他国家语言，对语言和非语言交际都很敏感；尊重不同的生活哲学和道德观念，意识到自己的价值观和行为准则受自己的文化背景的影响，但不一定就是正确的；对同种文化中不同个体间的差别有足够的认识，能够预测差异，积极面对挑战和变化；具备对文化的整合能力、对文化环境的应变能力、决策和决断能力。

②创造良好的组织沟通氛围。船舶生产企业内部不同员工的价值观也会不同，因此应该让员工意识到多元文化价值观的存在，发现他人重要的价值观，并能理解他人的价值观。和谐融洽的组织气氛，可以消除沟通时双方的紧张感和约束感，做到知无不言、言无不尽。另外，要保证组织有畅通的沟通渠道。船舶生产企业的高层管理者应主动创造沟通交流的机会，增加对下属船员的信任，保证沟通渠道清晰明确。

③建立共同的价值观。在一种文化中被认为是有价值或者是神圣的事物，可能在另一种文化中会被认为是无关紧要的。这是由于我们很难发现那些我们已经习以为常的事情，对于另一种文化会产生什么问题。共同的价值观可以消除文化差异造成的隔阂，使人们更快地融入组织当中来。价值观的渗透常常比我们意识到的还要广泛，这不仅是因为价值观、信念在不同文化中的差异，而且是由于它们的重要性并不被真正认识到。

专题 4.2　大学学业生涯规划

1. 学业生涯规划的目的

学业生涯规划是指为了提高求学者的人生职业（事业）发展效率，而对与之相关的学业进行的筹划和安排。具体来讲，就是在决定其职业发展方向的源头上，通过对求学者的自身特点(性格特点、能力特点)和未来社会需要的全面认识，确定其人生阶段性事业(职业)目标，进而确定学业路线，然后结合求学者的实际情况(经济条件、生活现状、家庭情况等)制定学业发展计划，以确保用最小的求学成本(时间、精力、资金等)获得阶段性职业目标所必需的素质和能力的过程。

学业生涯规划是大学生在大学期间制定的对自己整个人生的规定和计划，是对自己生活的一种规划，进而设定出自己的人生发展趋势。生涯规划是人生一件大事，决定一个人的未来。每一个人只有明确了目标，才会努力奋斗，并积极创造条件去实现目标。生涯设计是为了监督自己在大学期间的表现，做自己的管理者，管理好自己的目标、时间、行为、心理、生活、人际关系等。

制定学业生涯规划，首要一点是要清晰地认识自己，包括自己的个人性格、兴趣爱好及能力。学业生涯规划包括：自我认识定位、学业目标定位、学业计划执行。要使学业生涯规划有利于自身的学习和发展，需要在明确社会需求的基础上进行。有目标，才有努力的方向。学期伊始，选定一个符合自身能力的合适定位，积小步为大步。将学业计划具体化，在不同的时间节点定下侧重各不相同的计划，使得学业可以有条不紊地进行。同时结合新能源的发展趋势，在理论学习与实践锻炼两方面合理安排时间，相互促进。

从入学起，就思考自己的人生目标，思考个人所学专业未来的发展，需要掌握哪些知识和能力，掌握这门知识，能到哪些工作岗位去。真正了解自己，认清自身个性、兴趣和能力等优劣因素而趋利避害，并且在进一步衡量内在与外在环境的优势、限制的基础上，设计出合理且可行的职业规划发展目标，把实现个人目标与学院的培养目标相结合。清楚自己职业发展面临的优势与劣势，清楚地知道自己喜欢和不喜欢的职业，确立自己的目标，并为之不断地挑战自我、超越自我，不断挖掘自己的潜力，切实提高自己的综合素质，为将来走入社会做好准备。

2. 社会对职业的要求

船舶与海洋工程装备制造业是现代综合性产业，也是国家战略性新兴产业，随着科学技术的发展，我国多所高职院校船舶与海洋工程装备类专业已培养了一大批德才兼备的适应市场要求的高素质的人才。进入21世纪后，行业和经济全球化发展，对这一专业类人才的综合素质提出了更高的要求。为了培养出更多优秀的人才，有学者结合教学实践，对船舶与海洋装备类专业人才应具备的综合素质和科技业务素质要求进行了研究，主要包括：思想品德素质、心理与身体素质、文化人格修养素质和科技业务素质。素质培养是一个人成才的基础，只有具备了良好的素质才能成为国家和社会的栋梁之材。

(1)用人单位对该专业人才素质的要求

职业素质是企业在人才招聘过程中衡量应聘者能力的主要标准和尺度。职业素质是劳动者对社会职业了解与适应能力的一种综合体现，其主要表现在职业兴趣、职业能力、职业个性及职业情况等方面。职业素质和职业技能是人才素质的一个子集，同时也是人才素质中最重要的部分。

某研究机构在人才招聘会上，对近百家用人单位进行了随机问卷调查，统计结果如表4-1所示。

表 4-1 用人单位对该专业人才素质的要求 %

项目	思想品德素质	身心体质素质	文化人格素质	科技业务素质
第一选择	75	5	5	15
第二选择	20	45	5	30
第三选择	5	20	40	35

企业技术专家和高级管理人员的观点普遍认为,不同年代的大学毕业生,他们的成才过程都与思想品德素质、心理与身体素质、文化人格修养和科技业务素质相关。不同时代的专家、不同工作环境的专家在分析上述四项素质对成才的影响时,认为其对成才的影响程度是不同的。但是,他们都认为只有德才兼备,才能成为真正对社会有用的人才。

一般情况下,大学毕业后,学生需要在生产实践中经过几年的锻炼,才能成为有用之才。用人单位一般愿意招聘有发展潜力的可造之才,他们最看中的是思想品德素质,其次是良好的心理身体素质,然后才是科技业务素质,当然也希望有较高的文化人格修养。

(2)普通高校在校生对素质培养的要求

目前,普通高校在校生十分注重全面发展和综合素质的培养。对国内几所学校相关专业应届毕业生的问卷调查结果如表 4-2 所示。

表 4-2 高校在校学生对素质培养的要求 %

项目	思想品德素质	身心体质素质	文化人格素质	科技业务素质
第一选择	32.5	17.5	32.5	17.5
第二选择	17.5	25	25	32.5
第三选择	20	35	20	25

调查结果表明,当代大学生更注重思想品德修养和文化人格修养的培养。

随着经济全球化和我国船舶企业的体制改制、生产结构的调整,用人单位将以国际性人才价值、理念和评价标准来招聘和选拔人才,这是时代赋予当代大学生新的机遇。同时,也给当代大学生提出了挑战。国际跨国公司 IBM 的总裁在中国招聘和选拔人才时,提出人才的四点要求是自豪感、创新、灵活性和高绩效文化。微软公司青睐的三种人是有激情的人、聪明的人和努力工作的人。西门子公司注重学生的诚实与守信。从中不难看出,他们的用人观与普通高校正实施的全面素质教育、以创新精神和实践能力为培养重点、重视发展学生的个性与特长的教育理念相一致。船舶与海洋装备类专业的学生在综合素质的自我培养中应注重全面特色的发展,以适应社会竞争,从而成就一番事业。

3. 学业生涯规划的方法

学业生涯规划是为了提高求学者的人生职业(事业)发展效率,而对与之相关的学业所进行的筹划和安排。

(1)学业生涯规划要素

学业生涯规划主要包括:求学决策、学业管理、规划主体(求学者)、规划客体(学业路线)四大要素。

学业生涯规划是通过求学决策与学业管理来实现和完成的,即规划过程,这是学业规划中的核心要素。求学决策与学业管理是学业规划的具体化与日常化,求学决策是指求学者在求学时对下一阶段学习专业、学校与方式的选择,而学业管理则是通过学生对自己每天、每时每刻的学习计划与安排,通过品德修养、智力开发、身体锻炼及其他方面素质的全面提高,以确保其完成学业后,成长为适应社会经济(人才市场)需要的合格人才,进而顺利实现自己的阶段性职业或事业目标。

学业规划中另外两大要素是规划主体与规划客体,规划主体是指求学者本身,即最终的选择与决策权一定是求学者掌握。规划客体是规划内容,即通过怎样的方式实现学业目标,即学业路线。

(2)学业生涯规划的步骤

大学生活是一个人从半成熟走向成熟的过程,是一个人人生观、价值观、世界观逐渐成熟的过程,是一个人人格形成和完善的过程。大学生学业生涯规划分以下几个步骤:

①了解院校情况。新生入学后,应该了解所在学院的历史、学院特色等学院情况。同时,需要了解专业内涵、专业课程体系、教学条件等所学专业情况。另外,还要了解自己所在系、班级等情况。

②学习大学生涯设计的基本理论方法和设计技巧。

③自我评估。大学生需要对自己的能力、兴趣爱好和潜力做一个较为合理和全面的评估,不好高骛远,也不自暴自弃,更不随大流。自我评估是解决"我能干什么"的问题。首先找出自己与众不同或最擅长的地方。其次要发现自己存在的问题,深入了解自己的性格弱点,同时要知晓自己的经验与经历中所欠缺的方面。还要对社会需求、选择的组织以及人际关系进行分析。

④确定大学生涯目标。在对自己的认识比较客观的基础上,对自己的学习生涯目标做恰当的设计,即所确定的目标经过自己的努力是可以达到的。要明确自己该选择什么职业方向,即解决"我选择干什么"的问题,这是个人职业规划的核心。

⑤制订方案。个人学习生涯确定后,还需要有具体的学习方案,即学习计划,使目标落到实处。这个学习计划包括三年中每学期的计划目标、行为计划与实施措施等。

⑥写出材料。撰写个人大学生涯报告、个人大学生涯表,以便后续对照执行。计划目标要制订出自我学习的具体内容、方式、时间安排,尽量落于实处便于操作。

4. 学业生涯的目标

(1)学业生涯规划目标设定

学业生涯规划就是通过解决求学者学什么、怎么学、什么时候学、在哪里学等问题,以确保用最小的求学成本,通过学习成长为满足阶段性职业目标要求的合格人才,从而最大限度地提高求学者的人生职业(事业)发展效率,并实现个人的可持续发展。

大学三年生活中,学习是第一位的,其他活动要有助于学业的完成。大学本科是更高层次的学历,可以把专升本或成人高考当作自己近期最主要的目标。此外,高超的动手能力在当今社会里也受到高度尊重,深受社会的欢迎。所以,也可以把技术能手作为自己的努力方向。为了给自己积累资本,多取得各种证书也是必要的,比如英语四六级、国家计算机二级、各种专业证书等。

高职院校学业生涯规划的目标设定主要包括试探期、定向期、冲刺期三个阶段:

①试探期(大一阶段):刚刚进入大学,要适应大学的生活,同时锻炼提升自己的各项能力,改变自己的学习习惯,明确自己的兴趣所在,积极加入社团,培养友情,建立起良好的人际关系,提高自己的独立能力和交易手段,争取通过本专业所要求的大学英语等级考试。

②定向期(大二阶段):当各个方面已经稳定下来。要以学习为主,重点放到专业课上,努力学习计算机信息化技术和英语。适度参加社会实践活动,接触社会,培养社会实践能力,进一步的提升自己,为之后的阶段迈出重要的一步。

③冲刺期(大三阶段):大三阶段决定着今后的职业生涯,需要加强自己的专业技能训练,通过一些专业资格的认证的考试。同时多接触社会,培养社会实践的能力,锻炼自己的工作能力及应聘能力。作为船舶与海洋工程装备类专业的学生,如需要进一步深造,要做好相关的专升本学习准备。

(2)学习计划与措施

①提高思想道德水平,培养社会实践能力。道德是上层建筑范畴,是一种特殊的社会意识形态,通过社会形式、传统习惯和人们的内心信念来维持,是对人们的行为进行善恶评价的心理意识、原则规范和行为活动的总和。当今社会是一个法制社会,无规矩不成方圆,但规则又离不开道德的维护。当今社会科技与经济日益全球化,要立于不败之地,良好的道德修养是必不可少的。

学生要通过收听广播、上网等途径关心国内外时事新闻。浏览学校网页,关心学校和专业的发展,积极参加集体活动,关心班级集体。同学之间相互帮助,助人为乐。充分认识到自己在人际交往、交流、沟通、自信心等方面存在的问题,在校期间要学会为人处世,注重人际关系的协调。

在校期间要积极参加校园活动、社团活动、社会公益活动,提高自己的综合素质,提高社会交往沟通能力,锻炼自己的团队协作意识与本领,培养自己的组织能力,为将来工作打好基础。积极加入学生会,并把学生会的锻炼当作大学阶段必不可少的一门实践课,提高自己的实际工作水平。

②树立专业的认同感,学好专业课。培养对专业的兴趣,借阅同类教材比较研究,去图书馆浏览与专业必修课相关的学术期刊,在听课笔记的一侧写出自己体会心得。对专业课的学习注意知识面的宽度,做好课程中的每一个项目,试图采用不同的解决方案,充分利用业余时间广泛拓展自己感兴趣的知识。

具体目标可定为专业必修课闭卷考试成绩达到优秀,考查课成绩达到良好以上。从大学二年级开始,每学期写出一篇学期论文,每年写出一篇学年论文。

为保证目标实现,可采取多种方式和途径学习。比如每门专业课至少阅读同类教材或专著共3本,每周一次上机在同类院校同专业网站搜集专业课参考资料,每周至少在图书馆自习3次,每两周一次和专业课教师探讨学习方法并借阅参考资料,每月总结一次各门功课的学习情况,及时调整学习方法。仔细琢磨自己感兴趣的专业课中的一个具体题目,阅读中注意做笔记资料,多看、多听、多写,把自己的收获体会用文字表达出来,寒暑假写出一篇专业习作论文。

③提升跨文化生存能力,学好外语。船舶与海洋装备类专业学生就业岗位很多都是涉外企业,用人单位通常会对毕业生提出英语水平的要求。具体目标可以定位为大学二年级第一学期通过英语A级或四级考试,一些英语水平较高的学生在大学三年级可准备英语六级考试。

保证目标实现的措施是因人而异的，比如每天早、晚听 0.5 h 英语，每周末参加一次英语角，每周用英语写一个英语课学习情况总结，如果学校有英语专业，可以参加其组织的课外活动。

④加强体育运动，保障有益的休闲锻炼。健康的身体是高效学习的保障，在学习之余，要养成坚持不懈锻炼身体的好习惯，可以给自己规定每日的锻炼时间，一定要坚持，可以找一个人或几个人一起锻炼身体，增加锻炼的乐趣。也可以给自己奖励一下，这样才能坚持下来，有了好的身体才能更好地投入学习。

专题 4.3 就业准备与职业选择

对大学新生而言，就业准备看似是一个遥远的话题，其实不然。只有了解三年以后的就业过程和职业选择的相关知识，才能在大学期间对照自己的性格、特长与不足，有针对性地克服缺点，发挥特长，为自己的将来奠定良好的基础。

1. 就职前的准备工作

(1)准备角色转换

毕业前，一定要清楚明白自己的目标方向，也就是就业目标在哪里，并做好规划。现在很多学生一到毕业就听从家里的安排，完全采取亲戚的建议，或回乡，或在外稀里糊涂选了一份工作，不论自己是否喜欢，是否擅长，只是满足于有份工作，维持基本的生存就行。如果这样，上大学有用吗？要有自己的志向，要先就业，再职业，最后成就事业。你的就业方向和你的一生有很大关系，一定要谨慎小心。

意识到自身身份由大学生转变为一个现实的社会求职者，要摆正自己的位置，客观、冷静地进入求职状态。认识社会，了解社会，以自身的实力，积极主动地去适应社会的需要，在选择社会职业的同时，也接受社会的选择，正确地迈出人生这关键的一步。

一定要毕业前就认清自己，分析自己的现状，弄清楚自己所擅长的是什么，自己的技能能够支撑自己完成哪些工作。你要了解自己能够做哪些工作，然后仔细分析各种工作要求的职责有哪些，这些职责具体是什么。如果你实在不知道，就到大型招聘网站进行挑选，对比自己的能力，筛选出适合自己的、自己喜欢的并且擅长的，再搜索相应职业需要的技能，提前进行学习准备。

(2)摆正择业定位

坚定美好未来的同时，要充分认识到当前严峻的就业形势。认识企业，树立就业的信心，摆正位置，转变就业观念，树立"先就业、后择业"的就业观念，正确地定位就业目标和目的。

要分析社会现状，了解职场趋势，有针对性地培养技能，提升自己的能力。现在的社会千变万化，瞬息万变，不是你有一项技能就能支撑你一辈子的工作，各行各业都在进步，时不时的改革也会带来许多新鲜的元素，每项技能也都日新月异地变化着，你要了解就业趋势，多学习一些相关的知识技能，要知道，技多不压身，你所学习的东西，说不定哪天就能够应用到，不至于到了那天，手忙脚乱做准备，人生本就是一个学习的过程，多学些东西总没有坏处。

(3)了解可选岗位

高职教育是服务地方经济建设需要的。每个学校所处的地理位置不同、地区经济特色不同,专业人才培养目标就不同。一般而言,船舶与海洋工程装备类专业培养的是具有船舶装配、设备安装及调试、维护及故障检测、技术服务等方面的人才,是具备理论与实践两方面能力的技术技能型人才。毕业生就业初期可胜任船舶装配技术员、设备维护技术员、检验员、工艺设计员、品质管理员、技术服务等岗位,3~5年后可胜任生产主管、设备主管、技术主管、品质主管等岗位,10年后可胜任相关企业的生产部长、生产厂长等岗位。

一定要重视实习经历,多实践,多总结。实习就是让你实践,把自己学到的理论知识用到具体的实践过程中。生活不是你看一本本书就能够进行下去的,它是一个动态的动手操作的过程,实习能够帮助你接触社会,了解真实的社会及职场的一切,是你今后几十年的时间都要面对的,所以在实习中要多多观察和总结,深入了解这个社会的生存进步法则,让自己更快更稳地向前迈进。

(4)制作自荐材料

一定要在找工作前做好面试准备,以应对各种突发问题。面试是一个大学问,毕业季找工作的多数是大学生,他们和你一样的专业,一样没有多少经验,一样刚毕业,那么这时候想要从那么多面试者中间脱颖而出就十分重要了,一定要多做准备,不只是在知识和技能上,还要在行为语言上、应对能力上做足准备,才能够获得更多的机会。

自荐信是求职者寻找工作的一块敲门砖,也是求职者与用人单位交流、沟通的形式。如何让毕业生的才能、潜力在有限的空间里闪耀出夺目的光彩,在瞬间吸引住用人单位挑剔的眼光,自荐信极其关键。应注意文笔文明礼貌,诚朴雅致,特别要注意突出自己的才艺与专长的个体特征,注意展现在学校期间的锻炼经验和取得的表彰。

(5)融入职业环境

接到任用信函后应该立刻打电话或者亲自拜访你的新主管,请他立刻指点你该读哪些跟工作相关的书籍、资料。这些资料与你准备面试时读过的可能大不相同。如组织架构图、盈亏表、企划书、公司的技术资料以及公司政策与作业程序手册等,这将有助于你获取必要的了解,进而激发你的新责任感。如果可能的话,不妨请求你的主管介绍你给即将共事的同事认识,如此,你就可以在正式上班前与他们讨论一些问题。

刚开始上班的初期,可通过做好以下几个方面,更快地融入新的职业环境:

①牢记人名。尽可能在一个人独处时,随时记下你所遇到的人的姓名和头衔。下回你再遇到他们时,直接叫出他们的名字不但能够取悦对方,还有助于你建立良好的人际关系。注意听别人怎么称呼他人。例如,同事们是否彼此只叫名字?称呼主管时要不要冠上职称?

②学习公司的文化。每一家公司都有它独特鲜明的特征,每一家公司自有它的一套价值制度、可接受与不可接受的行为模式、奖惩办法、好恶、令人崇拜的人物与为人不知的事情。所以在你准备大展才能之前,必须对公司的文化与性格有所了解。当然,公司也有其负面的方面。入职不久你将会听到或看到一些你喜欢或不喜欢的事情。比如公司同事的罗曼史、能力平平的秘书、会议室里的尔虞我诈、办公室里的政治以及主管想自己创立公司的秘密心愿。诸如此类的背后组织将逐渐在你眼前、耳边出现。建议你不妨接受这些信息,从中学习吸取教训,但是个人不要介入。如果你能跟公司这些背后信息保持距离,就能够洁身自重,保全个人声誉,当然也能够保住饭碗。

③谨慎行事。不要期待在入职开始的几星期就能全面展现自己的才华。要眼观四面、耳听八方,有选择性地问问题,并且尽量做一个倾听者。保持亲切有礼的态度总是对的,但是不要在初次与人认识后,就勉强去发展密切的友谊关系。不要轻易向人吐露心事,也别随便坦述内心深处的想法,一般人对这种行为通常会产生负面的反应,继而对你起疑心。而一个对你私人问题知之甚详的主管,虽然内心同情你,却不放心让你多负责任,这将对你的升迁有所影响。

④谨慎说话。生活和工作中,与人交流是不可避免的事情,也是必须要做的事情。但是有些事情可以随意从嘴巴说出去,有些需要加工一下才能说出去,有些则绝对不能说,这就需要我们在为人处世中管好自己的嘴巴。“知人不必言尽,留三分余地与人,留些口德与己。”是指明白了对方行为可能不是很好,但是却不去说破,这样既给人留了台阶下,也给自己留了些口德的意思。当你还在念大学时,你可以大肆抨击教授、校园的行政人员,可是一进入公司,若对你的主管口出恶言,可能会让你的事业毁于一旦。而议论同事是非也是不好的行为。

⑤和主管建立融洽的关系。试图领会你的主管要的是什么。他喜欢简单明了的说明,还是喜欢长篇大论的解释;他喜欢你巨细无遗地报告所有问题,还是只听重点;他是否在乎守时或工作有没有如期完成。了解主管的“做事模式”和“特别嗜好”,可使你成为主管心目中的得力助手。

⑥脚踏实地。你对新工作的兴奋与憧憬,可能很快就会被愤怒、厌烦的情绪所替代。这是司空见惯的事情。毕竟,新的工作已经改变了你原来舒适的生活方式。有了工作以后,私人时间变少了,日常的生活步调也跟着变得难以控制。当你觉得怀才不遇时,也许你正处于缺乏安全感与对自我否定的状况。面对这段自我要求高的时期,你对自我本身以及将来应有切合实际的期望。由于是一个新人,你可能被分派一个最不好的任务,被要求花更长的时间工作,甚至你领的薪水还很低。实际上,所有的专业领域都会有新人,因而这种情况不能算是要求过分或者不公平。实习的这段时间可训练你快速成长,以此为基础,你将拓展灿烂耀眼的事业生涯。

2. 确立就业期望值

(1)影响大学生择业的因素

大学生的择业观念虽然在总体上是倾向于务实化与理性化,但由于处于择业观念的转型过程,因此各种不良观念也同时存在,并影响了大学生的理想择业和顺利就业。这些不良观念主要表现在以下几个方面:

①只顾眼前利益,忽视职业发展。一些大学生在择业标准中只有工作条件、收入等眼前实在利益,而对自我的职业兴趣、能力、职业的发展前景等因素不予考虑,因而极易选择并不适合自己的职业。

②求职一次到位的安稳思想。很多大学生求职定位在工作稳定、任务清闲、福利好的单位,希望以此就能选定理想的职业,而不愿意选择有风险、有挑战性的职业,更不敢自己去创业。许多大学毕业生抱着“找到一个稳定的工作,工作一辈子”的心态来择业,结果往往觉得没有一个工作能符合自己的心意,错过了一次又一次的机会。这是不正确的择业观念,它会影响大学毕业生择业的成功,使他们承受本不该承受的挫败以及由此带来的心理上的压力。

③职业意义认识不当。许多大学生从观念上来说,还是仅把工作当作一种谋生的手段,没有充分认识到职业对个人发展、社会进步的重要意义。

④专业对口认识不足。在求职时,专业对口是学生自己、学校和社会的基本要求。但只要是与自己专业相关的职业就可以了。一味追求紧密相关的职业,只会增加自己的就业难度。

⑤职业标准过于功利化、等级化。一些毕业生过分强调职业的功利价值,甚至还将职业划分为不同等级,而不考虑国家与社会的需要,不愿意到条件比较艰苦的地区和行业里去工作。

确立适当的就业目标,使之与自身所具备的实力相当,要避免理想主义,注意调整自己的就业期望值。一定要树立合理、合情的正确择业观,拟定适合自己的就业目标,根据当下的实际来确立自己的就业期望值,以奠定自己在择业的道路上成功的基础。

因此,大学毕业生一定要善于把握自我,认识自我,有效分析自我的优劣势所在,树立求职就业的自信心,坚信"天生我材必有用",并且经常对自己进行积极的心理暗示,相信自己选定了就一定行。

(2)选择正确的择业道路

每个毕业生都要对自己的能力有正确客观的认识,扬长避短,发挥自身优势,这是毕业生成功择业的一把钥匙。清楚地认识自我,有效地分析自我是与自信心分不开的,这两者对于毕业生而言都是要格外重视的。同时毕业生要付出的就是应当一直具备一种不断完善自我的意识,注重全面提高各方面的素质,形成心理上的满足感与依靠感,这是自信心的来源,也是应对就业挑战的最根本途径。

毕业生在就业后应当保持良好的心态,要以平常心面对人生的重大抉择,遇到现实问题时,学会积极地调整自己的心理,适度地宣泄自己的不良情绪,培养理性看待事物的眼光,保持充分的理智。调整心理、释放情绪最基本的方法就是要允许你自己体验情感,允许自己愤怒、害怕、兴奋。压抑会使自己不快乐,甚至消沉,抑制的东西被强烈的制约着,会使人变得呆板。这对于处于就业期的大学毕业生很有启示,当求职中遇到了挫折,积聚了许多不良情绪的时候,释放就变得十分必需。每个人都可以寻找一种或几种适合自己的减压方式,使自己的心态迅速恢复到正常的状态,以应对下一轮的挑战。

应重视培养学生良好的竞争意识,敢于竞争才能做一个真正的强者。竞争意识的培养在于坚持:不要轻易示弱和言败;进取不止,锲而不舍;从小事做起,一步一个脚印。相信毕业生只要坚持这样做,一定会获益,也一定会在求职竞争中获得意想不到的收获。

(3)合理调整就业期望值

随着就业形势日益严峻,如何引导高校毕业生选择正确的择业道路,顺利实现就业,是社会各界普遍关心的问题。要解决这一问题会涉及若干环节。要引导大学生树立正确的人生观、价值观,树立行行建功、行行立业的观念,合理调整就业期望值。准备求职的大学生应注意以下几个方面:

①求职主要靠自己的实力不靠关系

有些大学生求职往往喜欢走捷径,千方百计、挖空心思地寻找、疏通各种关系,找门路,托人情,八仙过海,各显神通,都希望靠关系找到一份理想的工作。这是一种误区。靠关系求职既浪费时间和精力,花费较多的钱财,还容易对社会风气产生不好的影响,甚至产生腐败,影响正常的求职择业秩序。在求职中,拥有一定实力和就业竞争能力是就业的决定性因素。

②求职靠能力不靠机遇

现在有些大学生求职时,总是抱着侥幸或者投机心理,把求职的希望完全寄托在机遇上。“有能力走遍天下,无能力寸步难行”。现在,社会已由以往的学历时代逐渐过渡到能力时代,只要拥有真才实学,再加上不怕吃苦的实干精神、创新精神和创业意识,主动向用人单位推销自己,就不怕找不到一份属于自己的工作。

③求职要靠自己不靠别人

过分依赖别人,就会受制于人,失去自己求职的主动权。求职是人生的一件大事,在很大程度上要靠自己到社会上去闯,靠个人的主观能动性去寻找和发现就业的机遇和岗位,在社会上确立自己的立足点。

④求职要靠本领不靠本本

现在用人单位招聘人才主要是看你是否有真才实学,是否有实干精神,是否能为本单位创造可观的经济效益。而有些大学生却忽视知识的积累和个人能力的培养,热衷于参加各种职业和专业资格考试,以取得尽可能多的资格证书。当然,如果你拥有这些证书,对于你的求职无疑是会有帮助的,但是有证书不等于有能力,本本不等于本领。

⑤求职要务实不要好高骛远

有些大学毕业生对自己能力和人才市场价值的评价过高,对待遇报酬要求偏高,有的对工作岗位挑来挑去,总是这山看着那山高,从而导致很有希望到手的不错的工作岗位与自己失之交臂。有的不顾个人的客观现实,盲目与人攀比,有的怕苦怕累,缺乏基层意识,总想进入国家政府机关、大型国有企业、待遇和条件好的外资企业,高不成低不就,从而使得自己迟迟“嫁”不出去,造成个人和家长沉重的心理负担。

在大学不断扩招、高等教育由精英教育向大众教育转化、大学生就业形势不容乐观的今天,每个大学生都要正确评价自己的才能,转变过分理想化的就业观念,从个人的实际出发,不失时机地抓住就业机会,当决则决,当断则断,不要犹豫彷徨。

3. 求职过程

大学生就业是大学生职场生涯的起航,对应聘过程的了解和熟悉至关重要,目前应届大学生的招聘流程可以大致分为:简历制作、简历投递、笔试、面试、签约沟通和签约几个环节(如图 4-3 所示)。

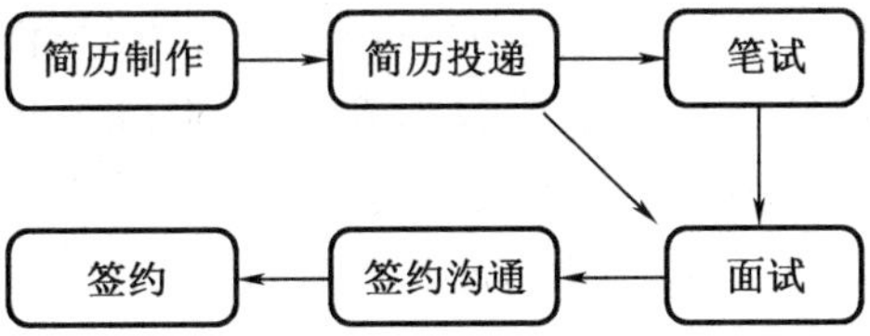

图 4-3　求职过程

(1)简历制作

简历撰写就是将你自身的经历、工作成绩、能力、性格等简要地列举出来。受栏目及空间限制,你不一定要将所有的东西都罗列出来,但最能反映你优点及能力的经历可千万别忘了有条理地加以介绍。

简历的制作是整个应聘过程的开始,求职者的个人信息都将在此体现。用人单位将根据简历的情况进行筛选,确定接下来的笔试,面试环节。可以说,一份好的简历就是最好的名片和叩开企业大门的敲门砖。一份好的简历当然应做到个性突出、结构严谨、朴实简洁、设计精巧,好的排版不但可以给人赏心悦目的感受,更能反映求职者的细心和审美感。简历要尽可能控制在两页,让用人单位一看就能留下深刻的印象。冗长的简历会让人产生审美疲劳,将直接影响求职者能否进入下一个环节。

(2)简历投递

向用人单位投递简历通常有现场投递和网上投递二种方式。

①网上投递。随着信息时代的到来,越来越多的公司选择网上投递的形势,网上投递不但大大节省了资源,而且提高了工作效率。用人单位通过信息终端,就可以查阅求职者的基本信息,并做出相应的回应。求职者必须根据这个特点,在填写相关的电子简历时,把个人基本信息填写完整,并尽可能地突出自己的工作经验。如招商局金陵船舶有限公司、上海外高桥造船有限公司等大型船舶企业,在来校之前一个月,相关的网上投递工作就已经开始,很多同学在公司还没来到学校的时候已经早早地接到了公司的面试通知,并最后成功签约。船舶与海洋工程装备类专业的求职网站主要有:船舶人才网、龙船招聘网、各企业招聘网及人才市场的网站等。

网投简历应遵循“宁滥毋缺”,四处撒网,重点捕捞,密切关注的原则。机会只会等待那些有准备的人。

②现场投递。现场投递简历是目前大学生求职者找到工作的主要方式之一。求职者参加宣讲会的时候,一般要带齐的材料有:个人简历、毕业生推荐表、成绩单、相关荣誉证书等。其中个人简历是必须要交给用人单位的,其他的视具体情况而定。现场投递的环节,用人单位一般会对求职者进行简单的小面试,一般会要求求职者做简单的自我介绍,并当场查验简历、成绩单及相关证书,最后对简历做出筛选,确定下一轮考核的名单。

现场投递的环节中需要注意的问题:递交简历时的相关礼仪,包括大方的穿着及必要的问候用语,注意不能单手递交简历等;递交简历时尽可能与用人单位有个简单的交流,给用人单位留下一个好的印象;尽可能保持脸上的微笑,微笑是最好的名片。

现场投递的环节,落选的人往往是多数的。有些各方面都比较优秀的同学刚开始参加招聘宣讲会的时候,屡屡受挫。除了简历制作方面的原因之外,现场的表现不好,也直接导致了出师不利。

(3)笔试

笔试是很多单位都采用的环节,特别是大公司,笔试阶段能淘汰将近总人数的50%,这不得不引起广大求职者的重视。笔试主要分为专业笔试和综合能力测试,根据岗位的不同,将会有不同的区别。通常来说,技术研发类侧重的是专业知识和基本理论知识的考核;技术管理类的职位一般进行的是综合能力的考察。因此,笔试更应该引起求职者重视,做到未雨绸缪,做好相关准备,考起来才能得心应手。

另外,希望大家加强英语的学习,大的船舶企业在综合能力测试的时候,都加入了英文阅读能力的考察。总体来说,综合测试部分讲究的是答题的速度和准确率,把握好了关键,才能做到有的放矢。

(4)面试

面试是整个应聘过程中最为关键的一个环节,也是最惊心动魄的一个环节。求职者在面试过程中的表现将直接决定能否被公司录用,很多求职者往往因为一些细小的方面没有处理好,导致功败垂成。在面试的时候要把握好一个度,该表达的说,不该表达的千万别乱说。很多时候,夸夸其谈并不是一件好事情。同时,面试的激烈程度也是最大的,求职者至少要面对一轮的面试,更有甚者可能会有多轮面试,一个良好的心态和自我调适能力非常重要。

4. 职业生涯规划测评

职业生涯规划测评又称职业规划测评。职业生涯规划测评是职业能力测试的一种,测试的内容包括性格、职业性向、潜能、天赋等。这种测评是职业规划的一个前提条件。

职业测试的作用是通过测试,可以清晰了解以下问题:职业问题的症结在哪里,为什么会有这些职业问题,阻碍职业发展的根本原因是什么,优势与潜在的弱点是什么,性格与天赋的特征是什么等。

通过以上测试可以全面深刻地认识自己,清楚自己适合哪些工作环境,喜欢从事哪些类型的工作。

国际心理类型协会(APT International)制订了一套性格测试的使用规范原则,其中最重要的三条原则是:

①被测试者应该总是有机会来核实自己的性格类型测试结果的准确性。这是最重要的指导原则。任何运用性格类型测评系统的人都应该有足够的能力和时间来帮助所有的被测试者核实自己的性格类型测试结果,包括对被测试者的性格类型测试结果做出详尽的描述,然后交给他(她)来审核测试结果。

②一般情况下,被测试者是性格类型描述符合与否最好的判定人。

③必须以互动交流的方式(面对面或通过电话)给予被测试者足够的性格类型理论和个体类型测试结果方面的信息。

目前世界上最普遍使用的性格测试是美国的 MBTI 性格类型系统。MBTI 职业性格测试是国际流行的职业性格分析方式,广泛应用于职业规划和人际交往中,包括职业发展、职业咨询、团队建议、婚姻教育等方面,是目前国际上应用较广的人才甄别工具。但由于西方国家和中国的文化、职场环境不同,不能照搬他们的职业测试工具,要选择适合中国文化,已中国化的 MBTI 测试系统。

职业测评将帮助你进行准确的职业定位,帮助你做好职业规划,帮助你更好更充分更有效率地利用大学三年的时光,让你在这三年里明确地知道自己到底应该学什么,应该培养哪方面的能力,这样,你的大学就不会迷茫了。

5. 职业定位

(1)职业定位的含义

职业定位,就是清晰的明确一个人在职业上的发展方向,它是人在整个生涯发展历程中的战略性问题也是根本性问题。具体而言,从长远上看是找准一个人的职业类别,就阶段性而言是明确所处阶段的对应的行业和职能,就是说在职场中自己应该处于什么样的位置。

职业定位有三层含义:一是确定自己是谁,适合做什么工作;二是告诉别人你是谁,你擅长做什么工作;三是根据自己的爱好、特长、能力以及个性将自己放在一个合适的工作

(生活)的岗位上。

对于选择一个职业来说,我们应该从以下三个方面去定位自己。首先就是职业人格,通过职业人格的测评,你能明确地知道自己是什么样的人格,这种人格具有什么样的特点,而具备这种人格特点的人适合做什么样的工作,那么你就能从人格的角度去定位自己的职业,当然,仅仅从人格的角度去定位自己的职业是远远不够的。也就是说,虽然你的人格特点适合做这种工作,但是如果你对这个工作不感兴趣或者没有足够的能力去做这份工作的话,那么,你也不能把这份工作做好,你自己也不会感到自我价值的实现。

要做一个完整而系统的职业定位,你还需知道自己的职业兴趣和职业能力,这两个方面也是可以通过测评来进行准确定位的。你喜欢做什么样的工作,你的职业能力侧重于哪个方面。通过这一系列的测评,你就会知道自己的职业人格、职业兴趣和职业能力,而这三方面的职业测评将告诉你,你这种性格特点适合做什么工作,你本人对什么工作比较感兴趣,你能胜任什么工作,这三方面的定位将给予你一个清晰准确的职业定位,这样定位出来的职业就是你最感兴趣、最适合你性格特点的,同时也是你能胜任的工作。因此,这样的工作最适合你。

(2)职业定位的内容

职业定位通过考察你的职业特征,并根据心理学、管理学、经济学和社会学的原理,为你指出最优职业方向。职业方向定位报告不仅向你讲解适合的职业方向,而且从发展的角度,结合职业生涯规划的理念,告诉你确定职业方向、进行职业发展和职业转换最核心的理念和方法。具体内容包括:

①定位方向——找准职业定位和发展方向。要先行挖掘自己的职业气质、职业兴趣、职业能力结构等方面的因素,找到自己的职业潜力集中在哪个领域,只有找准方向才能最大限度地开发和发掘自己的潜力。

②定位行业——看清目标行业的发展趋势。主动、全方位地了解目标行业现状和前景,毕竟朝阳行业才更有前途,也能给你这位新人更多的机会。俗话说隔行如隔山,不能仅仅靠报纸或者杂志介绍,比较理想的做法是向当下已在该行业供职的朋友打听,以便获得可靠消息,打听的内容包括升迁制度、薪资状况等各个方面,多多益善。

③剖析自我——认清自己的优势和不足。假如不能准确地为自己定位,不清楚自己强项弱项,只是盲目跟风或跟着感觉走是绝对不行的。要掂量一下自己的优势在哪里?这些优势是否足以帮助我在新的行业站稳脚跟?自己的弱点在哪里?有什么方法可以尽快提升?

从自身的角度讲,了解和分析的主要因素应该包括:我喜欢做什么(主要包括职业兴趣、职业价值观等);我适合做什么(主要包括职业性格、气质、天赋才干、智商情商等);我擅长做什么(主要包括职业能力倾向,比如言语表达、逻辑推理、数字运算等);我能够做什么(主要包括自己掌握的专业知识、技能和工作)。

(3)职业定位的分类

①技术型。持有这种职业定位思想的人出于自身个性与爱好的考虑,往往并不愿意从事管理工作,而是愿意在自己的专业技术领域发展。在从前不培养专业经理的时候,经常将技术拔尖的员工提拔到领导岗位,但他们本人往往并不喜欢这样,更希望能继续研究自己的专业。

②管理型。这类人愿意做管理人员,同时经验也告诉他们自己有能力获得高层领导岗

位。因此,他们将职业目标定为有相当高职责的管理岗位。成为高层管理人员需要的能力包括三方面:分析能力,即在信息不充分或情况不确定时,判断、分析、决策的能力;人际协调能力,即影响、监督、应对与控制各级人员的能力;情绪控制力,即在面对危急事件时,不沮丧、不发火,并且有能力承担重大责任,而不被其击垮。

③创造型。这类人才需要建立完全属于自己的东西,或是以自己名字命名的产品或工艺,或是自己的公司,或是能反映个人价值的私人财产。他们认为只有这些实实在在的事物才能体现自己的才干和成功。

④自由独立型。这些人喜欢独来独往,不愿像在大公司里那样彼此依赖,很多有这种职业定位的人同时也有相当高的技术型职业定位。但是他们不同于那些简单技术型人才,他们不愿意在组织中发展,而是宁愿做一名咨询人员,或是独立从业,或是合伙创业。因此,自由独立型的人才往往会成为自由撰稿人,或是开一家小店。

⑤全面型。有相当一部分人最关心的是职业的长期稳定性。他们为了安定的工作、稳定的收入、优越的福利与养老制度等付出努力。目前我国绝大多数的年轻人都属于这种职业定位。

(4)职业定位的原则

①择己所爱。职业定位首先要想到自己喜欢哪种职业,或者对哪种职业比较感兴趣。一般来说,只有从事自己喜爱的、感兴趣的工作,工作本身才能给你一种满足感,你的职业生涯才会变得妙趣横生,因此择己所爱是做好未来职业定位的首要原则。

②择己所长。在人才市场的就业竞争中,求职者必须善于从与竞争者的比较中来认清自己的所长和所短,亦即竞争的优势和劣势。然后在此基础上按照“择己所长、扬长避短”的原则进行具体的职业定位。

③择市所需。在进行职业定位时,不仅要了解当前的社会职业需求状况,还要善于预测职业随社会需要而变化的未来走向,以便能使自己的职业定位富有一定的远见。

世界上没有一无是处的工作,这份工作对一些人而言,可能是一场噩梦,让人身心疲惫,饱受其累,但对另外一些人而言,可能让他们感觉身心舒畅,如鱼得水。同样,世界上也没有一无是处的性格,你的性格可能让你感觉某些工作令你特别难堪,以至于坐卧不安,但另一些工作会让你犹如神助,乃至随手可就。问题的关键是,找到适合你特点的工作,这对你而言就是最好的工作。

专题4.4 创业策略

创业是指某个人发现某种信息资源机会或掌握某种技术后,利用或借用相应的平台或载体将其发现的信息资源机会或掌握的技术以一定的方式转化创造成更多的财富价值并实现某种追求或目标的过程。

1. 创业战略

创业战略是基于产生创业意识之后的,一种人为性的,基于资源形势的判定之后对远景的布置以及大体行动方法总纲。创业战略直接决定了创业者以后所成长的空间。

创业战略是一个全局的布置,在较长的时间范围内,让创业者利用众多的现有资源,通过合理的战术手法,达到自己的战略目的。战略制定就是通过创业者的智慧,将小的资源转化为大的资源，将少的资金转化为多的资金。

创业战略犹如打一场仗，取得胜利的关键在于如何布局自己手中的资源，以己之所长，攻敌之所短，或集合无数的战术手段，最终让它们攻之一点，从而使自己赢得这一场创业战争。所以，战略制定即是由无数个战术制定的组成。

2. 创业者的要求

创业者的战略制定需要有足够的气魄、对大局的掌控力、对下属的洞察力、对环境的敏感度，以及个人自身优秀的魅力以及预判力。

①创业者的气魄直接决定了该项创业战略的高度。

②对大局的掌控力体现在创业战略的合理性，以及战略中布局的有条不紊，层层推进，最终集合众多的优势资源确定大局。

③对下属的洞察力体现在创业者如何利用这些“战术武器”，了解他们的能力，合理分配他们的工作，达到物尽其用的准则。

④优秀的个人魅力无疑是创业者拥有众多优秀追随者的先决条件。用金钱永远绑不牢优秀的人才，想把握住优秀的人才，只有凭借个人魅力去感染他们。

⑤良好的预判力决定了创业者最后的成功走向，缺乏良好的预判力，可以依赖优秀人才的帮助。而预判力的准确度却直接受到创业者上述条件的影响。

⑥如果能把兴趣同创业目标结合那将是非常幸运的，是快乐创业快乐人生。

3. 创业准备

创业是每一个年轻学生的梦想，但我们必须认识到创业的艰辛，一个真正创业者的创业过程，不但充满了激情、艰辛、挫折、忧虑、痛苦和徘徊，而且还需要付出坚持不懈的努力，当然渐进的成功也将带来无穷的欢乐与分享不尽的幸福。所以，创业者必须要做好创业准备。

①创业需要激情和充分的准备

如果一个人没有创业激情、没有创业准备，那就不要贸然创业。创业要有激情，不是三分钟的热情，是要真正树立一种创业的志向。那些创业成功者，其实他们在创业之前，都有各种各样的准备，包括知识的积累、能力的培养、关系的获得、创业机会的发掘，参加创业的实践甚至必要的就业锻炼。不提倡所有创业的人一毕业就直接创业。有的时候先就业一段时间，或者多参加一些创业性的实践，开一家小店做一点小买卖，搞一点市场调查，这些都是一种创业准备，先不要一下子想得那么高，把准备工作做好，找到一些感觉了再去创业。

②创业要善于利用外部资源

在创业初始的时候，如不善于利用外部资源，也不寻找创业的机会，是很难创业成功的。今天很多的创业成功者都是利用资源的高手，不管是资本资源还是市场资源或者是技术成果资源，他们都能很好地利用。我们在校的学生，对一些外部资源包括资金、环境、市场、技术、政策等都可以做一些积累，比如与你的老师一起开展科研的时候，积极参与一些研究项目，既是一种学业上的提高同时也是在吸取一种资源。现在有相当一部分大学生创业，他们的项目已经通过批准，获得了资助，就是利用跟老师一起开展科研结出的成果。

③持续融资能力是创业的关键

在创业初始需要资金，在创业过程中更需要资金。就创业投资来说，被称为世界创业投资之父的乔治多里特提出了投资标准，一要具有新技术、新市场、新产品；二要对投资的企业需要拥有一定的管理权；三是团队是比较杰出的，有才干的；四是投资的对象必须是跨过了早期模型阶段，受知识产权保护的、具有关联性或者排他性的；五是投资对象未来几年有望成为上市公司；六是投资必须是一个不断的价值增值的过程。所以如果我们要提高持续融资能力，就必须按照这些提供资金资源的投资者的要求去做，你才有持续融资的能力。

④市场营销是创业的“生死关”

对我们大学生创业而言，特别要说明这个问题。因为刚毕业的大学生接触社会的时间相对比较短，而市场营销需要的是到市场里面摸爬滚打，这不是那么简单的。青年人创业，包括大学生创业最薄弱环节就是在市场营销。生产一个产品或开发一个软件，推销更难。而一个企业要生存、要发展，就一定要突破市场营销这个瓶颈。所以，有志创业的同学一定要下决心，要非常重视市场营销，谁能够获得市场营销的成功，谁就会闯过创业的“生死关”。

⑤创业团队是创业成功的保障

今天的创业靠一个人单打独斗是很难成功的，现在讲究团队合作。开始创业时团队成员彼此之间都很好，但是在发展过程中，总会碰到一些困难，这时候大家就开始意见不一，很容易就散伙了。所以，创业团队的组建，不是拉几个人凑在一起就是一个创业团队、就能获得创业成功的保障，而是需要形成一个非常有力的、有机的、能够互相接受对方的、在能力上各有特长的、意志都很坚定的创业团队。所以，组建好一个创业团队，是创业成功的一个基本保障。

专题 4.5　职业规划设计

职业规划设计是指个人在掌握自己职业兴趣、爱好、特长的前提下，并在认真分析自己性格、能力、特点和内外部环境因素的基础上，结合自己所学专业及知识技能结构，以实现个人发展的成就最大化为目的而做出的行之有效的安排。

职业规划设计的目的绝不只是协助个人按照自己资历条件找一份工作，达到和实现个人目标，更重要的是帮助个人真正了解自己，为自己定下事业大计，筹划未来，确定一生的方向，进一步详细估量内、外环境的优势和限制，在“衡外情，量己力”的情形下设计出合理且可行的职业规划发展方向。

1. 职业规划方法

职业规划是指在客观分析个人的性格、资质、人生态度、个人潜能等因素的基础上，结合社会的人才需求期望，采取有效的职业发展策略，选择合适的职业发展道路，一步步攀登事业的阶梯，取得事业上的成功，实现人生价值。

(1)职业规划认知

在社会未迈入工业化以前，职业的种类较少，工作内容也极为简单，通常都是父母传授给子女，或由学徒直接向师傅学习，因此并不会产生择业的种种问题。自产业革命之后，工业科技日渐发达，技术日新月异，而生产过程也日渐复杂，产品的种类及生产量也大量增加,现代工作的行业种类与职业更趋于复杂与专业化。《美国职业分类字典》(The Dictionary of Occupational Tifles)已列有三万多种的职业。《中华人民共和国职业分类大典》将我国职业归为8个大类,79个中类,449个小类,1636个细类(职业),在细类下面还有数量众多的工种。以如此众多的职业数目和复杂的职业内涵,年轻人凭自己很难洞悉各种职业的内容及分类,而父母、亲友们也难具有专业化的知识,来协助子女选择适当的职业。因此,辅导年轻人择业的责任就由家庭转移到学校及社会就业辅导机构。

对一个年轻人而言,职业选择是否合适,将影响其将来事业的成败,甚至一生的幸福;对社会而言,个人择业是否适当,能决定社会人力供需是否平衡。如果每个人适才适所,则不仅每个人都有发展的前途,社会亦会欣欣向荣;相反的,则个人贫困,社会问题丛生。职业的选择,对于个人及社会都有极大的关系。因此,政府及教育单位,对于青年人未来职业规划的认识、规划、准备和发展,应予以重视并实施生涯教育。

通常一个人职业规划认知包括以下几个阶段:

①职业认知及职业导向。这个阶段主要工作是使学生对自己的能力、兴趣有所了解,同时开始认识工作对个人的重要性,开始认识各种行业,以做好将来选择职业的准备。

②职业试探。在这个时期学生可以利用各种机会,尝试一些自己认为有兴趣的工作,以便真正了解自己的能力和兴趣适合哪些工作。

③职业规划。根据在前两个阶段里对自己兴趣、能力的了解以及对职业的认识,再辅以职业人员的咨询、指导,学生可以制订一个职业规划,作为将来职业规划的依据。

④职业准备。根据自己的职业规划,学生可以选择适当的教育、培训机构来习得职业的技能。如果学生想从事的工作仅需职业学校或专科学校的教育,他们就该进入高职或专科学校接受职业准备;如果学生有兴趣的工作需要学士或更高的学位,他们就该进入大学或更高的教育机构。

⑤就业安置与职业发展。学生职业准备阶段完成之后,学校及有关职业辅导机构,应辅导他们获得适当的职业。而在其就业之后,也应随时提供各种训练,以顺应技术的变化、工作的升迁、职业的转换。

职业规划按期限一般划分为短期规划、中期规划和长期规划。短期规划为三年以内的规划,主要是确定近期目标,规划近期完成的任务;中期目标一般为三至五年,且应在近期目标的基础上设计中期目标;长期目标其规划时间是五年至十年,主要设定长远目标。

每个人都渴望成功,但并非都能如愿。了解自己、有坚定的奋斗目标,并按照情况的变化及时调整自己的计划,才有可能实现成功。这就需要进行自我职业规划。

(2)职业规划的步骤

①自我评估。自我评估包括对自己的兴趣、特长、性格的了解,也包括对自己的学识、技能、智商、情商的测试,以及对自己思维方式、思维方法、道德水准的评价等。自我评估的目的,是认识自己、了解自己,从而对自己所适合的职业和职业规划目标做出合理的抉择。

②职业规划机会的评估。职业规划机会的评估,主要是评估周边各种环境因素对自己职业规划发展的影响。在制订个人的职业规划时,要充分了解所处环境的特点、掌握职业环境的发展变化情况、明确自己在这个环境中的地位以及环境对自己提出的要求和创造的条件等。只有对环境因素充分了解和把握,才能做到在复杂的环境中避害趋利,使职业规划具有实际意义。环境因素评估主要包括组织环境、政治环境、社会环境及经济环境。

③确定职业发展目标。俗话说:“志不立,天下无可成之事。”立志是人生的起跑点,反

映着一个人的理想、胸怀、情趣和价值观。在准确地对自己和环境做出了评估之后，我们可以确定适合自己、有实现可能的职业发展目标。在确定职业发展的目标时要注意自己的性格、兴趣、特长与选定职业的匹配度，更重要的是考察自己所处的内外环境与职业目标是否相适应，不能妄自菲薄，也不能好高骛远。合理、可行的职业规划目标的确立决定了职业发展中的行为和结果，是制定职业规划的关键。

④选择职业规划发展路线。在职业目标确定后，向哪一路线发展，如是走技术路线，还是管理路线，还是先走技术路线、再走管理路线等，此时要做出选择。路线不同，对职业发展的要求也不同。因此，在职业规划中，必须对发展路线做出抉择，以便及时调整，保证自己的学习、工作以及各种行动措施沿着预定的方向前进。

⑤制定职业规划行动计划与措施。在确定了职业规划的终极目标并选定职业发展的路线后，行动便成了关键的环节。这里所指的行动，是指落实目标的具体措施，主要包括工作、培训、教育、轮岗等方面的措施。为了对应自己行动计划可将职业目标进行分解，即分解为短期目标、中期目标和长期目标。分解后的目标有利于跟踪检查，同时可以根据环境变化制订和调整短期行动计划，并针对具体计划目标采取有效措施。职业规划中的措施主要指为达成既定目标，在提高工作效率、学习知识、掌握技能、开发潜能等方面选用的方法。行动计划要对应相应的措施，要层层分解、具体落实，细致的计划与措施有助于进行定时检查和及时调整。

⑥评估与回馈。影响职业规划的因素很多，有的变化因素是可以预测的，而有的变化因素难以预测。在此状态下，要使职业规划行之有效，就必须不断地对职业规划执行情况进行评估。首先，要对年度目标的执行情况进行总结，确定哪些目标已按计划完成，哪些目标未完成。然后，对未完成目标进行分析，找出未完成原因及发展障碍，制定相应解决障碍的对策及方法。最后，依据评估结果对未来的计划进行修改与完善。如果有必要，也可考虑对职业目标和路线进行修正，但一定要谨慎考虑。

2. 职业规划设计书编写

职业规划设计一般从自我认知、职业认知及职业规划设计三个方面进行。

(1)自我认知

自我认知是发展个人职业规划的基础。只有认识了自己，才能使自己不去做根本办不到的事，而对适合自己的事付出持之以恒的努力。

(2)职业规划测评

人是有性格的，不同性格的人有不同的性格取向。当然，性格是可以培养的。当你希望从事的职业所需的角色特征与你的性格不相符时，你就要充分利用大学这一人生最为重要的时期和环境培养自己良好的性格，提高自己的素质，为你未来的职业规划打下基础。

一个优秀的企业团队通常由不同的角色特征人员组成，这些角色包括：实干者、协调者、推进者、创新者、信息者、监督者、凝集者、完善者、技术专家等。

①实干者。实干者非常现实，传统甚至有点保守，他们崇尚努力，计划性强。喜欢用系统的方法解决问题，实干者有很好的自控力和纪律性。对团队忠诚度高，为团队整体利益着想而较少考虑个人利益。由于其可靠、高效率及处理具体工作的能力强，因此在团队中作用很大，实干者不会根据个人兴趣而是根据团队需要来完成工作。

典型特征：有责任感、高效率、守纪律，但比较保守。

②协调者。协调者能够引导一群不同技能和个性的人向着共同的目标努力。他们代表成熟、自信和信任,办事客观,不带个人偏见。除权威之外,更有一种个性的感召力。在团队中能很快发现各成员的优势,并在实现目标的过程中能妥善运用。其擅长领导一个具有各种技能和个性特征的群体,善于协调各种错综复杂的关系,喜欢平心静气地解决问题。

典型特征:冷静、自信、有控制力。

③推进者。说干就干,办事效率高,自发性强,目的明确,有高度的工作热情和成就感。遇到困难时,总能找到解决办法。推进者大都性格外向且干劲十足,喜欢挑战别人,好争端,而且一心想取胜,缺乏人际间的相互理解,是一个具有竞争意识的角色。他们是行动的发起者,敢于面对困难,并义无反顾地加速前进;敢于独自做决定而不介意别人的反对。推进者是确保团队快速行动的最有效成员。

典型特征:挑战性、好交际、富有激情。

④创新者。拥有高度的创造力,思路开阔,观念新,富有想象力,是"点子型的人才"。他们爱出主意,其想法往往比较偏激和缺乏实际感。创新者不受条条框框约束,不拘小节,难守规则。在项目刚刚起动或陷入困境时,创新者显得非常重要。优点:有天分、富于想象力、智慧、博学。缺点:好高骛远,不太关注工作细节和计划,与别人合作本可以得到更好的结果时,却喜欢过分强调自己的观点。

典型特征:有创造力、个人主义、非正统。

⑤信息者。经常表现出高度热情,是一个反应敏捷、性格外向的人。他们的强项是与人交往,在交往的过程中获取信息。信息者对外界环境十分敏感,一般最早感受到变化。有与人交往和发现新事物的能力,善于迎接挑战。

典型特征:外向、热情、好奇、善于交际。

⑥监督者。严肃、谨慎、理智、冷血质,不会过分热情,也不易情绪化。他们与群体保持一定的距离,在团队中不太受欢迎。监督者有很强的批判能力,善于综合思考谨慎决策。善于分析和评价,善于权衡利弊来选择方案。

典型特征:冷静、不易激动、谨慎、精确判断。

⑦凝聚者。是团队中最积极的成员,他们善于与人打交道,善解人意,关心他人,处事灵活,很容易把自己同化到团队中。凝聚者对任何人都没有威胁,是团队中比较受欢迎的人。善于调和各种人际关系,在冲突环境中其社交和理解能力会成为资本。凝聚者信奉"和为贵",有他们在的时候,人们能协作得更好,团队士气更高。

典型特征:合作性强、性情温和、敏感。

⑧完美者。具有持之以恒的毅力,做事注重细节,力求完美;他们不大可能去做那些没有把握的事情;喜欢事必躬亲,不愿授权;他们无法忍受那些做事随随便便的人。对于那些重要且要求高度准确性的任务,完美者起着不可估量的作用。在管理方面崇尚高标准严要求,注意准确性,关注细节,坚持不懈。

典型特征:埋头苦干、守秩序、尽职尽责、易焦虑。

⑨技术专家。技术专家在团队中的作用不可或缺,他们为团队的产品或服务提供专业工作方面的支持。作为管理者,由于在专业领域掌握的技能比其他人都多,所以他们要求别人能服从和支持。但是,他们中间有许多人缺乏管理方面的经验。

典型特征:热衷本职、甘心奉献、易陶醉。

以上每个角色在不同领域中均有各自的擅长。通常创新者首先提出观点,信息者及时提供信息,实干者开始运筹计划,推进者希望散会后赶紧实施,协调者在想谁干合适,技术专家在考虑可行性,监督者开始泼冷水,完美者吹毛求疵,凝聚者润滑调试等,团队的价值就在于通过组合而达到完美。应指出的是,一个人在团队中的角色并不完全是单一的,有时一个人可以充当不同的角色。

(3)职业倾向

职业倾向是人们选择职业前对所青睐的职业的种类、方向进行的挑选和确定。确定职业倾向是人们进入社会生活领域前所必须进行的一种重要行为,是构成职业选择的基本因素之一。通过确定职业倾向,人们能够正确地选择与自己所适应的劳动岗位。

根据不同的性格,可将职业分成如下几种倾向:

①现实型职业倾向。这类职业涉及使用工具机器,需要基本操作技能。要求从业者对与物件机器运行、维护相关的职业有兴趣,有机械方面的知识,知识渊博,有学识才能,理性考虑问题,做事喜欢精确,喜欢逻辑分析和推理,不断探寻未知的领域。

性格与职业特征:做事手脚灵活,动作敏捷,具有较强的动手能力;喜欢户外活动与使用工具,通常喜欢与机械和工具打交道,而不愿与人打交道;在自我表达和向他人表达情感方面稍感困难,不擅长与人交际,思想较保守。

符合以上这类人特点的工作是富有创造性的工作。

②探索型职业倾向。这类职业涉及智力的、抽象的、分析的、独立的定向任务,要求具备智力或分析才能,并将其用于观察、估测、衡量、形成理论、最终解决问题,并具备相应的能力,如技术员、设备安装、设备维护、电气安装、销售、设计服务、工程师、生产管理等。

性格与职业特征:常常对自然现象和规律很感兴趣,喜欢同"观念"而不是同人或事物打交道;抽象思维能力强,求知欲强,肯动脑,善思考,但有时不愿动手;一般具有较强的创新精神,而不愿循规蹈矩。

这类工作从业者富有创造力,乐于创造新颖、与众不同的成果,渴望表现自己的个性,实现自身的价值。做事理想化,追求完美,不重实际。具有一定的艺术才能和个性。善于表达、怀旧、心态较为复杂。

③艺术型职业倾向。这类职业要求具备艺术修养、创造力、表达能力和直觉,并将其用语言、行为、声音、颜色表达出来,不善于从事事务性工作。如艺术方面(演员、导演、艺术设计师、雕刻家、建筑师、摄影家、广告制作人),音乐方面(歌唱家、作曲家、乐队指挥),文学方面(小说家、诗人、剧作家)。

性格与职业特征:喜欢以各种艺术形式的创作来表现自己的才能,实现自身的价值;想象力丰富,创造力很强,喜欢凭直觉做出判断;独立性、自主性较强;感情丰富,敏感,情绪易波动。

这类工作从业者喜欢与人交往、不断结交新的朋友、善言谈、愿意教导别人。关心社会问题、渴望发挥自己的社会作用。寻求广泛的人际关系,比较看重社会义务和社会道德。

④社会型职业倾向。这类职业要求与人打交道,能够不断结交新的朋友,从事提供信息、启迪、帮助、培训、开发等事务,并具备相应能力,如教育工作者(教师、教育行政人员),社会工作者(咨询人员、公关人员)。

性格与职业特征:往往有较强的社会责任感和人道主义倾向,喜欢参与解决人们共同关心的社会问题,从事为他人服务或教育他人的工作;通常善于表达,善于与周围的人相处;一般喜欢与人而不是与事物打交道。这类工作的从业者追求权力、权威和物质财富,具有领导才能。喜欢竞争、敢冒风险、有抱负。为人务实，习惯以权利、地位、金钱等来衡量做事的价值，做事有较强的目的性。

⑤企业型职业倾向。这类职业要求具备经营、管理、劝服、监督和领导才能，以实现机构、政治或社会及经济目标的工作，并具备相应的能力，如项目经理、销售人员、营销管理人员、政府官员、企业领导、法官、律师。

性格与职业特征：精力充沛、热情洋溢、富于冒险精神、自信、支配欲强；追求权力、财富、地位，比较适合那些需要胆略、冒风险和承担责任的活动；往往不喜欢那些需要精耕细作以及长期智力劳动和复杂思维的工作。

(4)全面评估。人的自我评价有时具有片面性，需要结合你身边的同学、老师、亲戚、同学的评价，将自己的优点和缺点较全面地反映出来。

(5)自我认知小结。将各种方面对自己的评价进行归纳、分析和总结。

3. 职业认知

职业认知就是对职业、职员和团体的认识。职业认知需要考虑的方面比较多，需要进行外部环境分析、目标职业分析、职业素质测评，在此基础上，进行职业认知小结。只有这样，才能使自己的职业倾向不再模糊。

外部环境分析包括家庭环境分析、学校环境分析、社会环境分析和目标地域分析。

①家庭环境分析。不同的家庭环境，与自己的性格和职业倾向有着密切的关系。如某同学的自我家庭环境分析：作为家里的独生女，从小家人就比较宠爱。而且家里条件还可以，虽然不是很富有，但也是个小康家庭，没怎么吃过苦，连家务都不怎么做，且家人向来舍得花钱，因此不太懂得节省，家庭生活幸福美满。

②学校环境分析。学校环境分析是学生对学校的总体印象。如某同学的学校环境分析：总体来说，学校还是比较令人满意的，学风还可以，学校环境也挺不错的，老师也都是很优秀的。

③社会环境分析。社会环境是学生职业倾向的基础，每一位学生都必须正确认识到这一点。如某学生是学船舶工程技术专业的。在目前社会的环境下，这个专业在当前国家海洋强国战略背景下比较热门，有着广阔的就业环境。但是也正由于这个职业的热门性，使得职场竞争比较激烈，行业内对学生的要求也比较高。

④目标地域分析。学生对职业目标地域的选取过程、考虑因素千差万别，但必须理性。某同学是这样思考的：目标地域就是我的家乡，工作单位离父母近些为好，家乡挺发达的，生活水平也不错，我本身就很喜欢我的家乡，父母在那边人脉也比较广。

4. 目标职业分析

对目标职业，应该弄清楚以下几个方面。

①目标职业的具体名称。比如船舶设计包括船舶生产设计、船舶详细设计、船舶精度工艺设计等。

②工作内容。比如船舶装配工就是生产现场进行工艺装配的，船舶精度装配工主要是进行数据采集和分析的。

③任职资格。高职院校的专业教学计划中，有依据培养目标而安排的各种资格与技能证书考核。当然，这些资格与技能证书可能与你的职业倾向不尽一致。在明确职业所需要

的任职资格的情况下,可以利用学校提供的各种机会进行学习和考试。

④工作条件。船舶与海洋装备类专业所涉及的各种职业都需要具有吃苦耐劳的精神,工作时间比较久,要有耐心,态度好。

⑤发展前景。有的职位,待遇比较好,但发展前景不大,或很难提升到更高的层次。有的职位,开始时比较辛苦,但发展前景较好。对此,应该结合自己的性格,眼光放长远,用辩证的思维看待职业。

⑥经济收入。这是一个不可回避的问题。不但要看每个月的基本工资、效益工资、加班工资等。还要看单位缴纳的保险品种及金额。

5. 职业素质测评

职业素质通常可以分为知觉型、思考型和综合型三类。不同的素质应选取不同的职业。

①知觉型。知觉型的人通常不喜欢研究新问题,只习惯于使用标准的解决问题的方法。对日常工作有耐心,而且做事准时无误,知觉型多半易满足,绩效良好。在组织生活中专心执行任务,照章办事。许多底层工作都有经久不变的规定,甚至较为琐碎,知觉型的人适合做这种工作,他们只要运用最小的权限,就可解决问题,知觉型的人不愿意处理无法捉摸的问题,对在情况模糊时做出决定而感到不安。

知觉型的特点是:喜欢寻求解决问题的规范做法;喜欢运用自己已有的技能,不喜欢学习新技能;通常是一直做完工作,不会留尾巴;如果事情变得复杂化了,会觉得不耐烦;不喜欢创新,也没有远大的抱负。

②思考型。思考型的人重思考不重感情,喜欢分析问题,把事情按逻辑次序排列;有时会训斥下属,显得有些铁石心肠,只与其他思考型的人相处得好。这一类型的人的活动和决策往往受知识情况的支配,并按照外界情况和一定的准则做出决策,尽量使解决问题的办法符合标准,其结果将不考虑任何人的因素,不顾健康情况、不顾财力和家庭,即使对作为决策者本身的利益有影响时也会一意孤行。思考型的人,通常是富有建设性的,会促进新事物、新概念或新模式的产生。

思考型的特点是:能做出计划并寻找解决问题的方法;能非常注意对待问题的方式方法;能谨慎地确定问题中有哪些制约因素;能反复分析研究问题;能有条不紊乱地寻找更多的信息。

③综合型。这种人兼有知觉型与思考型作风,着重了解外界情况和分析某个具体问题及其细节。喜欢从原因到结果一步一步地推理,注意逻辑性。愿与物质打交道,对迟迟未能解决的问题感到焦虑不安,在应对人际冲突时,缺乏敏感性,认为惩罚手段最有效。强调等级制度和现有短期目标。他们对处理组织中有关物质方面的事务感兴趣。

综合型的特点是:喜欢按规范解决问题,直到做完本职工作;不喜欢学习新技能,更不进行创新;会做出计划并寻找解决问题的方法;能反复分析研究问题,确定问题中的制约因素;能有条不紊地寻找更多的信息。

6. 确定目标和路径

人生应该是一个不断积累、不断上升、不断追求的过程。总体而言,应该确定近期职业目标、中期职业目标和长期职业目标,同时针对不同的职业,规划自己的职业发展路径。

①近期职业目标。努力提高自己的学习成绩,不断充实自己的知识,让自己变得更强。

②中期职业目标。顺利进入一家单位,从基层做起,慢慢积累经验,不断提高自己的能力水平。.

③长期职业目标。在工作了一段时间后,能力得到一定的提升,职位也进一步升高。

④职业发展路径。从基层开始,经过不同的阶段,逐步上升,到达一个预定的目标。

7. 制订行动计划

有了一个目标,在熟悉目标的基础上,还必须有一个相应的行动计划。

①短期计划:可以将在高校学习期间的计划定为短期计划,并且非常重视这个计划的实施。例如,必须重视拿到什么样的从业资格证书,通过几级英语考试,学习几门外语、成绩达到一个什么样的班级名次等。

②中期计划:从基层做起,什么时期发展到什么程度。

③长期计划:不断努力,一步一步朝着管理层迈进。

8. 动态分析调整

计划制定后,更重要的在于具体实施并取得成效。然而,现实是未知多变的。定出的目标计划随时都可能受到各方面因素的影响。每个人都应该有充分的心理准备,在受到突发事件或不良影响时,要注意保持清醒冷静的头脑,不仅要及时面对、分析所遇问题,更应快速果断地拿出应对方案,对所发生的事情,积极采取措施,争取做出最好的选择。因此,要考虑在实现职业生涯目标的过程中可能出现的实际情况,对职业规划的内容进行评估分析并做出相应的调整。

9. 备选职业规划方案

由于社会环境、家庭环境、单位环境、个人成长曲线等变化以及各种不可预测因素的影响,一个人的职业规划发展往往不是一帆风顺的。在现代职业规划领域中,变化是永恒的主题,大到国家政策的调整、完善,小到一个组织领导人的更替、组织制度的调整,产品的更新换代,乃至个人家庭的变化等等都会影响到个人职业生涯发展以及生涯规划的执行过程。因此,要想赶上日新月异、飞速发展的时代,就要时时注意个人的状况和外部环境的变化,不断审视自我,不断调整自我。不断修正职业生涯的策略和目标,使职业生涯规划行之有效、切实可行。为了更好地把握人生,适应千变万化的职场世界,拟订一份备选的职业规划方案是十分必要的。

模块四思考题:

1. 你为何选择了现在的专业?
2. 在大学阶段的学习中,你更愿意把时间花在哪些方面?
3. 你觉得你所学的专业是否适合自己能力的发挥和潜能的发展?
4. 你评价你所学的专业优劣的标准是哪些?
5. 你选择职业的依据是哪些?
6. 你理想中的职业是什么,为什么?
7. 船舶企业文化主要由哪些方面构成?

8. 简述高职学生学业生涯规划的步骤。
9. 影响大学生择业的因素有哪些？
10. 大学生求职过程包括哪些步骤？
11. 创业策略中对创业者的基本要求有哪些？
12. 如何编写职业规划设计书？

参 考 文 献

[1] 李明春. 中国海洋教育读本[M]. 哈尔滨:哈尔滨工程大学出版社,2019.

[2] 应长春. 船舶工艺技术[M]. 上海:上海交通大学出版社,2013.

[3] 黄文祥,陈晨. 安全系统工程[M]. 重庆:重庆大学出版社,2019.

[4] 刘合群. 职业教育学[M]. 广州:广东高等教育出版社,2004.

[5] 傅道春. 教育学[M]. 北京:高等教育出版社,2000.

[6] 小本 · C · 格威克. 海洋工程设计手册:海上游工分册[M]. 上海:上海交通大学出版社,2013.

[7] 张心宇. 船舶辅机[M]. 哈尔滨:哈尔滨工程大学出版社,2020.

[8] 谢荣. 船舶建造资源管理[M]. 哈尔滨:哈尔滨工程大学出版社,2020.

[9] 中国船舶信息中心. 中国海洋工程年鉴[M]. 上海:上海交通大学出版社,2016.

[10] 魏寒柏. 船舶文化概论[M]. 哈尔滨:哈尔滨工程大学出版社,2021.

[11] 丁锦宏. 专业认知与职业规划(机电一体化类)[M]. 北京:中国纺织出版社,2014.